Allitera Verlag

Beiträge zur Geschichtswissenschaft

Reihe Lebenszeugnisse

Herausgegeben von Ernst Piper

Wolfgang Hofmann

Zwanzig Jahre in Leipzig 1899–1919

Ludwig Hofmann als Student, Parteipolitiker, Gewerkschafter

Allitera Verlag

Weitere Informationen über den Verlag und sein Programm unter:
www.allitera.de

September 2017
Allitera Verlag
Ein Verlag der Buch&media GmbH, München

Herstellung und Umschlaggestaltung: Johanna Conrad
Abbildung: Thüringer Bahnhof 1904 (Stadtarchiv Leipzig)
Printed in Germany · 978-3-86906-920-3

Inhalt

Vorwort

Diese Geschichte Ludwig Hofmanns von seinem Aufenthalt in Leipzig zwischen seinem 21. und 42. Lebensjahr ist ein persönliches Buch. Er war mein Großvater und ich stütze mich zum Teil auf eigene Erinnerungen an ihn. Aber ich habe versucht, die Geschichte im Stil des Historikers zu erzählen, der sich weitgehend auf nachprüfbare Quellen beruft. Das bedeutete auch einen gewissen Aufwand an Literatur und Fußnoten. Dabei habe ich diesen Abschnitt seines Lebens am Anfang des 20. Jahrhunderts in das Umfeld der sächsischen Geschichte eingeordnet. Nur für diese Periode standen auch hinreichend Unterlagen über ihn zur Verfügung. Bei aller erfahrenen Nähe wurde dadurch zugleich der doppelte Effekt einer historischen Distanz sowie eines näheren Verstehens erreicht.

Am Anfang der Recherchen stand die ganz persönliche Neugier: Was hat der Großvater Hofmann eigentlich in seinem aktiven Leben gemacht? Ich kannte ihn zunächst ja nur in einer Alterstätigkeit, in der er sich um die Rosenbeete anderer Leute kümmerte, das heißt nach den Phasen seiner Ausbildung und nach seiner eigentlichen beruflichen Tätigkeit. Das führte dann in die Felder, in denen er sich bewegt hatte und die von allgemeinerem Interesse sein könnten: die der studentischen Kultur im späten Kaiserreich zwischen ständischer Organisation und Industriegesellschaft, von linksliberaler Politik unter den Bedingungen unterschiedlicher Wahlsysteme sowie von der Formierung von Interessen der Angestellten in Gewerkschaften. Die wesentlichen Ereignisse seines privaten Lebens und der großen Politik geben der auf die Jahre 1899 bis 1919 konzentrierten Erzählung die zeitliche Struktur.

Durch Gerald Dieseners Beratung konnte ich die örtliche Profilierung der Leipziger Periode verstärken. Bei der Heranziehung von familiären Quellen hat mich meine Schwester Beatrix Isensee unterstützt. Stefan Isensee hat das »Bilderglas« fotografisch ins rechte Licht gerückt, und er hat mir auch immer wieder geholfen, die Eigenwilligkeiten des Computers in eine handhabbare Ordnung zurückzuführen. Den Text hat Patricia Remus lektoriert und in eine präsentable Form gebracht. Ernst Piper war schließlich bereit, die Geschichte in die von ihm herausgegebene Reihe im Allitera Verlag aufzunehmen. Und ich danke Hanne Stiefel dafür, dass sie sich von Anfang an die Fortschritte im Text mit kritischer Aufmerksamkeit anhörte und zu Erörterungen von Stil- und Sachfragen bereit stand.

Berlin, April 2017 Wolfgang Hofmann

1. Das Bilderglas

Im Besitz unserer Familie befindet sich ein Trinkglas, ein schlankes Bierglas mit Goldrand, auf dem die fotografischen Abbildungen von sieben Männern aufgetragen sind. Es ist ein sogenanntes Gedenkglas und zeigt jeweils in ovalen Rahmen linksliberale Politiker vom Anfang des 20. Jahrhunderts. In der Mitte ist Eugen Richter zu sehen (1838–1906), seit 1867 Mitglied des Reichstages. Um ihn – die dominierende Figur seiner Partei – herum angeordnet sind die Abbildungen von Schmidt-Elberfeld, Albert Träger, Julius Kopsch, Otto Wiemer, Otto Fischbeck und Hermann Müller-Sagan. Es waren Abgeordnete der Freisinnigen Volkspartei im Reichstag und im Preußischen Abgeordnetenhaus. In einer kleinen, leicht geschwungenen Girlande werden sie als »Unsere Führer« angesprochen. Da Richter 1906 starb, könnte das Glas etwa um diese Zeit entstanden sein, vielleicht kurz davor, vielleicht auch kurz danach zu seiner Erinnerung.

Das Glas stammt aus dem Besitz meines Großvaters Ludwig Hofmann (1877–1963), der am Anfang des 20. Jahrhunderts einige Jahre in Sachsen für die Freisinnige Volkspartei aktiv war. Vielleicht war es so-

Abb. 1 Gedenkglas Teilansicht Porträts.

gar ein Geschenk der Partei, das ihm für seinen Einsatz in Wahlkämpfen überreicht worden war.

Das Glas hat die diversen Umzüge in Leipzig und später in Berlin überstanden. Im Zweiten Weltkrieg ist es auch nicht 1944 bei der Teil-Zerstörung der Wohnung der Großeltern in Berlin-Friedenau durch einen Bombenangriff zerbrochen. Es musste auch nicht die Evakuierung in den sogenannten Warthegau und die anschließende Flucht der Großeltern über Prenzlau in der Uckermark und dann in das niedersächsische Dorf Altenmedingen mitmachen. Vermutlich hat mein Vater Johannes Hofmann es aus dem Rest des nicht in den Keller versunkenen Teils der Wohnung geborgen und aufbewahrt.

Dieser Sohn Ludwig Hofmanns war sich des Erinnerungswertes wohl bewusst; und in den frühen 1990er-Jahren, kurz vor seinem Tode, wollte er es einem bekannten Politiker und Sammler von Erinnerungsstücken der liberalen Tradition als Geschenk zukommen lassen. Da dieses Angebot ohne Resonanz blieb, begann ich endlich selbst über dieses Glas und seine Bedeutung nachzudenken. Als Historiker wurde mir dabei bewusst, dass dieses so eindeutig zuzuordnende Artefakt in eine frühe, bewegte Phase des Lebens meines Großvaters führt, von der ich nichts wusste. Aber es führt auch in eine Periode starker gesellschaftlicher und politischer Veränderungen in Deutschland: Von der im überkommenen politischen Rahmen der Monarchie prosperierenden Gesellschaft des Jahrhundertbeginns über die Erschütterungen des Ersten Weltkriegs bis zum Zerbrechen dieses politischen Rahmens in der Revolution von 1918/19.

Ludwig Hofmann hatte in den rund 20 Jahren seines Lebens in Leipzig vom Herbst 1898 bis Ende 1919 diesen Wandel gesellschaftlich aktiv miterlebt: als Student, als Journalist, als Parteipolitiker, als Gewerkschaftsfunktionär und als Soldat im Heimatbereich. Die Bühne seines Lebens war damals diese Stadt Leipzig, die in den Jahren der Vorkriegszeit einen glanzvollen Höhepunkt ihrer Entwicklung erreicht hatte, als Messe- und Universitätsstadt, Stadt der Industrie und der Bücher, der Jugendstil-Architektur und Ort der Jahrhundertfeier der Völkerschlacht von Leipzig. Ein Blick in diese entscheidende Periode seines Lebens macht ihn als Person sichtbar. Aber dabei entsteht auch die Sicht auf eine bewegte Epoche an einem hervorgehobenen Ort der gesellschaftlichen Entwicklung.

Dafür stehen aus dem Familienbesitz einige personenbezogene Dokumente wie Geburtsschein und Studienbücher zur Verfügung, ferner wenige Seiten mit kurzen Notizen Ludwig Hofmanns selbst über sein Leben.[1] Drei Alben mit Postkarten zwischen den Familienangehörigen und Studienfreunden geben über den durch Poststempel gesicherten Aufenthaltsort an einem bestimmten Tage hinaus auch Auskünfte über das soziale Umfeld, über Lebensgewohnheiten und Stimmungen. Ferner ist Ludwig Hofmanns Sammlung von Zeitungsausschnitten zwischen 1908 und 1913 erhalten, die seine politischen Aktivitäten in diesen Jahren belegt. Das kann dann auch durch andere Quellen ergänzt werden. Neben anderen Hinterlassenschaften, wie dem Bilderglas und Resten seiner Bibliothek, kann ich dann eben auch meine persönlichen Erinnerungen befragen.

Großvater und Enkel

Meine ersten Eindrücke vom Großvater gewann ich in Berlin im Alter von fünf bis sieben Jahren. Ich lernte ihn als einen schon älteren Mann jenseits der 60 kennen, deutlich entfernt von der aktiven Lebensphase, um die es hier gehen soll. Vor allem aber lebten wir damals in einer ganz anderen politischen Epoche als am Anfang des 20. Jahrhunderts, in der seine gesellschaftlichen Aktivitäten begannen.

In der Perspektive eines Kindes, das von der Informationsdichte der Großstadt umgeben war, nahm ich manches genau wahr. So lernte ich zum Beispiel die Großbuchstaben U und S noch vor der Alphabetisierung in der Schule aus den Signets von Untergrund- und Stadt-Bahn kennen, erste Zahlengruppen aus den Nummern der Straßenbahnen. Zum Verständnis vieler Dinge fehlte mir jedoch Kenntnis und Erfahrung. So beobachtete ich am 9. November 1938, wie aus einem eindrucksvollen Gebäude mit großer Kuppel, nicht allzu weit von der Wohnung der Großeltern entfernt, Rauch von einem Brand aufstieg. Große Jungen warfen Steine in die geöffnete Tür. An Feuerwehrleute kann ich mich nicht erinnern, obwohl eine Feuerwache in der Nähe war und ich häufig fasziniert zusah, wie deren Tore sich öffneten und die Wagen mit lautem Signal zu Einsätzen eilten. Und doch war die Feuerwehr da gewesen; nur ein, zwei Stunden früher, als noch Flammen aus

[1] Notizen zu »Aus meinem Leben«; 8 DIN-A5-Seiten ohne Jahr. Diese Aufzeichnungen sollten wohl eine Autobiografie vorbereiten. Davon gibt es keine Spur. Ferner zwei DIN-A5-Seiten handschriftliche Notizen über politische Eindrücke und Erlebnisse zwischen 1898 und 1933. Die Datierungen lassen sich z. T. durch die Daten der Postkarten korrigieren.

dem Haus schlugen. Aber sie hatte nicht gelöscht. Das hatte ein anderer Junge wahrgenommen, einige Jahre älter als ich. Hellmut Stern war morgens zu seiner Schule gekommen, die auf demselben Grundstück lag und ebenfalls brannte. Er und seine Familie mussten sehr bald aus Deutschland fliehen. Viele Jahre später kehrte er als Erster Geiger der Berliner Philharmoniker in die Stadt zurück.[2]

Dass das große Haus eine Synagoge war, wusste ich damals nicht.[3] Doch ich hatte mit unsicherem Erstaunen wahrgenommen, dass hier die Regeln gesellschaftlicher Ordnung außer Kraft gesetzt waren, die mir als Kind Verhaltenssicherheit und auch Schutz gaben. Ebenso betrachtete ich ohne Verständnis die zerstörten Fensterscheiben von Geschäften. So etwas machte man doch nicht. Das waren Zeichen einer sehr anderen Welt als der von bürgerlicher Zivilisation geprägten vor dem Ersten Weltkrieg, aus der der Großvater kam.[4] Ludwig Hofmann selbst hatte den Einbruch nationalsozialistischer Gewalt in die zivile Welt am 2. Mai 1933 als unmittelbare Bedrohung erlebt, wie er in den 1950er-Jahren erzählte. An jenem Tag besetzte die SA die Bundeszentrale einer Angestellten-Gewerkschaft in Berlin-Moabit, wo er als leitender Angestellter tätig war. Die SA-Männer seien in gebückter Haltung und mit dem Revolver in der Hand über den Hof des Gebäudes gerannt und in die Büros eingedrungen.[5]

In den Jahren 1937 bis 1939 wohnte ich während der Woche bei den Großeltern Hofmann, weil meine Eltern beide berufstätig waren. Den Großvater lernte ich als Gärtner kennen. Er und seine Frau Lina hatten ein Blumengeschäft mit anschließender Wohnung in Berlin-Friedenau, einem bürgerlichen Viertel, wo die hohen Miethäuser Vorgärten hatten und auch einige aus einer früheren Bauphase übrig gebliebene Villen von Gärten umgeben waren. Der Großvater übernahm Aufträge für die Herrichtung der Gärten im Viertel. Dabei unterstützte ich ihn, indem ich ihn benachrichtigte, wenn eines der damals noch zahlreichen

[2] Hellmut Stern, Saitensprünge, Berlin 2012, 8. Auflage, S. 41.

[3] Es handelte sich um die Synagoge in der Prinzregentenstraße in Berlin-Wilmersdorf. Die zerbrochenen Fensterscheiben gehörten Geschäften von jüdischen Inhabern am Bayerischen Platz.

[4] Vgl. dazu: Reinhard Rürup, Radikalantisemitismus und die Inszenierung des »Volkszorns«: Der November-Pogrom 1938 und die Folgen, in: Reinhard Rürup, Der lange Schatten des Nationalsozialismus, Hg. Stefanie Schüler-Springorum, Göttingen 2014, S. 80–96.

[5] Es handelte sich um das »Bundeshaus« der Angestellten-Gewerkschaft Butab in der Werftstr. 7.

Pferdefuhrwerke auf der Straße »Pferdeäpfel« hinterlassen hatte. Er brauchte sie als Dünger für Rosenstöcke. Die Großmutter kümmerte sich um den Blumenhandel. Dazu gehörte, dass sie regelmäßig morgens um 5:00 Uhr zum Großmarkt für Blumen fuhr. Dann kehrte sie gegen 8:00 Uhr mit einem großen, in ein Umschlagtuch eingewickelten Bündel frischer Blumen zurück und musste sich erst einmal ausruhen. Im dritten Zimmer ihrer Wohnung lebte 1938 / 39 ein junger Mann. Manchmal störte er etwas, wenn er laut Texte memorierte. Aber es war auch interessant. Es war Jochen Brockmann, der damals an der Schauspielschule des Deutschen Theaters studierte. In den 1950er-Jahren wurde er mit seiner Rolle des Dimitroff im Film über den Reichstagsbrand-Prozess bekannt. Der Blumenladen erwirtschaftete offenbar nicht genug. Man musste untervermieten.

Der Großvater hielt sich in einer etwas strengen Würde. Deshalb fielen manche seiner pantomimischen Scherze, mit denen er mich zu erfreuen glaubte, in meinen Augen etwas seltsam aus. Aber abends war ich ganz bei der Sache, wenn er mir Märchen aus »Der Kinder Wundergarten« vorlas und Geschichten aus Sagen-Büchern. Diese holte er aus der schmalen Kammer der Wohnung, wo hinter Vorhängen in hohen Regalen viele Bücher standen. Ein Gärtner und eine umfangreiche Bibliothek? Etwas welterfahrene Erwachsene hätten darin eine gewisse soziale Dissonanz gesehen. Ich nicht, der Großvater war eben der Großvater.

Diesen großen Schatz an Büchern musste er auf den durch den Krieg erzwungenen Wegen von Evakuierung und Flucht zurücklassen. Aber in den niedersächsischen Dörfern Altenmedingen und Medingen, wo er die letzten 18 Jahre seines Lebens zusammen mit seiner Frau verbrachte, baute er sich wiederum eine kleine Bibliothek auf. Bei Gelegenheit schaute er schon einmal aus seinem »Garten des Wissens« (Friedrich Nietzsche), in dem er ohne eine ihn beschäftigende Aufgabe lebte, hinaus. Dann blickte er mit herablassendem Bedauern auf diejenigen, die nicht so viel wussten wie er: »Was wisst ihr denn schon von Kant!« So sein grantiger Kommentar, als ich ihm bei der Gelegenheit eines Besuches erzählte, wir hätten in der Schule Immanuel Kants Schrift zur Aufklärung gelesen. Ich war natürlich über diese entmutigende Pädagogik zornig. Aber gegenüber der vereinten Autorität des Philosophen von Königsberg und des Großvaters fiel mir keine Antwort ein. Während meines Studiums der Geschichte, das er mit Sympathie und Förderung begleitete, wurde unser brieflicher Austausch dann positiver. Insbesondere regten ihn 1957 meine Vorbereitungen zu einer Studienreise unseres Seminars an die Mosel an, seine Heimatregion. »Herrlich, herrlich! Da lernst Du doch dieses Eden noch in seiner unverfälschten Romantik und natürlichen Schönheit kennen, ehe die beschlossene Kanalisierung allen Nimbus zerstört!« Aus der Kenntnis der Geschichte der Region und mit seinem systematischen Training gab er Hinweise auf die Entwicklung meines Seminar-Themas über das antike Trier. Auch unsere Unterhaltungen wurden ausgeglichener. Als er mich für die Tradition seiner Burschenschaft interessieren wollte, wehrte ich ab: Diese Art von studentischen Vereinigungen seien überholt, vor allem die schlagenden Verbindungen.

Zurück zur Kindheit: Im Winter 1939/40 fiel mir eine politische Dissonanz zum herrschenden nationalsozialistischen Zeitgeist auf. Abends saß der Großvater mit dem Ohr am leise gestellten Radio. Es war ein großer Apparat mit einer breiten, erleuchteten Skala der Sendestationen, auf der so merkwürdige Namen wie »Beromünster« verzeichnet waren. Er hörte den »Englischen Sender«, der sich seit 1938 selber auch immer vorstellte: »Hier ist England«. Dazu murmelte er: »Die tapferen Finnen.« Es war die Zeit des russisch-finnischen Krieges. Er wollte andere Informationen darüber hören als der deutsche Rundfunk mit Rücksicht auf unsere neuen Freunde, die Sowjets, brachte. Ich missbilligte das, denn die Engländer waren schließlich unsere Feinde. Ich wusste schon, dass man deren Sender nicht hören sollte. Den Großvater zu verraten, kam nicht infrage. Aber aussprechen musste ich einmal das anstößige Geheimnis. So erzählte ich es meiner Mutter, als diese mich eines Abends nach Hause holte, mit der Versicherung, ich würde es niemand anderem sagen als ihr. Sie machte ihren Schwiegervater darauf aufmerksam, er solle vorsichtiger sein, und der nahm es etwas unwirsch brummend zur Kenntnis. Einige Jahre später, 1944 am Ort seiner Evakuierung im Warthegau, demonstrierte er mit einer kleinen Geste seine Distanz zum NS-Regime und dessen Regeln. Er gab einem Polen Zigaretten! Das erregte einigen Ärger bei seinem Vermieter. Der Großvater war auch ein großer Zeitungsleser: Als »Eilbote Blitz« rannte ich gegen 18:00 Uhr zu dem zwei Straßenecken weiter befindlichen Kiosk und holte auftragsgemäß die »Nachtausgabe 2. Ausgabe«.

Ein anderer Konflikt mit dem Großvater hatte einige Monate vorher stattgefunden und hatte vermutlich auch – verdeckte – politische Motive. Gegen Abend eines Sommertages brachte mich die Polizei nach Hause und ermahnte den Großvater, besser auf mich aufzupassen. Sie hatte mich in beträchtlicher Entfernung der Wohnung aufgegriffen in der Annahme, ich hätte mich verlaufen. Ich war mit einem Zug des

Jungvolks mitgezogen, das mit Trompeten, Trommeln und Gesang durch die Straßen marschiert war. Der Großvater war zornig erregt und gab seinen Anweisungen, mich beim Spielen auf der Straße und im Park nicht zu weit zu entfernen, einen handgreiflichen Nachdruck. Wohl das einzige Mal. Ich bezog damals das Ganze allein auf mich und war vor allem beleidigt, dass man mir mit meiner durch Herumstreifen in den Straßen erworbenen ausgedehnten Ortskenntnis nicht zutraute, ich könnte allein nach Hause finden. Aber natürlich waren die Großeltern durch mein langes Verschwinden besorgt, dass mir etwas zugestoßen sei, und heute würde ich sagen, dass beim Großvater vielleicht auch eine andere Sorge mitspielte: Ich hatte ihm die Polizei ins Haus gebracht, während er ein möglichst unauffälliges Leben führen wollte. Vermutlich fürchtete er, dass die Polizei beim Umsehen in seiner Wohnung auch einmal hinter die Vorhänge seiner Bibliothek schauen und bemerken könnte, dass neben den Märchenbüchern, den Schriften zur Volkswirtschaftslehre und den prachtvollen, mit farbigen Faksimile-Drucken mittelalterlicher Buchmalerei ausgestatteten Bänden zur deutschen Geschichte sowie den Expeditionsberichten von Fritjof Nansen und Sven Hedin auch andere Literatur stand, die auf ein politisches Interesse schließen ließ, das dem NS-Regime entgegenstand. Da waren Schriften sozialdemokratischer Politiker wie Ferdinand Lassale, Eduard Bernstein, Rudolf Hilferding und Rudolf Breitscheid, die aus dieser Bibliothek später in unseren Besitz überkommen sind. Auch hätte die Polizei sich und auch ihn irgendwann einmal fragen können, wer denn die Herren waren, die ihn ab und zu für eine abendliche Gesprächsrunde beim Bier besuchten. Später erfuhr ich, dass die Besucher seine früheren Mitarbeiter und sozialdemokratischen Gewerkschaftskollegen waren, mit denen er die politische Lage erörterte. In einem Brief von 1946 erinnert einer dieser Kollegen an »unsere während der ganzen Hitler-Zeit aufrecht erhaltene freundschaftliche und politisch einwandfreie, d.h. marxistische Verbindung«.[6] Mich interessierten die Unterhaltungen meist nicht, auch wenn ich inzwischen einige beim Namen kannte, wie Dännemark und Dölling. Der Kern eines Gesprächs ist mir allerdings in Erinnerung geblieben, weil es um so eindrucksvolle Dinge wie den Tod und die Andeutung von Verrat ging.

6 Brief Wilhelm Dölling an Ludwig Hofmann vom 3. April 1946. Die besondere Betonung der »einwandfreien marxistischen Verbindung« hing wohl damit zusammen, dass Dölling damals in seiner Dienststelle in Ost-Berlin mit einem weit hergeholten Verdacht konfrontiert wurde, er sei Mitglied der NSDAP gewesen.

Sie sprachen über einen Mann, der eines Tages, wohl vor längerer Zeit, auf einer Bank im Tiergarten tot aufgefunden worden sei; und er habe zwei Parteibücher gehabt! Das muss wohl im Übergang von der Weimarer Republik zum NS-Staat gewesen sein, denn ab dann gab es ja – offiziell – nur ein Parteibuch. Der Krieg und die Teilung Deutschlands zerstreute die Gruppe: Diedrich Dännemark wurde in der Britischen Zone Arbeitsdirektor der Hüttenwerke Ilsede-Peine. Wilhelm Dölling leitete in der Sowjetischen Zone in der Deutschen Verwaltung für Land- und Forstwirtschaft die Abteilung Vermessungswesen und war in Berlin in der Einheitsgewerkschaft FDGB tätig, wo er frühere Kollegen wiedertraf. Auch Arthur Queißer, der nach 1945 in Hamburg im Vorstand der Deutschen Angestellten Gewerkschaft (DAG) war, hatte wohl auch zu diesem Friedenauer Gesprächskreis von etwa vier oder fünf Personen während des NS-Staates gehört. Er korrespondierte jedenfalls kurz nach dem Krieg mit ihnen, auch mit Ludwig Hofmann.

Ansonsten fühlte ich mich bei dem bei aller Strenge mir doch zugewandten Großvater und der fürsorglichen Großmutter gut aufgehoben. Je älter ich wurde, umso mehr nahm der Großvater mich auch als Gesprächspartner an; so ließ er mich, als ich im achten Lebensjahr war, an dem weit verbreiteten Spott über die Autarkiepolitik des NS-Staates teilnehmen, der aus Holz Kleider herstellen wollte.[7] In der Umgebung und im Hause machte ich viele mich faszinierende Entdeckungen. Zum Beispiel fand ich auf dem Schreibtisch einen aus Holz gefertigten Brieföffner mit einem flachen Auerhahn-Relief. Dessen gläsernes Auge hatte einen vergrößernden Schliff und darin war ein Bild des Prebischtors im Elbsandsteingebirge eingelassen, darunter die winzige Inschrift: »Zum Zeichen dass ich Dein gedacht hab ich Dir dieses mitgebracht.« Eine Erinnerung an seine 20 Jahre in Sachsen.

7 »Pinkle nicht an diesen Baum Du Schwein, es könnte später mal Dein Anzug sein.« – Dieser populäre Kommentar zur Produktion von Zellwolle konnte auch ein Kind amüsieren.

2. Ankunft in Leipzig und Herkunft aus Frankfurt am Main

Im Herbst 1898 kam Ludwig Hofmann mit 21 Jahren nach Leipzig, um sein Studium der Chemie abzuschließen. Er hatte bereits zwei Jahre an anderen Universitäten, in Marburg und Straßburg, studiert und wurde in der an ihn gerichteten Post als Examenskandidat, als cand. chem., angeredet. Allerdings kam er etwas zu spät, um sich rechtzeitig zum Wintersemester 1898/99 anzumelden. Sein studentischer Bundesbruder Gustav Stresemann war pünktlicher und hatte sich – von Berlin kommend – in die Matrikel der Universität eingeschrieben.

Hofmann traf auf dem alten Thüringer Bahnhof ein, von dem schon lange eine Verbindung zu seiner Heimatstadt Frankfurt am Main bestand. Dieser Bahnhof bildete damals mit den zwei benachbarten Bahnhöfen, dem Dresdener und dem Magdeburger, den Hauptzugang nach Leipzig.

Abb. 2 Thüringer Bahnhof 1904 (Stadtarchiv Leipzig).

Es waren die modernen Portale in die Stadt, die mit ihrer Bündelung des Güter- und Personenverkehrs die alten Stadttore an den Zufahrtsstraßen abgelöst hatten. Wie auch bei diesen, entsprach der Konzentration des an- und abgehenden Verkehrs auf den Bahnsteigen und in den Zügen ein Zusammenströmen vor den Bahnhöfen, mit Straßenbahnen, Omnibussen, Pferdedroschken, bald auch Kraftdroschken. Und natürlich den vielen Fußgängern. Noch zu Zeiten von Hofmanns Aufenthalt in Leipzig wurden diese drei Endstationen zum Hauptbahnhof zusammengefasst. Es blieben daneben nur noch der Bayerische und der Eilenburger Bahnhof. Im Jahr 1898 hatte man den Bau beschlossen und zum Leiter des Projekts wurde der Leipziger Architekt Clemens Thieme ernannt. Dieser betrieb zu der Zeit schon mit dem Patriotenbund die Errichtung eines Denkmals für die Völkerschlacht von 1813.

Das kostspielige Unternehmen des Hauptbahnhofs war vor allem ein Gemeinschaftswerk der preußischen und sächsischen Staatsbahnen, mit Beteiligung von Leipzig selbst und der Reichspost.[8] Im Jahre 1913 eröffnet, war der Leipziger Hauptbahnhof mit einer Frontlänge von 298 Metern der zu dieser Zeit größte Europas.[9] Die weit gespannte Querhalle verband die zahlreichen Längshallen mit ihren Gleisen, erleichterte beim Umsteigen den Übergang von einem Zug zu einem anderen. Damals errichtete Hotelbauten umgeben noch heute den Vorplatz. Der Bahnhof wurde auch ein Treffpunkt städtischen Lebens. Man begrüßte sich dort und verabschiedete sich. In geräumigen Gaststätten traf man sich. Der monumentale Verkehrsbau wurde ein repräsentativer und integraler Teil der Stadt, ein Element der inneren Urbanisierung, der Großstadtwerdung Leipzigs.

Auch für Hofmann wurde der Bahnhof während seines Aufenthalts ein immer wieder aufgesuchter Ort. Von dort fuhr er in den Semesterferien zu seinen Eltern nach Frankfurt am Main und später, nach deren Umzug, nach Göttingen. Viele seiner beruflichen Reisen quer durch Sachsen gingen später vom Hauptbahnhof aus. Auch weiß man, dass er sich gelegentlich dort mit seinem angereisten Vater zu Gesprächen traf. Nach seiner Ankunft suchte Hofmann sich eine erste Wohnung, ein Studentenzimmer, in der Alexanderstraße 42, westlich der Innenstadt. Ein Teil dieser Straße heißt heute Beckmannstraße. Auch

8 Peter Schwarz, Das tausendjährige Leipzig, Band II. Vom Ende des 18. bis zum Beginn des 20. Jahrhunderts, Leipzig 2014, S. 392.

9 Paul Weigel, Die Großstadt Leipzig, in: Leipzig. Ein Blick in das Wesen und Werden einer deutschen Stadt, Leipzig 1913, S. 23.

nahm er Kontakt zur Studentenverbindung Suevia auf, der Leipziger Vereinigung des Allgemeinen Deutschen Burschenbundes (ADB), zu dem er an seinen früheren Studienorten gehört hatte. So hatte er erst einmal zwei Stützpunkte in der Stadt, die er nun bis zum Beginn der Vorlesungen im Mai 1899 erkunden konnte. Zum Beispiel besuchte er am Neujahrstag eine Konzert- und Tanz-Veranstaltung im Restaurant Schlosskeller im Stadtteil Reudnitz. In den etwa 40 Jahre später geschriebenen kurzen Notizen zu seinem Leben vermerkte er Name und Ort des Restaurants als bedeutungsvolle Stichworte.

Ludwig Hofmann wurde am 18.7.1877 als einziges Kind seiner Eltern in Saarbrücken geboren. Dort war sein Vater Hermann Hofmann als mittlerer Verwaltungsbeamter der Preußischen Eisenbahnen tätig. Doch schon drei Jahre später wurde dieser nach Frankfurt am Main versetzt. In der großen traditionsreichen Stadt wuchs Ludwig Hofmann dann auf, besuchte dort die Schule und machte die prägenden Erfahrungen seiner Jugend. Mit der Region des Mosellandes blieb er dauerhaft durch Familienbesuche verbunden, denn seine Mutter, Wilhelmine Becker, war die Tochter eines wohlhabenden Winzers in Mülheim. Von dort aus unternahm er häufig Wanderungen mit seinem Vater in den umliegenden Tälern und auf den Höhen von Eifel und Hunsrück. Während in der nächsten Generation das gemeinsame Wandern gleichaltriger Schüler die Emanzipation von der Familie förderte, teilten hier Vater und Sohn die Erlebnisse einer freien Bewegung in der Natur. Ludwig lernte die verschiedenen Gesteinsarten der geologisch so unterschiedlichen Landschaften von Schiefergebirge und Vulkan-Eifel ebenso kennen wie die Tierwelt von Lurchen und Schlangen. Von seinem Vater bekam er auch ein Terrarium geschenkt, und bei diesen geförderten Interessen sah man seine berufliche Zukunft in den Naturwissenschaften.

Abb. 3 Ludwigs Vater Hermann Hofmann (1837–1919).

Auch gaben die gemeinsamen Wanderungen Gelegenheit zu Gesprächen mit dem Vater über dessen Erlebnisse und Erfahrungen, vertieften die Vater-Sohn-Beziehung. Dieser war 1837 in Peine, im Land Hannover, geboren. Er hatte die politische Entwicklung zwischen 1848/49 und 1871, wie das deutsche Bürgertum insgesamt, in der langfristigen Perspektive eines sich auf die Einheit zubewegenden Prozesses erlebt, in sich widersprüchlich, aber doch am Ende als Erfüllung eines historisch aufgeladenen politischen Konzepts vom deutschen Nationalstaat. Die professionellen Interpreten dieses Prozesses, die politisch engagierten Historiker wie etwa Heinrich von Treitschke und Heinrich von Sybel, waren mit ihren Werken viel beachtete Personen des öffentlichen Lebens. Zwei Werke aus der Bibliothek Ludwig Hofmanns, die wahrscheinlich schon von seinem Vater angeschafft worden waren, dokumentieren die Perspektive dieses historischen Vorgangs. Einmal die zweibändige, reich mit historischen Abbildungen und Dokumenten ausgestattete »Deutsche Geschichte« von L. Stacke, 1881, die ins Kaiserreich mündet, aber schon bei den Germanen, den Kimbern und Teutonen um 100 v. Chr., ansetzt.[10] Sie förderte damit den Mythos vom rein germanischen Charakter des Deutschen Reiches. Ferner eine frühe Ausgabe des Romans »Die Ahnen« aus den Jahren 1881 bis 1884 in sechs handlichen Bänden des kulturgeschichtlichen Schriftstellers Gustav Freytag. Die Bände erzählen die locker verwobene Geschichte einer fiktiven Familie von der germanischen Frühzeit bis zum deutschen Bürgertum des 19. Jahrhunderts.

Ludwig Hofmann gehörte zur ersten Generation, die in das 1871 im Spiegelsaal von Versailles gegründete Deutsche Kaiserreich hineingeboren wurde. Der nach vielen Kämpfen erreichte Nationalstaat gehörte zu den politischen Rahmenbedingungen seines Lebens so wie die Hochphase der Industrialisierung zu den wirtschaftlichen und gesellschaftlichen. Ludwig Hofmann hatte die Kriege der Einigung nicht selbst erlebt. Aber die damit verbundenen Ereignisse gehörten zum allgemeinen und teilweise zum familiären Gedächtnis. Fester Bestandteil der offiziellen Gedenkpolitik war der Sedan-Tag am 2. September, ein Feiertag auch für die Schüler. Er sollte an den entscheidenden Sieg der verbündeten deutschen Staaten gegen das kaiserliche Frankreich im Jahre 1870 erinnern. In Deutschland wurde der mit einer Kriegserklärung Frankreichs an Preußen begonnene Kampf als ein Verteidigungskrieg gegen einen unprovozierten Angriff wahrgenommen, bei

[10] L. Stacke, Deutsche Geschichte, 2 Bände, Bielefeld und Leipzig, 1880 und 1881.

dem alle deutschen Staaten Preußen und dem Norddeutschen Bund beistanden.[11] Bei den Kriegsplänen Frankreichs hatte auch die erneute Wiedergewinnung der Rheingrenze, wie zur Zeit Napoleons I., eine Rolle gespielt, was nicht nur Preußen, sondern auch Baden und die Bayerische Pfalz unmittelbar betraf. Die auch als »besserer Schutz der süddeutschen Grenze gegen den unruhigen Nachbarn« erfolgte Annektierung des Elsass und Teile Lothringens belastete allerdings das deutsch-französische Verhältnis mit einer Hypothek, die im Erwachsenenalter Ludwig Hofmanns zu einem weiteren Krieg führte.[12]

In seiner Geburtsstadt Saarbrücken und in seiner Familie erinnerte man sich besonders an die blutige Schlacht um die nur wenige Kilometer entfernten Spicherer Höhen Anfang August 1870. Dabei waren 4000 französische und 5000 preußische Soldaten zu Tode gekommen. Die Bürger der Stadt zogen dabei hinaus, um den Verwundeten zu helfen und die Toten zu bergen.

Die Familien-Erinnerungen an den Prozess der Reichsgründung waren allerdings keineswegs von einer borussischen Sicht dominiert. In der Familie wurde lange Zeit ein Stich über das Gefecht bei Langensalza im Deutschen Krieg von 1866 aufbewahrt. Damals standen Österreich, Bayern und Hannover gegen Preußen. Hermann Hofmann kämpfte bei diesem Gefecht im 3. Hannoverschen Infanterie-Regiment gegen die Preußen.[13] Und sein Sohn Ludwig wuchs in der ehemals Freien Stadt Frankfurt am Main auf. Die war in diesem Krieg in einem rigorosen Akt militärischer Besetzung preußisch geworden. Der Bürgermeister beging Selbstmord, die Presse wurde unter Kuratel gestellt und ein Chefredakteur erlitt unter der unmittelbaren militärischen Drangsalierung einen Schlaganfall. Eine Demütigung für die Stadt der Kaiserkrönungen des Alten Reiches. All diese in der Stadt bekannten Tatsachen waren seit 1905 in der Biografie des Frankfurter Dichters Friedrich Stoltze nachzulesen, ein Band aus der Bibliothek Ludwig Hofmanns.[14] Stoltze war ein ausgesprochen politischer Heimatdichter. Er trat, wie andere Dichter seiner Generation, wie Uhland und Freiligrath, Herwegh und Hoffmann von Fallersleben für ein

[11] Eberhard Kolb, Bismarck, München 2009, S. 84ff.

[12] Kolb, Bismarck, S. 91.

[13] Eine Gedenkmedaille der Königlich Preuß. Armee, 10. Armee-Korps Hannover, von 1913 würdigt mit einer Geste der Versöhnung das hundertjährige Bestehen früherer Königlich Hannoverscher Truppenteile. Dokument Nachlass Hofmann.

[14] Johannes Proelß, Friedrich Stoltze und Frankfurt am Main, Frankfurt a. M. 1905, S. 321–328.

in Freiheit geeintes Deutschland ein. Wie Fritz Reuter schrieb er sowohl in Hochdeutsch wie auch in seiner heimischen Mundart; jener im mecklenburgischen Platt, er im frankfurterischen Dialekt.[15] Ludwig Hofmann sprach von Kindheit an Hochdeutsch, was ihm in der Volksschule von Anfang an gute Noten eintrug. Wenn er einmal Frankfurterisch sprach, dann zitierte er Friedrich Stoltze. Dessen Gedichte waren ihm auch in der weitgehenden politischen Isolierung des Dritten Reichs eine Ermutigung. In eines seiner volkswirtschaftlichen Bücher legte er – vor 1944 – einen Zettel in seiner Alters-Handschrift mit einigen wohl aus dem Gedächtnis zitierten Zeilen von Stoltze, in denen dem herrschenden »schnöden Götzenbild« »das Banner der Freiheit« entgegengesetzt wurde.[16]

Ludwig Hofmann besuchte von 1887 bis zum Abitur die »Musterschule«. Diese war zu seiner Zeit ein Realgymnasium, das 1803 von Frankfurter Bürgern als eine überkonfessionelle Reformschule gegründet worden war. Damals hatten zu den Lehrern Schüler des Schweizer Pädagogen Pestalozzi sowie Schulreformer wie Friedrich Fröbel und Adolf Diesterweg gehört. Ihr Schwerpunkt lag in den modernen Sprachen und den naturwissenschaftlichen Fächern.

Aus seinem Französischunterricht bei einem Muttersprachler zitierte er noch in hohem Alter aus einem Gedicht von Béranger über die Erinnerungen einer älteren Frau an ihre Begegnung mit Napoleon I. in ihrer Jugend. Dieser hatte in ihrem Haus auf der Durchreise aus einem Glas Wein getrunken und sie hatte es »seitdem aufbewahrt«:

J'ai depuis gardé son verre!
Gardé son verre.

So ließ Pierre-Jean de Béranger, der wie kein anderer »Dichter zur Festigung der napoleonischen Legende beigetragen« hatte, die Großmutter es ihren beeindruckten Enkeln vorführen.[17]

Vous l'avez encore, grand-mère! – Sie haben es noch, Großmutter!

Auch das deutsche Gedicht von Heinrich Heine über die beiden geschlagen aus Russland zurückkehrenden Grenadiere Napoleons kannte Hofmann noch in einigen Zeilen auswendig. Ungeachtet der

[15] Proelß, Stoltze, S. 5.

[16] »Mit meinen Händen, meinen alten, will ich so lang mein Herz noch schlägt …« Ab 1944 war das volkswirtschaftliche Buch für ihn nicht mehr zugänglich.

[17] Volker Hunecke, Napoleons Rückkehr. Die letzten hundert Tage Elba, Waterloo, St. Helena, Stuttgart 2015, S. 203.

Gegnerschaft gegen Frankreich war diese Bewunderung des Großen Mannes aus der historischen Distanz in seiner Generation nicht ungewöhnlich. Auch sein späterer Studienfreund Gustav Stresemann hatte sich mit Napoleon I. beschäftigt. Bei dessen Zeitgenossen Heine hatte aber durchaus eine ambivalente Bewertung bestanden: »Er hielt ihn für den Künder der Freiheit, dessen Tyrannei er allerdings verabscheute.«[18]

Bevor Ludwig Hofmann nach Leipzig kam, hatte er zunächst in Marburg und Straßburg studiert. Das war nicht zuletzt eine – begrenzte – Emanzipation von der elterlichen Familie im Kreis neu gewonnener Freunde. Dabei beruhte sein Aufenthalt in den anderen Städten auf einer engen Verbindung zum elterlichen Haushalt. Er lebte dort vom Einkommen seiner Eltern und zwischen deren Wohnung und seinem Studentenzimmer gingen per Post regelmäßig »Körbchen« und »Kistchen« mit zu waschender und frischer Wäsche hin und her, wie viele Postkarten belegen.

In beiden Städten war er studentischen Vereinigungen beigetreten, die dem ADB, dem Allgemeinen Deutschen Burschenbund, angehörten. Es entstand durch den Verband ein Netzwerk von Freundschaften über die einzelnen Universitäten hinaus, das die potenzielle Isolierung des Studentenlebens aufhob.

Es war eine Reformburschenschaft, die sich auch im Männlichkeitsritual des Fechtens übte. Gegenüber den immer konservativer werdenden anderen Burschenschaften, Landsmannschaften und studentischen Korps orientierte sie sich aber an einem liberalen Konzept, nahm zum Beispiel auch »Nicht-Christen« auf. In Marburg war es die Sigambria. Dort erlebte Ludwig Hofmann wegen seiner Mitgliedschaft erstmals eine antisemitische Provokation durch einen Studenten des Corps Hasso-Borussia. Die herausfordernde Bemerkung bezog sich offenbar auf eine »gelbe« Dogge, welche die Studenten der Sigambria mit sich führten. Gelb war die Farbe, mit der seit dem Mittelalter das Jüdische gekennzeichnet und ausgegrenzt wurde.

Die latente Judenfeindschaft in dieser und anderen Universitäten unterschied sich deutlich von dem gesellschaftlichen Klima, das Hofmann in seiner Heimatstadt Frankfurt am Main erlebt hatte. Dort gab es ja eine der größten jüdischen Gemeinden in Deutschland. Im Jahre 1895 hatten sie einen Anteil von 8,6 % an der Bevölkerung. Nach einer län-

[18] Fritz Stern, Über Freiheit und Exil in Heinrich Heines Welt und in der unseren, in: Fritz Stern, Zu Haus und in der Ferne. Historische Essays, München 2015, S. 109.

geren und durchaus schwierigen Periode der Emanzipation in der ersten Hälfte des 19. Jahrhunderts wurden Juden dort weithin als Mitbürger akzeptiert. Im Gegensatz bis zur Zeit der Revolution 1848/49, als Juden auch in Frankfurt am Main noch diskriminiert wurden, waren sie zu Ludwig Hofmanns Zeit gleichberechtigt, »gehörten Juden um 1870 zur bürgerlichen Elite der Stadt.«[19] Um sich über den Prozess der Emanzipation in seiner Heimatstadt Klarheit zu verschaffen, kaufte Hofmann – unklar wann – antiquarisch eine gedruckte, im frühen 19. Jahrhundert an den Deutschen Bundesrat gerichtete Denkschrift der Frankfurter Juden über ihre Rechte und Forderungen.[20] Die städtische Gesellschaft blieb aber auch dort nicht unbeeinflusst vom neuen Antisemitismus des späten Kaiserreichs.

Die zwei Semester, die er in dem romantischen Städtchen Marburg verbrachte, waren, neben ersten Lehrveranstaltungen in Chemie, mit der Einführung in das studentische Brauchtum angefüllt, wozu Gesang und Studenten-Ulk auf öffentlichen Plätzen gehörte. Die Bürger tolerierten den Lärm, wenn auch manchmal mit Murren, denn die kleine Stadt von 16000 Einwohnern lebte von der Universität und den Schecks der Studenten.[21]

Bei solchen Gelegenheiten sangen sie auch das Hecker-Lied, eine Erinnerung an einen radikalen Führer der Revolution von 1848/49: Friedrich Hecker trat für die Republik ein und war im April 1848 Anführer des bewaffneten badischen Aufstands.

Und wenn die Fürsten Euch fragen
Lebt der alte Hecker noch
so sollt Ihr ihnen sagen
Heio er lebet noch.
Er hängt an keinem Baume
er hängt an keinem Strick
Er lebet fort im Traume
von der deutschen Republik
von der deutschen Republik.

19 Ralf Roth, Stadt und Bürgertum in Frankfurt am Main (Stadt und Bürgertum, Bd. 7) Hg. Lothar Gall, München 1996, S. 540.

20 Roth, Stadt, S. 242.

21 Bernhard vom Brocke, Marburg im Kaiserreich 1866–1918, in: Marburger Geschichte, Hg. Magistrat der Stadt Marburg, 1980, S. 400 und 518.

Das Lied war kein republikanisches Programm der Studenten. Aber da das neue Deutsche Reich – neben einigen Städten – durch die Föderation der Könige von Preußen, Sachsen, Bayern und Württemberg, der Großherzöge von Baden und Hessen, Mecklenburg-Strelitz und Mecklenburg-Schwerin sowie von Oldenburg und einer weiteren Anzahl von Herzögen und Fürsten gegründet worden war, war das Lied doch die Erinnerung daran, dass es einmal den Versuch der deutschen Vereinigung auf andere Weise gegeben hatte. Es war unter den Studenten verbreitet, stand wegen seines antimonarchischen Tons aber nicht im offiziellen Gesangbuch der Studentenschaft. Es signalisierte eine gewisse Eigenständigkeit gegenüber der Obrigkeit.

Wie begrenzt in der studentischen Freiheit seine Möglichkeiten zur eigenen Lebensgestaltung noch waren, erfuhr Ludwig Hofmann auch in Marburg. Seit der Begegnung auf einem Ball hatten er und ein junges Mädchen, Tochter eines Pfarrers, sich angenähert. Die Intervention der jeweiligen Väter verhinderte aber, dass die Beziehung fortgesetzt wurde. Abgesehen von der auf absehbare Zeit fehlenden wirtschaftlichen Grundlage für eine Ehe waren sie nach dem Gesetz noch nicht »ehemündig«, bedurften der Zustimmung der Väter für einen solchen, damals wohl noch keineswegs geplanten Schritt.[22] Diese schmerzhafte Erfahrung dürfte ihm von da an Verschwiegenheit gegenüber seinen Eltern über den Umgang mit Frauen empfohlen haben.

Zum Sommer 1897 ging Hofmann an die Universität Straßburg und blieb dort drei Semester bis zum August 1898. Die bedeutende alte Stadt war bei der Eroberung 1870 in ihrer baulichen Substanz beschädigt und ihrem Selbstbewusstsein verunsichert worden. Unter der deutschen Regierung machte sie aber durch ein umfangreiches staatliches Bauprogramm sowie auch durch eine moderne Kommunalverwaltung beträchtliche Fortschritte in der Stadtentwicklung. Es entstanden der Hauptbahnhof, die Post, die Universitäts- und Landesbibliothek als Ausgleich für die bei der Beschießung der Stadt 1870 zerstörte wertvolle Stadtbibliothek, ferner der Kaiserpalast sowie zahlreiche Kirchenbauten. Die Einwohnerzahl stieg von 78000 (1870) auf 179000 (1910).

Die Universität war 1872 als eine deutsche Hochschule neu gegründet worden. Nach der Annektierung von Elsass-Lothringen durch das Deutsche Reich war der Lehrbetrieb an der französischen Universität in Straßburg zusammengebrochen. Denn die meisten Professoren und

[22] Die Ehemündigkeit war damals nach § 1303 BGB und vorhergehenden Gesetzen an das Alter von 21 Jahren gebunden.

Dozenten waren nach Frankreich gegangen. Die Regierung unter Bismarck investierte großzügig in die Neugründung, um die Integration der Reichslande auch kulturell zu fördern und die einheimischen Eliten in einer baulich und personell gut ausgestatteten deutschen Hochschule auszubilden. Bei den Berufungen auf die neuen Lehrstühle kamen jüngere, gut qualifizierte Wissenschaftler aus Deutschland zum Zuge, wie Paul Laband bei den Juristen, Gustav Schmoller, Lujo Brentano und Georg Friedrich Knapp bei den Nationalökonomen, Wilhelm Windelband bei den Philosophen; bei den Historikern Harry Bresslau für das Mittelalter und der liberale Historiker Hermann Baumgarten für die Neuzeit.

Das Institut für Chemie war 1872 unter Leitung von Adolf von Baeyer erneuert worden. Dieser erhielt 1905 den Nobelpreis für Chemie; sein Schüler aus Straßburger Tagen, Hermann Emil Fischer, hatte ihn schon 1902 bekommen. Zur Zeit von Ludwig Hofmanns Studium in Marburg hielt in Straßburg Professor Fittig Vorlesungen und Übungen zur Experimentalchemie. In dessen Veranstaltung war es im Wintersemester 1896/97 zu Zusammenstößen zwischen frankophilen und germanophilen Studenten gekommen. Bei den Experimenten riefen Farbmischungen, die entweder dem Blau-Weiß-Rot der französischen Nationalfarben ähnelten oder dem Schwarz-Weiß-Rot der deutschen, jeweils unterschiedliche, lärmende Reaktionen unter den zahlreichen Teilnehmern hervor. Daraus resultierte eine Duell-Forderung zwischen Studenten sowie Disziplinarmaßnahmen der Universitätsleitung. Dies führte wiederum zu einem Vorlesungsboykott der Elsass-Lothringer unter den Studenten und Polemiken der oppositionellen Presse in den Reichslanden. In der deutschen Öffentlichkeit, einschließlich des Reichstags, fragte man sich mit Sorge, ob nach 26 Jahren der Zugehörigkeit die Integration der Reichslande misslingen könnte.[23]

Aus einer Bemerkung Hofmanns in seinen Altersnotizen kann man entnehmen, dass sein Wechsel nach Straßburg gerade zu diesem Zeitpunkt nicht nur dem Wunsch nach fachlicher Weiterbildung entsprang, sondern auch ein nationalpolitisches Motiv hatte. Sein Ausruf »an den Rhein, an den Rhein« entsprach deutlich dem 1840 in einer früheren deutsch-französischen Grenzkrise von einem Württemberger gedichteten »Zum Rhein, zum Rhein, zum freien deutschen Rhein«. Die auffordernde Zeile stand in der im studentischen Kommersbuch

[23] Stephan Roscher, Die Kaiser-Wilhelm-Universität, Straßburg, Frankfurt a. M. 2006, S. 108.

abgedruckten »Wacht am Rhein«. Hofmann wollte offenbar die Germanophilen unter den Chemiestudenten verstärken.

Er besuchte Vorlesungen und absolvierte Experimente in den neuen Laboratorien des Instituts für Chemie. Dabei legte er sein Studium auf einer breiten naturwissenschaftlichen Grundlage an. Im Sommersemester 1897 und im folgenden Wintersemester besuchte er die Vorlesungen und Übungen von Professor Fittig zur Experimentalchemie, organischer Teil, in dessen Veranstaltungen die lärmenden Konfrontationen stattgefunden hatten. Jetzt blieb es offenbar ruhig. Als Ergänzung dazu nahm er an Seminaren zur Botanik mit Demonstrationen im Botanischen Garten teil, besuchte Veranstaltungen zur Meteorologie und Astronomie. Im Sommersemester 1898 nahm er an Vorlesungen zur Gesteinslehre, zur Morphologie der Pflanzen sowie zur Abstammungslehre teil.

Das sich verfestigende und differenzierende Weltbild der Naturwissenschaften stellte eine immer stärkere Herausforderung an das Weltbild der Bibel dar, wie es auch Ludwig Hofmann im evangelischen Konfirmanden-Unterricht vermittelt worden war. Darwins Abstammungslehre gab eine andere Antwort auf die Herkunft des Menschen als die christlich-jüdische Schöpfungsgeschichte, und seine Einführung des Konkurrenzprinzips in der Entwicklung der Arten ließ den Philosophen Friedrich Nietzsche die Frage nach der Sinnhaftigkeit christlicher Caritas stellen. Mit seinen vor allem in den 1880er-Jahren erschienenen Schriften zur Lebensphilosophie beantwortete Nietzsche diese auf eine radikal individualistische, antisoziale Weise: Verwerfung christlicher Moral und Kultus der Macht in einer sich auf die Natur berufenden Argumentation. Ludwig Hofmann fühlte sich von diesen Problemen offenbar herausgefordert und er begleitete seine naturwissenschaftlichen Lehrveranstaltungen mit einem geisteswissenschaftlichen Studium Generale. Im Sommer 1897 vergewisserte er sich in einer Vorlesung über »Das Lebensideal des Christentums in den Hauptmomenten seiner geschichtlichen Entwicklung« (Professor Lobstein). Auch war er auf Nietzsche, mit seinen »unzeitgemäßen Betrachtungen« der philosophische Provokateur des frühen Kaiserreiches, aufmerksam geworden. In Hofmanns Altersbibliothek fanden sich eine Reclam-Ausgabe »Vom Nutzen und Nachteil der Historie für das Leben« von 1951 sowie ein Reclam-Heft von »Also sprach Zarathustra« von 1950. Beides waren wohl Wiederbeschaffungen der Literatur seiner Studentenzeit. Im darauffolgenden Semester 1897/98 hörte er eine der ersten Vorlesungen von Ziegler über Friedrich Nietzsche. Und da Nietzsche sein Interesse auf die frühen Phasen der Philosophie gelenkt hatte, auf Sokrates, Plato und die Welterklärungen der Naturphilosophen, besuchte Hofmann dann im Sommer 1898 die Vorlesung von Professor Windelband über »Geschichte der alten und mittelalterlichen Philosophie«. Er behielt das Interesse an diesen Themen und erwarb später die zwei 1903/05 erschienenen Bände von Friedrich Überwegs »Grundriss der Geschichte der Philosophie vom Altertum bis zur mittelalterlichen Scholastik«.

Von diesem Durchgang durch die Geschichte der Philosophie blieb in seinem Leben eine Erweiterung des Horizonts über die Naturwissenschaften hinaus auch ein Impuls, die Sinnhaftigkeit des Lebens in diesseitigen Ideen zu suchen. Nietzsche schärfte bei ihm die Wahrnehmung von Konflikten und er übernahm die Bereitschaft zur Kritik an überkommenen Autoritäten wie der christlichen Orthodoxie, aber keineswegs die Ablehnung der Grundsätze christlicher Moral. Als er zehn Jahre später in die Politik einstieg, orientierte er sich an dem sozialen Programm des evangelischen Pfarrers Friedrich Naumann. Die Skepsis Nietzsches gegenüber dem Schwergewicht der historischen Überlieferung dürfte bei ihm die Offenheit für die Weiterentwicklung der gesellschaftlichen Zustände gefördert haben. Noch in Straßburg setzte er sich zum ersten Mal mit der Politik des Sozialismus auseinander. Das geschah in seiner Burschenschaft.

Hofmann trat der Arminia bei, die wegen Mitgliedermangels einige Jahre suspendiert, das heißt als Verein inaktiv gewesen war. Doch zum 1. Mai 1897 wurde die Arminia-Straßburg »von dort studierenden ADB-Mitgliedern wieder aufgetan.«[24] Dieser Akt, gleichsam einer Neugründung, verband diese Gruppe auf besondere Weise. Schon auf einer Postkarte, die er im Mai an seinen Vater schrieb, schlossen sich drei Mitstudenten seinen Grüßen an.[25] Einer dieser Studenten war Paul Lensch, der spätere Reichstagsabgeordnete der SPD. Und er schloss auch engere Freundschaft mit einem Studenten der philosophischen Fakultät, Arnold Hoffmann. Dieser schenkte »seinem lieben Ludwig Hofmann stud. Chem.« zu Weihnachten 1897 ein Kommersbuch in den Farben Schwarz-Rot-Gold, mit dem Zirkel der Arminia darauf.

24 Paulgerhard Gladen, Kurt U. Bertrams, Das studentische Korporationswesen in Straßburg, Hilden 2012, S. 89.

25 Postkarte vom 5.5.1897 mit Gesamtansicht von Straßburg. Mit unterschrieben hatten Paul Lensch, Kratz, Hans Dirks.

Abb. 4 Ludwig Hofmann (1877–1963) als Chargierter der Arminia – Straßburg.

Diese Aufnahme in eine ihm genehme Studentenverbindung, die auch junge Leute mit unterschiedlichen wissenschaftlichen Interessen und Berufszielen zusammenführte, erleichterte ihm die Orientierung an dem neuen Studienort, der eine besondere wissenschaftliche und politische Prägung hatte. Es war für ihn insgesamt eine Zeit mit neuen Erfahrungen und Ideen.

Von anstrengenden Wanderungen mit den Studienfreunden in den Vogesen, auch vom Besuch eines Schützenfestes berichtete er nach

Hause. Begegnungen mit Frauen, zu denen er in einer so belebten Stadt wie Straßburg viele Gelegenheiten hatte, behielt er nach den Marburger Erfahrungen für sich. Vor allem dürfte ihn das Leben in seiner studentischen Verbindung beschäftigt haben. Und deren Aktivitäten waren auch eingebunden in den Festkalender der Universität: »Zur Reichsgründungsfeier am 18. Januar, zum Kaisergeburtstag oder zum Rektoratswechsel am 1. Mai wurden« von der gesamten Studentenschaft große Kommerse veranstaltet, das heißt Zusammenkünfte in Festtracht mit Ansprachen und Trinksprüchen. Einen besonderen Anlass dazu gab es während des Aufenthalts von Ludwig Hofmann zum 25-jährigen Universitätsjubiläum im Jahre 1897. Es fanden ein »prunkvoller Umzug von allen Straßburger Korporationen« statt, auch ein Festkommers mit 2000 Teilnehmern sowie eine »Feier im Lichthof des Kollegiengebäudes«.[26] Hofmann war sicher dabei, wahrscheinlich schon als Repräsentant der Arminia.

Ein in Straßburg aufgenommenes Foto zeigt ihn nämlich in studentischer Festtracht: mit federgeschmücktem Barett, farbigen Schärpen, weißer Hose, Stulpenhandschuhen und Reiterstiefeln sowie dem Schläger, eine leichte Mensur-Waffe. Das war die Kleidung eines Chargierten, eines Vorstandsmitglieds seiner Straßburger Burschenschaft. Das kriegerische Kostüm zeigt ihn deutlich entfernt von der Welt seiner Eltern, der mittleren preußischen Beamten und Moselaner Weinbauern. Es lässt sich jedoch davon ausgehen, dass diese die Entwicklung auch mit einem gewissen Stolz begleiteten. Aber das kostete Zeit und Geld. In manchen der Postkarten an die Eltern bestätigte er sowohl Geldsendungen wie auch das Eintreffen von »Kästchen«, deren Inhalte sein Budget entlasteten.

Der Aufstieg zum waffentragenden Chargierten bedeutete, dass er Fechtunterricht nahm und bei den Treffen der Arminia nicht fehlen durfte. Er hat auf dem Bild ein weiches, jugendliches Gesicht doch mit einem ernsten Blick, aus dem die Bereitschaft zur Vertretung seiner Verbindung auch im Duell sprach. Noch fehlte ihm auf der linken Wange die für solche Auseinandersetzungen typische Narbe, die später zu sehen war. Auf einer Bildpostkarte an seinen Vater vom 4. Juli 1897, die, mit Straßburger Motiven, einen solchen Chargierten mit gezogenem Schläger und Schwarz-Rot-Goldener Fahne zeigt, hat er ein Gedicht aus dem poetischen Reservoir der Burschenschaften, hinzugefügt, das ein deutlicher Ausdruck dieser Haltung ist:

[26] Gladen, Bertrams, Korporationswesen, S. 58.

Soll ich für Ehr und Freiheit fechten,
Für's Burschenwohl den Schläger ziehen,
gleich blinkt der Stahl in meiner Rechten,
ein Freund wird mir zur Seite stehn!

Wer sich allerdings als »Raufbold« betätigen und Narben sammeln wollte, ging meist zu den konkurrierenden studentischen Korps fechten. So ein Bundesbruder, der nach Breslau gewechselt war, teilte Ludwig mit, wie viele Duelle er gefochten hatte und dass er »nach 14½ Minuten abgestochen« habe und sieben blutige Verletzungen empfangen bzw. zehn gegeben habe.[27] Erlaubte private Gewalttätigkeit in einem relativ friedlichen Alltagsleben. Der amerikanische Journalist Mark Twain hat auf seiner Europareise von 1878 in Heidelberg die Duelle auf einem studentischen »Paukboden« besichtigt, die er mit der distanzierten Genauigkeit eines Völkerkundlers, aber auch einem gewissen Respekt für die Unterdrückung der Schmerzreaktionen durch die jungen Leute beschrieb.[28]

Die politischen Probleme, an die sich Ludwig Hofmann 40 Jahren später erinnerte, waren nicht aus der Konkurrenz mit anderen Studentenverbindungen entstanden oder zwischen einheimischen und reichsdeutsche Studenten, sondern innerhalb der Burschenschaft Arminia. Sie wurden ausgelöst durch Paul Lensch, den Ludwig Hofmann in seinen späteren Notizen respektvoll mit dem Titel Dr. Lensch zitiert, unter dem dieser seit 1900 in der Öffentlichkeit auftrat. Er hatte in diesem Jahr in Straßburg bei dem Nationalökonomen Friedrich Knapp über die Zuckerindustrie promoviert. Aber 1897/98 war er noch der Kommilitone und Bundesbruder Lensch, der aus Berlin von der Neogermania, ebenfalls einer ADB-Gruppe, gekommen war.

Paul Lensch war vier Jahre älter als Ludwig Hofmann und kam aus demselben Milieu des mittleren Beamtentums. Sein Vater war Geheimer Rechnungsrat in Potsdam. Während bei Hofmann zunächst die naturkundlichen Interessen im Vordergrund standen, hatte sich Lensch schon auf der Schule mit der Philosophie Hegels und der politischen Ökonomie von Karl Marx beschäftigt.[29] Mit diesem Ansatz wandte er

27 Postkarte von Friehmelt mit Kaiser-Wilhelm-Denkmal, Breslau vom 8.3.1898.
28 Mark Twain, Bummel durch Europa (A Tramp Abroad), Gesammelte Werke Bd. 3, München 1985, S. 640–649.
29 Gisela M. Krause, Paul Lensch, in: Neue Deutsche Biographie, Bd. 14, 1985, S. 215ff.

sich dann dem Studium der Nationalökonomie bei Professor Knapp in Straßburg zu. Während aber der engere Kreis um Knapp sich den Ideen des von dem evangelischen Pfarrer Friedrich Naumann gerade 1896 gegründeten Nationalsozialen Vereins zuwandte, schloss sich Lensch der Sozialdemokratischen Partei an. Knapps Lehre von der »Unerbittlichkeit ökonomischer Gesetze« hatte ihn darin bestärkt.[30] Noch als Student begann er in der sozialdemokratischen Zeitung »Freie Presse für Elsass-Lothringen« zu publizieren. Zehn Jahre früher, vor der Aufhebung des Sozialistengesetzes, hätte ihm das erhebliche Schwierigkeiten mit Polizei und Universität eingebracht. Im Jahre 1887 forderte zum Beispiel die Polizei das Disziplinaramt der Universität auf, gegen einen Studenten vorzugehen, der den führenden Sozialdemokraten August Bebel nach dessen Besuch in Straßburg zum Bahnhof begleitet hatte. Der Student war einfach mit der Familie Bebel bekannt.

Lensch regte in der Arminia eine grundsätzliche Diskussion über die Burschenschaften und ihre Stellung in der Gesellschaft an. Er kritisierte – so die späten Notizen Ludwig Hofmanns – die soziale »Isolierung des Wanderstudententums«, das sich bei seinen Ortswechseln vor allem an dem universitären Milieu und der eigenen Verbindung orientierte. Außerdem »verwarf« er die markanten Merkmale – auch der Reformburschenschaften – »Couleur und Mensur«, die sie so deutlich vom Bürgertum und von der Arbeiterschaft abhoben.[31] Damit trat er in Gegensatz zu Ludwig Hofmann als frisch gewähltem und eingekleidetem Chargierten der Arminia. Lensch und Hofmann bestritten hier eine erste Runde in der Debatte um die gesellschaftliche Stellung der Burschenschaften. Hofmann folgte hier einer auch von den Reformburschenschaften vertretenen Position einer sichtbaren gesellschaftlichen Sonderstellung in dieser Lebensphase, die sich als persönliche Prägung und sozialer Verbund auch auf das spätere Leben auswirken sollte. Lensch bejahte zwar ebenfalls die Idee des Bundes und seine Orientierung an den Werten Freiheit, Ehre und Vaterland. Er wollte aber eine stärkere Integration in die Gesellschaft und lehnte die Einübung in und den Gebrauch von altertümlichen Waffentechniken im zivilen Bereich ab. Schließlich hatte er bei der Ableistung seines Wehrdienstes 1895/96 das ernsthafte, aktuelle Kriegshandwerk kennengelernt.

[30] Gisela M. Krause, Lensch, S. 215.
[31] Notizen Hofmann I.

Für Ludwig Hofmann war dies wohl die erste Auseinandersetzung mit anderen politischen Ideen, die über seine damalige nationalliberale Anschauung mit ihrer historischen Rückbindung an die Revolution von 1848/49 hinausgingen. Als im März 1898 überall in Deutschland Gedenkartikel an 1848/49 in Zeitungen erschienen, sammelte er diese Aufsätze: aus Berlin, Dresden, Stuttgart und Frankfurt am Main, aus Plauen im Vogtland, aus Zwickau und aus Hirschberg in Schlesien. Sie finden sich in seinem Nachlass. Die Geschichte der verfassunggebenden Versammlung in der Paulskirche gehörte für ihn ohnehin zur vertrauten Frankfurter Lokalgeschichte.

Hofmann beschäftigte sich durchaus mit den politischen Anregungen von Lensch, las Texte zum »Materialismus« und zum »Sozialismus«, tauschte sich darüber auch mit anderen Studenten der Arminia aus.[32] Die von Lensch vorgeschlagenen Konsequenzen für die Burschenschaft lehnte er aber damals ab. Die Diskussion beeindruckte Hofmann immerhin so, dass er etwa 40 Jahre später in seinen Notizen sich noch an Lenschs Argumente erinnerte. Ihre Wege gingen zunächst auseinander, kreuzten sich dann aber bald in Sachsen.

[32] Vgl. die Karte von Schildebold aus Brandenburg an der Havel vom 19.4.1898 an Hofmann.

3. Leipzig um 1900

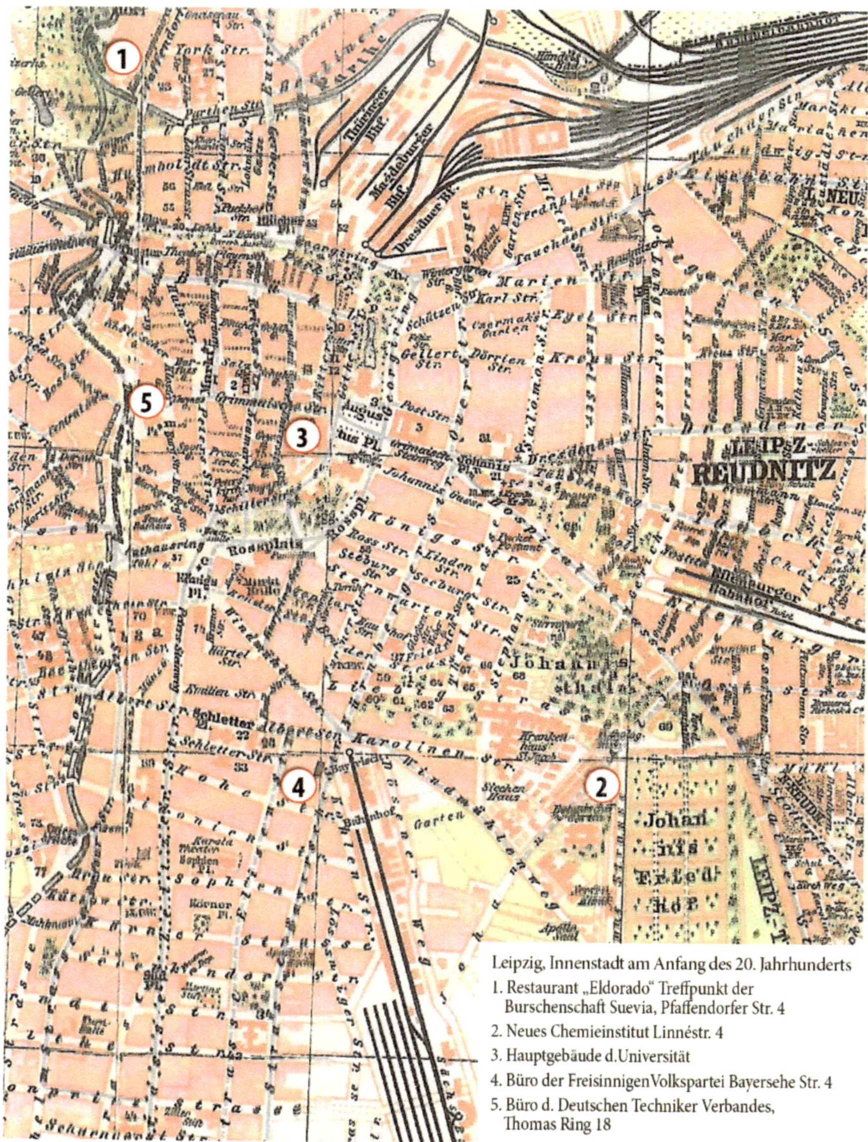

Abb. 5 Karte Leipzig Innere Stadt 1901 (Eduard Gaeblers Plan).

Ludwig Hofmann begab sich 1898 nach Leipzig, um dort sein Studium abzuschließen.

Er kam also mit seinen 21 Jahren für eine gemessene Zeit und mit einem bestimmten Ziel in die für ihn neue Stadt. Aber sein Leben verlief dann anders als geplant. Er blieb über 20 Jahre in der Stadt, von 1898 bis 1919, machte sie zu seinem Hauptwohnsitz mit allmählich nur noch gelegentlichen Besuchen bei den Eltern in Frankfurt am Main und später in Göttingen. Dabei erlebte er, wie sich Leipzig in den ersten 15 Jahren seines Aufenthalts zu einem Höhepunkt seiner wirtschaftlichen Bedeutung und urbanen Struktur hin entwickelte. Aus der noch Mitte des 19. Jahrhunderts »kleinen Stadt mit dem großen Ruf« wurde eine moderne Großstadt.[33] Nicht zuletzt der Student Johann Wolfgang Goethe hatte mit seiner griffigen Charakterisierung Leipzigs als »Klein-Paris, das seine Leute bildete« schon im späten 18. Jahrhundert zu diesem Ruf beigetragen.

Nach dem Aufenthalt in der Universitäts-Idylle Marburgs und in dem altertümlichen Straßburg, das durch die neue Staatsgewalt – gegen die Vorbehalte eines Teils der Bevölkerung – in eine forcierte Modernisierung gedrängt wurde, kam Hofmann nun in eine aus eigener Dynamik aufblühende, weltoffene Großstadt. Sie glich mehr seiner Heimatstadt Frankfurt mit dem historischen Kern und dem großen Aufschwung im neuen Kaiserreich. Beides waren alte Handelsstädte, deren Messen schon im Mittelalter begründet worden waren. Dabei lag Leipzig damals vorn, rühmte sich bei den Jahrhundertfeiern 1913 zum Gedenken an die Völkerschlacht in den napoleonischen Kriegen die schweren Einbußen jener Zeit überwunden zu haben und mit seinen 590000 Einwohnern (1910) unter den 48 Großstädten des Deutschen Reiches die viertgrößte zu sein. Einer der Gründe für das etwas unterschiedliche Wachstum beider Städte bestand darin, wie sich deren Messen in neuerer Zeit entwickelt hatten: »Die Frankfurter Handelsmessen (waren) seit der Mitte des 19. Jahrhunderts zu einem bedeutungslosen Detailmarkt mit dem Charakter eines Volksfestes abgesunken.«[34] Erst in der Weimarer Republik organisierte der Frankfurter Stadtrat und

33 Paul Weigel, Die Großstadt Leipzig, in: Leipzig. Ein Blick in das Wesen und Werden einer deutschen Stadt, Leipzig 1913, S. 20.

34 Dieter Rebentisch, Ludwig Landmann. Frankfurter Oberbürgermeister der Weimarer Republik, Wiesbaden 1975, S. 88.

spätere Oberbürgermeister Ludwig Landmann deren erneuten Aufschwung. In Leipzig hatte der Magistrat durch eigene Investitionen dafür gesorgt, dass der Messe-Handel im Ganzen seine Bedeutung behielt. Noch in der zweiten Hälfte des 18. Jahrhunderts, als der Frankfurter Student J. W. Goethe 1765 mit 16 Jahren nach Leipzig kam, traf er das ihm von der Heimatstadt her bekannte Messegeschehen nun in einer anderen Umgebung:

»Als ich in Leipzig ankam, war es gerade Messzeit, woraus mir ein besonderes Vergnügen entsprang, denn ich sah hier die Fortsetzung eines vaterländischen Zustandes vor mir,

Abb. 6 Petersstraße 1905, Postkarte Hofmanns an seine Eltern.

bekannte Waren und Verkäufer, nur in anderen Plätzen und in einer anderen Folge. Ich durchstrich den Markt und die Buden mit vielem Anteil; besonders aber zogen meine Aufmerksamkeit an sich in ihren seltsamen Kleidern jene Bewohner der östlichen Gegenden, die Polen und Russen, vor allem aber die Griechen, deren ansehnlichen Gestalten und würdigen Kleidungen ich gar oft zu Gefallen ging.«[35]

Goethe hatte hier noch eine traditionelle Messe mit allen verkäuflichen Waren gesehen. Um 1900 war daraus eine Muster-Messe geworden. Da der Frankfurter Ludwig Hofmann um diese Zeit das vergleichende Erlebnis des Bekannten im Fremden nicht mehr haben konnte, war er umso mehr von dem fasziniert, was er bei den zweimaligen jährlichen Höhepunkten des Warenhandels zu Ostern und im Herbst sah. Es drängten sich Geschäftsleute, ihre Propagandisten, Besucher und Bewohner in den engen Straßen und Messehöfen der Altstadt. Eine farbige Postkarte aus dem Jahre 1905 an seine Eltern zeigt ein beliebtes Motiv aus der Petersstraße, das zugleich für den Produzenten dieser Karten warb.

Städte wie Leipzig und Frankfurt, die schon vor der Industrialisierung zu den bedeutendsten Orten Deutschlands gehörten, konnten aber mit ihrem Potential an Handelsbeziehungen, handwerklichen Fähigkeiten und Kapital auch von der Mechanisierung von Produktionsprozessen und Verkehrsmitteln profitieren.

Überhaupt war die Zeit bis zum Ersten Weltkrieg eine Periode der Umbauten in der Innenstadt, wobei der Jugendstil den Historismus ablöste, sowie weiterer Großbauten an deren Rand. Das ansehnliche Gebäude des Reichsgerichts, heute Sitz des Bundesverwaltungsgerichts, war dem schon 1888 bis 1895 vorausgegangen und hatte der Stadt, die ja nicht einmal Hauptstadt eines der Bundesstaaten war, eine der gesamtstaatlichen Institutionen eingebracht, die sonst alle in der Reichshauptstadt Berlin zentriert waren. Leipzig hatte das selbst angestrebt und war bei der entscheidenden Abstimmung im Reichsrat von den kleineren nord- und mitteldeutschen Staaten unterstützt worden, die eine weitere Vormachtstellung Preußens und Berlins verhindern wollten.[36] In den Jahren 1899 bis 1905 wurde an der Südwestecke der Altstadt das neue Rathaus mit 900 Amtsräumen auf den Grundlagen der alten Pleis-

35 Johann Wolfgang v. Goethe, Dichtung und Wahrheit, Gesammelte Werke, Bd. 1, Frankfurt a. M., 1965, S. 221.

36 Schwarz, Leipzig II, S. 367.

senburg errichtet. Wie Hofmann seinen Eltern schrieb, fand die Feier der Einweihung im Oktober 1905 bei »leider sehr schlechtem Wetter« statt.[37]

Zwischen 1871 und 1910 war die Bevölkerung durch Zuwanderung, Geburten und Eingemeindungen von 106000 auf fast 600000 gestiegen. In den Jahren 1889 bis 1913 wurden in einem großen administrativen Kraftakt 17 Vororte, die wie Reudnitz schon seit Längerem eng mit dem Leipziger Wirtschafts- und Siedlungsgebiet verbunden waren, eingemeindet. 1913 folgten sechs weitere.[38] Seit etwa 1870 hatten sich Industriebetriebe vor allem in den westlichen Vororten Plagwitz und Lindenau angesiedelt. Sie wurden durch zwei Netze von Eisenbahntrassen und Straßen erschlossen sowie durch einen in die Elster mündenden Kanal. Arbeiterwohnungen umgaben sie. Aber auch am nördlichen Rand im ländlichen Mockau und selbst im noch weithin grünen Gohlis an der Kaiser-Friedrichstraße (Lützowstraße) wurden Fabrikanlagen errichtet.[39] Aber die Karte von 1901 weist auch am damaligen östlichen Stadtrand um die Torgauer Straße, wo heute das Stadtarchiv liegt, Fabriken, Ziegeleien, eine Gasanstalt und eine Fabrikstraße aus. Gab es 1875 in Leipzig 90 Fabriken mit 3870 Arbeitern, so waren es in der erweiterten Stadt von 1907 bereits 22000 Industriebetriebe mit 150 000 Beschäftigten. In sieben Fabriken waren mehr als jeweils 1000 Personen tätig.[40]

Aus dieser Kombination von Wachstum und Strukturwandel ergab sich nicht nur eine Vervielfachung der normalen Verwaltungsaufgaben wie Einwohnermeldeämter, Armenhilfe und Schulen. Vor allem erforderte es einen Qualitätssprung in der hygienisch-zivilisatorischen Ausstattung der Stadt: Wasserleitungen und Entwässerung stellten in der flach gelegenen Stadt ein besonderes Problem dar, Ausbau der Gasversorgung und Bereitstellung der neuen Elektroenergie für Verkehr, Beleuchtung von Straßen, Privat- und Wirtschaftsräumen sowie als Antriebskraft für die Produktion erforderten Planung und Investitionen. Es war die Zeit des Oberbürgermeisters Georgi, dessen lange Amtszeit von 1876 bis 1899 gerade zum Eintreffen Hofmanns endete, die hier die entscheidenden Grundlagen gelegt hatte.

37 Karte mit Nächtlicher Beleuchtung des Rathauses, vom 7.10.1905.
38 Weigel, Großstadt, S. 21.
39 Schwarz, Leipzig II, S. 468–477.
40 Schwarz, Leipzig II, S. 482.

Abb. 7 Völkerschlacht-Denkmal 1908 im Bau, Postkarte Hofmanns an seine Eltern

Die Bereitstellung von Wohnraum für die so rasch wachsende Bevölkerung war weithin das Geschäft der privaten Bauunternehmen, musste aber durch Stadtplanung vorbereitet werden. Die hohen Grundstückspreise führten aber sowohl zu einer starken Verdichtung des Wohnens wie zu relativ teuren Mieten für die unteren Schichten. Diese versuchten vielfach ihre Haushaltskassen durch Untervermietung zu entlasten. Da diese Entwicklung in der Leipziger Gesellschaft zunehmend als ein soziales Problem wahrgenommen wurde, begannen gegen Ende des 19. Jahrhunderts private Stiftungen und genossenschaftliche Initiativen mit dem Bau von Wohnungen, die sowohl für Gesunde wie für »Minderbemittelte« bezahlbar sein sollten.[41] So stiftete 1887 der Verleger Hermann Julius Meyer 930 000 Mark für den Bau von Wohnungen. Ab 1888 wurde eine erste Anlage mit 53 Häusern und 501 Wohnungen in Lindenau errichtet. Eine weitere folgte 1899 bis 1901 mit 39 Häusern und 344 Wohnungen im Norden, in Eutritzsch. Im Jahre 1904 begann der »Bauverein zur Beschaffung bezahlbarer Wohnungen« in Kleinzschocher mit der Erstellung von 25 Häusern mit 290 Wohnungen.

41 Schwarz, Leipzig II, S. 410–414.

In seinen Postkarten gab Hofmann seinen Eltern auch ein Bild von dem kulturellen und politischen Gedächtnis Leipzigs, wie es sich in zahlreichen Denkmälern auf den Plätzen und Anlagen der Stadt darstellte. Ein Großbau war das 1913 für das Jubiläumsjahr fertiggestellte Völkerschlachtdenkmal. Sein Baufortschritt auf damals noch freiem Feld im Südosten der Stadt wurde aufmerksam von Bevölkerung und Fotografen begleitet und 1908 schickte Ludwig Hofmann seinen Eltern eine Karte mit dem Bild des halbfertigen Baus. Wie in vielen Städten Deutschlands bestand auch ein Ensemble von nationalen Denkmälern und Landesfürsten, auch erinnerte man an Personen mit lokalem Bezug wie Wissenschaftler, Komponisten, Dichter und auch Unternehmer. Eine der Karten zeigt ein mächtiges Siegesdenkmal auf dem Marktplatz mit mehreren Heerführern und Fürsten hoch zu Pferde aus dem Deutsch-Französischen Krieg von 1870/71. Eine andere zeigt eines der Bismarck-Denkmäler, wie es sie damals in Deutschland zu Hunderten gab, dieses hier im Albert-Park. Zum Reformationstag des Jahres 1905 schickte Hofmann seinen Eltern das Bild des 1883 errichteten Reformations-Denkmals mit Luther und Melanchthon vor der Johanniskirche, in der Nähe seiner Wohnung. Nach dem konfessionellen Streit der 1870er-Jahre, dem Kulturkampf, kam vor allem das Abbild Martin Luthers in den protestantischen Reichsgebieten fast der Bedeutung von Bismarck-Denkmälern gleich. Diese Motive waren den Eltern ebenso vertraut wie die beiden Denkmäler mit lokalem Bezug: Goethe am Naschmarkt und Bach bei der Thomaskirche. Das Leipziger Goethe-Denkmal ist eines der liebenswürdigsten. Es zeigt ihn nicht als gravitätischen Olympier, sondern als jugendlichen Studenten. Es wurde 1903 aufgestellt, als Ludwig Hofmann in Leipzig weilte. Das Denkmal eines verdienten Bürgers, des Industriellen Carl Heine, dürfte vor allem wegen des Standorts in einer sommerlichen Parkanlage in der Nähe von Leipzig-Plagwitz als Motiv ausgewählt worden sein. Dort hatte man ihm auch eine der Hauptstraßen gewidmet. Eine andere Postkarte mit einem 1906 errichteten Brunnen zeigt im Vergleich zu diesen mehr repräsentativen Motiven den persönlichen Geschmack Ludwig Hofmanns: Auf dem Brunnen am Ross-Platz, den er auf seinem Weg von der Wohnung zum Hauptgebäude der Universität überquerte, stand eine zwei Wassereimer tragende Magd, eine Erinnerung an die Zeit vor Zuleitung des Wassers in die Häuser.

Einen besonderen Beitrag zur Entwicklung des Stadtbildes leistete der Buchhandel. Im Unterschied zu freistehenden Solitärbauten von öffentlichen Gebäuden wie Rathaus und Reichsgericht reihten sich deren neue Gebäude meistens in die Straßenfronten ein. Die großen Verlage wie Baedeker, Brockhaus (1817), Teubner (1824), Tauchnitz (1837), Reclam (1867) und Insel (1899) hatten seit ihrer Gründung in Leipzig expandiert und neue Häuser errichtet. In der Folge prägten ihre Standorte in der näheren Umgebung des Zentrums den Charakter mancher Straßen so weit, dass die Verlagsnamen zu Straßennamen wurden. Auf der Karte von 1901 gibt es eine Tauchnitzstraße sowie eine Inselstraße, die aber ihrerseits dem bekannten Verlag den Namen gab, und auf dem Plan vom Jahre 2000 eine Großer Brockhausstraße und eine Reclamstraße.

Diese Verlage repräsentierten eine weitere Ressource von Leipzigs Aufstieg, die Verbindung von Wissenschaft und Literatur mit Buchhandel und Buchdruck. Bereits in der Zeit der Aufklärung sind schon die Anfänge dieser Entwicklung sichtbar mit dem von Anton Graff, dem Maler des damaligen Leipziger Bürgertums, dargestellten Verleger und Buchhändler Philipp Erasmus Reich. Dieser profitierte von dem bereits bestehenden Messestandort des Buchhandels, den er »in Konkurrenz zu Frankfurt am Main weiter förderte«.[42] Dort hatte er die Buchhandelslehre absolviert und in Leipzig trieb er die Gründung der Buchhandelsgesellschaft voran. Auch der junge Goethe kam damals mit diesem Gewerbe in Berührung, als er im musikliebenden Hause des Verlegers Bernhard Christoph Breitkopf verkehrte.[43] Die Spezialität dieses 1719 gegründeten Unternehmens war der Notendruck.

Im Sinne einer Breitenwirkung der Aufklärung war das Geschäftskonzept der großen Leipziger Verlage im 19. Jahrhundert auf eine möglichst allgemeine Vermittlung von Wissen und des Zugangs zur Bildung gerichtet. Mit den gewichtigen Bänden des Brockhaus erschloss man die Welt zu Hause. Meyers Konversationslexikon nahm dieses Konzept auf. Mit dem Baedeker erschloss man die Welt auf Reisen. Tauchnitz und Teubner vermittelten den Schülern die Literatur fremder Sprachen. Reclam revolutionierte mit seinen handlichen Heften die Verbreitung von Literatur und Philosophie. Die vervollkommnete Technik des industriellen Buchdrucks ermöglichte nicht nur hohe Auflagen zu erschwinglichen Preisen, sondern brachte auch einen Hochstand an Qualität hervor. In seinem Roman »Jahrmarkt der Worte« aus dem Jahre 1904 kontrastierte aber der Verleger Julius Zeitler den

42 Marc Fehlmann, Birgit Verwiebe, Hg., Anton Graff, Gesichter einer Epoche, Ausstellungskatalog, Berlin 2013, S. 226f.

43 Goethe, Dichtung und Wahrheit, S. 293.

kulturellen Anspruch des Gewerbes mit den kapitalistischen Praktiken einiger Verlage.[44] Diese wollten durch Druck auf die Angestellten zu unbezahlten Überstunden die Kosten senken und durch eine vorwiegend merkantil bestimmte Werbung den Umsatz erhöhen.

Zwei Ereignisse zeigen Höhe- und Endpunkt dieser Epoche der Buchkultur in Leipzig an: die Vollendung des großen, leicht geschwungenen Baues der Deutschen Bücherei im Jahre 1916, in die seit 1913 allen deutschsprachigen Verlagen ein Exemplar ihrer Produkte abgaben. So bekam Leipzig – neben dem Reichsgericht – eine zweite nationale Institution. Der Vorlauf dafür reichte weit zurück, bis zur Nationalversammlung von 1848/49. Und 1914 wurde die Internationale Ausstellung für Buchgewerbe und Grafik (Bugra) auf dem Messegelände durchgeführt. Vom 1. Mai bis zum 31. Juli kamen zwei Millionen Besucher aus aller Welt. Dann begann der Große Krieg, die Besucherzahlen gingen dramatisch zurück und nicht nur die Finanzen dieses Unternehmens brachen zusammen.[45]

[44] Julius Zeitler, Jahrmarkt der Worte, Leipzig 1904.

[45] Andreas Platthaus, Genius im Weltenbrand, in: Frankfurter Allgemeine Zeitung, 21.3.2014, Nr. 68, S. 11.

4. Das Haus Carolinenstraße 21

In dieser Stadt, der wirtschaftlichen Metropole des hoch industrialisierten Königreiches Sachsen, begann Ludwig Hofmann einen neuen Lebensabschnitt. Nach der im Wintersemester 1898/99 gemieteten Wohnung in der Alexanderstraße 42 bezog er ab Sommersemester 1899 eine andere Wohnung – wohl ein Zimmer – in der Carolinenstraße 21 (früher Nr. 11), erstes Geschoss links. Sie begann an dem Platz vor dem Bayerischen Bahnhof und endete schon nach einigen hundert Metern beim St.-Jakob-Krankenhaus, heute Teil der Universitätsklinik. Jetzt heißt sie Friedrich-List-Straße.

Der monatliche Mietpreis lag um 1914 in Leipzig für Studentenzimmern bei 20 bis 30 Mark.[46] Hinzu kamen Kosten für Extras wie Heizung und Beleuchtung, meist noch Petroleum. Wenn die Vermieter Damenbesuch gestatteten, kostete das Zimmer mehr.

Abb. 8 Bayerischer Platz – Blick in die Carolinenstraße, Foto-Postkarte 1905

[46] Karl Czok, Der Höhepunkt der bürgerlichen Wissenschaftsentwicklung 1871–1917, in: Lothar Rathmann, Hg., Alma Mater Lipsiensis, Geschichte der Karl-Marx-Universität, Leipzig 1984, S. 219.

Auf einer Postkarte von 1905, die seine Vermieter, Familie Krause, mit einem Geburtstagsgruß »Ihrem lieben Herren Hofmann« überreichten, geht der Blick von der Grünanlage des Bayerischen Platzes in die Tiefe der Straße hinein und zeigt die damalige Wohnbebauung: dem Platz zugewandt ein neues fünfgeschossiges Haus mit einer anspruchsvollen Fassade aus der Zeit um 1900. Ihm gegenüber teils dreigeschossige Bauten aus einer etwas früheren Periode, teils neuere fünfgeschossige Mietskasernen. Mehrere Linien der elektrischen Straßenbahn gaben gute Verbindungen von dem um 1899 von 3 350 000 Reisenden benutzen Bayrischen Bahnhof zur Innenstadt und zu den nördlichen Bahnhöfen. Vor allem brauchte er hier nur wenige Minuten zu seinem Studienort im »medizinisch-naturwissenschaftlichen Stadtviertel gegenüber dem Johannistal«.[47] Er blieb lange Jahre in diesem Studenten- und Junggesellen-Domizil. Die letzte Postkarte in Ludwig Hofmanns Sammlung, die ihn unter der Anschrift Carolinenstraße erreichte, stammte von seinen Eltern vom 2. März 1907. Sie vermissen das Eintreffen des zwischen ihnen hin und her pendelnden Wäschekorbs und fragen besorgt: »Hast Du noch genügend Kragen für 8 Tage?« Erst 1911 finden wir ihn, dann unter einer eigenen Anschrift, im Leipziger Adressbuch in der Bayrischen Straße 102, Parterre, heute Arthur-Hoffmann-Straße, die zu dem südlichen Stadtteil Connewitz hinausführt. In diesem Jahr mietete er aber auch eine Wohnung in der sächsischen Hauptstadt Dresden, wohl um als Landessekretär der linksliberalen Partei dem politischen Zentrum des Landes nahe zu sein.

Das Haus in der Carolinenstraße, in das Ludwig Hofmann 1899 einzog, war schon ein altes Gebäude, 1856 auf einem freien Bauplatz unter der Nummer 11 errichtet. Mit seinen vier Etagen, außerdem Souterrain und Parterre, repräsentierte es den privaten Miethausbau der expandierenden Stadt um die Mitte des 19. Jahrhunderts. Nach und nach kamen auf dem tiefen Grundstück weitere Quergebäude und Seitenflügel dazu. Im Jahre 2005 wurde der Gebäudekomplex abgerissen.

Aber man kann sich einen guten Eindruck verschaffen, wenn man das danebenliegende noch stehende Haus Nr. 23, etwa aus der gleichen Zeit, mit seinen Hinterhäusern und Seitenflügeln betrachtet: fünf Stockwerke insgesamt, die oberen etwas niedriger als die beiden Haupt-

[47] Ernst Beckmann, Das Laboratorium für angewandte Chemie, in: Die Institute und Seminare der Philosophischen Fakultät an der Universität Leipzig, Bd. 4, 2. Teil, S. 109.

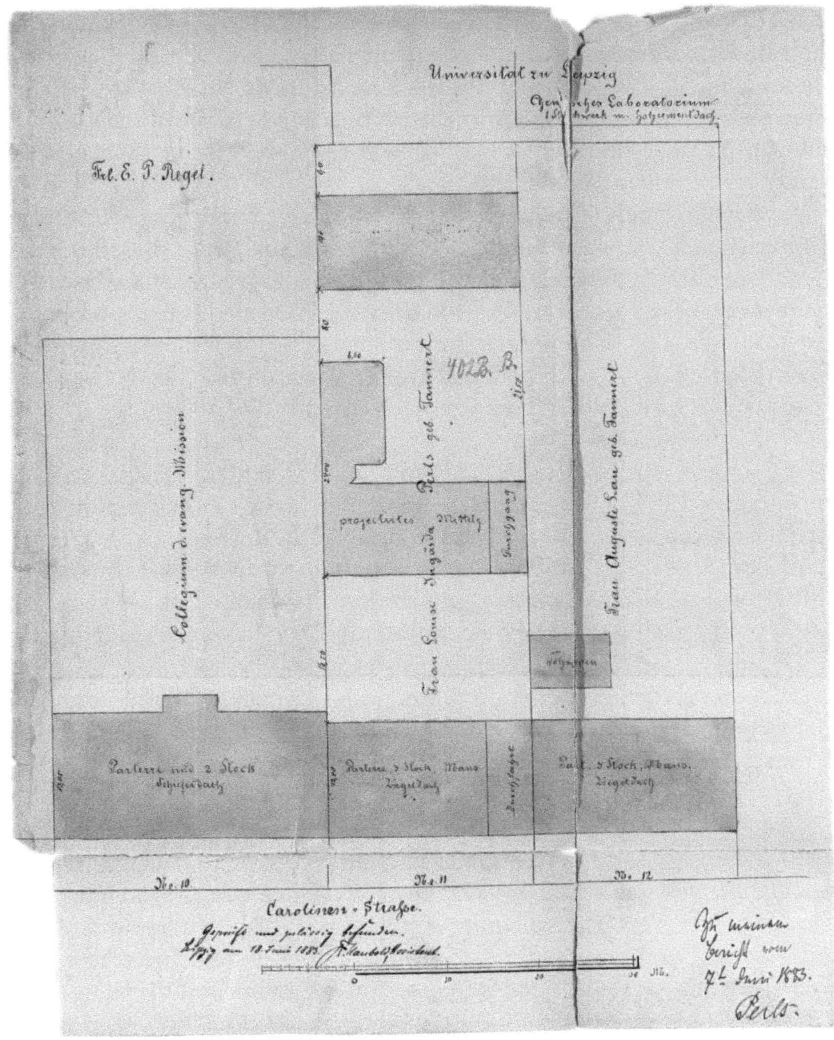

Abb. 9 Grundplan des Grundstücks Carolinenstraße 21 (Stadtarchiv Leipzig).

geschosse. Das links danebenliegende Gebäude Nr. 19 ist ebenfalls erhalten, ca. 1850 errichtet, aber in ganz anderem Stil und niedriger, das Missionszentrum der Evangelisch-Lutherischen Kirche Sachsens, heute noch in Indien und Ostafrika aktiv, aber auch auf seine Tradition im 19. Jahrhundert kritisch zurückblickend. Für Ludwig Hofmann war es damals keine besonders anregende Nachbarschaft, denn er orientierte sich an der naturwissenschaftlichen Aufklärung und der Kirchenkritik seiner Zeit, las die Schriften des Jenaer Professors für Zoologie, Ernst Haeckel, mit dessen Widerlegung der biblischen Schöpfungsgeschichte. Dessen populärstes Werk »Die Welträtsel« kam gerade 1899 heraus. Und eben Friedrich Nietzsche.

So wie das noch bestehende Haus Nr. 23 eine Front mit neun Fensterachsen zeigt, so hatte auch das ehemalige Haus Nr. 21 dieselbe stattliche Anzahl von Fenstern gehabt; bis auf eine Durchfahrt auf der Parterre-Ebene am rechten Rand, die dort die Zahl der Fenster um zwei verminderte. Die Wohnungen hatten Küche, Stube, zum Teil mehrere Kammern, manche auch heizbar. Toiletten waren für die Wohnungen in jeder Etage auf halber Treppe eingerichtet.

Wer wohnte nun im Vorderhaus von Nr. 21, in dem Hofmann Untermieter war? Wer waren die Leute, die er täglich auf dem Flur traf, beim Betreten und Verlassen des Hauses? Die Besitzerin, Frau Ingagärd Perls, geborene Tannert, wohnte nicht dort. Das Haus war in den mittleren Etagen zweispännig eingerichtet, das heißt links und rechts ein Wohnungseingang. Die beiden unteren Ebenen waren jedoch wirtschaftlich genutzt: Im Souterrain gab es eine Tischlerei, das Parterre wurde vom Laden eines Produktenhändlers eingenommen. In der ersten Etage wohnte rechts ein Brauer und links Hofmanns Vermieter G. Krause, ein Expedient, wahrscheinlich im Versandgeschäft der Verlage tätig.

Die Krauses schätzten ihren Mieter, schon wegen des kontinuierlichen Aufenthalts, denn in diesen Häusern erfolgte ein häufiger Wechsel. Um 1907 waren von den 13 Hauptmietern des Jahres 1900 nur noch die Familie Krause und ein anderer Mieter im Vorderhaus präsent. Das Adressbuch für 1900 führt in der zweiten Etage einen Schriftsetzer auf und einen Schriftgießer. In der dritten Etage lebten eine Witwe und ein »Bremser«. Im vierten Stockwerk schließlich gab es drei Wohnungen: ein Buchbinder, ein Klempner beziehungsweise Gas- und Wassertechniker und den Produktenhändler vom Parterre.

Aber da gab es auf dem Grundstück noch weitere 31 Wohnungen, die sich in den drei zusätzlichen Gebäuden befanden, dem Hintergebäude am Ende des Grundstücks sowie einem 1883/84 errichteten Mittelgebäude mit Seitenflügel. Der Bau eines zu dieser Zeit tiefer gelegten Waschhauses sowie von Abortgruben wurde sorgfältig vom Bauamt überwacht. Der Zugang zu den drei hinteren Gebäuden erfolgte über breite Durchfahrten im Vorderhaus und im Mittelgebäude, die sowohl den Bewohnern den Weg zur Straße öffneten wie der Feuerwehr den Zugang, aber auch dem Wirtschaftsverkehr. Es gab nämlich ganz am Ende des Grundstücks eine Tischlerei, die 1885 die Erlaubnis zur Aufstellung eines Dampfkessels erhielt, um Sägevorgänge mechanisch – mit allen vorgesehenen Sicherungen – zu betreiben. Auch waren die Durchfahrten für die Entleerung der Abortgruben nötig. Das war jedes Mal ein Geschäft mit erheblicher Geruchsbelästigung, wie zeitgenössische Berichte überliefern.

Die Liste der Berufe der 31 Hauptmieter – wahrscheinlich gab es auch dort weitere Untermieter – aus den drei Hintergebäuden gibt eine Übersicht über die Arbeitskräfte und Hilfsdienste für das Funktionieren einer modernen Industriestadt. Es gab fünf Schlosser, ebenso wie im Vorderhaus drei Vertreter der Buchherstellung, das heißt einen Schriftgießer, einen Graveur sowie einen Xylographen für die Herstellung von Holztafeln zum Nachdruck von Kupferstichen, zwei Maurer, einer davon zugleich Hausmeister, einen Schaffner für die Elektrische Straßenbahn, einen Tapezierer und einen Kammerjäger für die Reinigung der Wohnungen von Ungeziefer, zwei Handelsmänner, einen Markthändler und einen Markthelfer, einen Konditor, einen Zigarrenmacher sowie einen Klavierstimmer für die bürgerliche Musikpraxis. Auch Ludwig Hofmann schaffte sich ein Klavier an, sobald er beruflich und familiär etabliert war. Die meisten Mieter waren Männer, wohl zumeist mit Ehefrauen und Kindern. Aber auch sechs Frauen hatten eigene Wohnungen, drei Näherinnen, vermutlich in Heimarbeit wie der »Cigarrenmacher«, und drei Witwen, eine davon als Aufwartefrau tätig.

Die Modernisierung der Gebäude Carolinenstraße 21 erfolgte 1908 mit aufwendigen Baumaßnahmen.[48] Die Podest-Toiletten wurden abgeschafft. Anstelle der bisherigen Küchen gleich neben der Tür wurden Badezimmer eingerichtet, mit Innentoilette, Waschbecken und Badewanne. Die Küchen wurden jeweils in hintere Räume verlegt. Das war die Zeit, in der Ludwig Hofmanns Anschrift hier endete. Er hatte hier als Untermieter neun Jahre lang gelebt, ohne die Freiheit und Bequemlichkeit einer eignen Wohnung, ein studentisches Provisorium auf Dauer. Er gehörte nicht zu den hier wohnenden Angehörigen von Arbeitern und unterer Mittelschicht. Aber er lebte unter ihnen, nahm am Alltag teil. Es waren soziale Erfahrungen.

[48] Stadtarchiv Leipzig, Bauakte 18610, Bl. 84ff.

Etwas entfernter lag die »Schwabenkneipe«, der Treffpunkt der Suevia, Hofmanns Burschenschaft. Wie andere Vereinigungen, Parteigruppen oder Kriegervereine hatten auch die meisten Studenten in Leipzig ihre jeweiligen »Kneipen«. So trafen sich zum Beispiel um 1897 die Sozialdemokraten in ca. 30 Parteilokalen.[49] Die reicheren Mitglieder der Korps, wie von Budissia und Thuringia oder der Landsmannschaft Afrania, trafen sich in eigenen Häusern.[50] Für die Suevia war es das wohl etwas größere Gasthaus Eldorado, in der Pfaffendorfer Straße 4 am Nordostrand der Innenstadt, übrigens auch ein Versammlungsort der Arbeiterschaft. Hier trafen sich die Mitglieder der Verbindung so regelmäßig, dass sie einander hierher auch die Post zusandten, wenn sie nicht die aktuelle private Adresse zur Hand hatten. Das waren die allseits bekannten Fixpunkte seines studentischen Lebens. Aber es gab auch einen, den er zunächst verborgen hielt, den Wohnort eines Mädchens, Lina, später meine Großmutter, das im Stadtteil Anger-Crottendorf wohnte. Er hatte sie bald nach seiner Ankunft bei einem Sonntagskonzert kennengelernt. Das ist dann aber ein eigenes Kapitel.

[49] Michael Grüttner, Alkoholkonsum in der Arbeiterschaft 1871–1939, in: Toni Pierenkemper, Hg., Haushalt und Verbrauch in Historischer Perspektive, St. Katharinen 1987, S. 253.

[50] Karl Czok, Der Höhepunkt, S. 223.

5. Studium der Chemie

Ludwig Hofmann kam hier in Leipzig an eine alte Universität, mit einer seit 1409 ungebrochenen Tradition, wenn auch mit vielen Veränderungen. Im Vergleich zu anderen Universitäten hatte sie eine ungewöhnliche Gründungsgeschichte. Während im späten Mittelalter vor allem Fürsten für ihren entstehenden Landesstaat Universitäten gründeten, ging hier die Initiative von einer Gemeinschaft von Professoren und Studenten aus. Diese waren in jenem Gründungsjahr von der Universität Prag gekommen, wo es einen nationalpolitischen Konflikt gegeben hatte. Die böhmischen Studenten hatten mit Unterstützung des Königs Wenzel durchgesetzt, dass gegenüber der Mehrzahl der auswärtigen Studenten aus Polen und Deutschland ihre Stimmen bei den universitären Entscheidungen ein höheres Gewicht haben sollten. Deshalb zog eine große Zahl von deutschen Professoren und Studenten nach Leipzig. Hier wurden sie von Stadt und Fürsten willkommen geheißen. Durch die Jahrhunderte nahm diese sächsische Universität einen bemerkenswerten Aufschwung, auch wenn der sie tragende Landesstaat durch den Wiener Kongress zugunsten Preußens beträchtlich verkleinert worden war. Zur Zeit ihres 500-jährigen Jubiläums im Jahre 1909 war Leipzig die größte deutsche Universität neben Berlin.

Der Standort der Universität lag natürlich in der alten Innenstadt am Augustusplatz und wurde in der zweiten Hälfte des 19. Jahrhunderts dort auch noch ausgebaut. Kurz bevor Hofmann nach Leipzig kam, »war 1897 das neue Hauptgebäude, das Augustinum, mit zugehörigen Nebenbauten, Johanneum und Albertinum, der Benutzung übergeben worden«.[51] Die Namensgeber waren sächsische Fürsten. Die juristische Fakultät hatte 1882 einen Neubau zwischen Peters-Straße und Schlossstraße erhalten. Doch Medizin und Naturwissenschaften hatten schon begonnen, Standorte südöstlich der Altstadt zu besetzen, um das St.-Jakobs-Krankenhaus und den Park des Johannisthals.

Einen Lehrstuhl für Chemie gab es in Leipzig seit 1710 mit entsprechenden Einrichtungen in der Stadt. In der Folge entwickelte das Fachgebiet verschiedene Schwerpunkte, mit weiterem Bedarf an Räumen. Auch andere Fächer wie Medizin, Hygiene und Landwirtschaft nahmen Teilgebiete der Chemie in ihre Ausbildung mit auf. Die Studenten konnten jeweils an den Labor-Angeboten der verschiedenen Fächer

[51] Herbert Helbig, Universität Leipzig, Frankfurt a. M. 1961, S. 62.

teilnehmen. Unter Professor Otto Linné Erdmann, der den Lehrstuhl für Technische Chemie verwaltete, bestand bis 1843 ein Laboratorium in der alten Pleißenburg, das dann in ein Universitätsgebäude überführt wurde. Unter Professor Kolbe, der von 1866 bis 1884 den Lehrstuhl für Chemie innehatte, wurde gleich zu Beginn seiner Amtszeit 1866 bis 1868 das Neue Chemische Labor aus der Stadt hinaus in die Liebigstraße am Johannisthal verlegt. Und kurz bevor Hofmann sein Studium in Leipzig aufnahm, hatte eine Reorganisation des Faches Chemie stattgefunden, die mit einer weiteren räumlichen Ausdehnung verbunden war. Professor Ostwald hatte 1897 an der Linnéstraße einen Neubau für ein Institut für Physikalische Chemie erhalten. An seinem alten Standort in der Brüderstraße Ecke Stephanstraße leitete seit 1897 der neu berufene Professor Ernst Beckmann das Laboratorium für Angewandte Chemie in einem klassizistischen Gebäude von drei Stockwerken.

Der wissenschaftlich einflussreichste Gelehrte unter den damaligen Professoren für Chemie in Leipzig war Wilhelm Ostwald. Er stammte aus Riga und war 1887 auf den Lehrstuhl berufen worden. Er betrieb den Ausbau der physikalischen Chemie, zu der unter anderem elektrochemische und photochemische Verfahren gehörten, mit großem Erfolg, bis er 1906 in den Ruhestand trat. Im Jahre 1909 erhielt er den Nobelpreis für Chemie. Sowohl sein Nachfolger in der Physikalischen Chemie, Max Le Blanc, wie der Leiter des Laboratoriums für Angewandte Chemie, Ernst Beckmann, hatten unter seiner Leitung als Assistenten gearbeitet. Andere habilitierte, frühere Assistenten wurden zu Professoren an den Universitäten Berlin, München und Heidelberg sowie an den Technischen Hochschulen Hannover und Dresden berufen.[52]

Ludwig Hofmann traf zwar Mitte November 1898 in Leipzig ein, versäumte aber das Wintersemester 1898/99. Wahrscheinlich hatte er die Termine für Einschreibungen zu den Lehrveranstaltungen verpasst. So hatte er Zeit, die Stadt besser kennenzulernen und sich um eine andere Wohnung zu kümmern.

Am 12. Mai schrieb er sich in die Matrikel der Universität ein.[53] Doch zum civis academicus universitatis lipsiensis, zum akademischen

52 Max Le Blanc, Das Physikalisch-Chemische Institut, S. 90.

53 Matrikelbuch der Universität Leipzig, Bd. VI, Hg. Jens Blechen und Gerold Wiemers, Leipzig 2011, S. 434.

Bürger der Universität Leipzig, wurde er erst, nachdem die Verwaltung sein Abiturzeugnis geprüft hatte und er dem damaligen Rektor, dem Theologen Professor Dr. Dr. h.c. Albert Hauck, bei einem feierlichen Akt in die Hand versprochen hatte, den Gesetzen der Universität gehorsam zu sein. Diese unmittelbare Begegnung mit dem Rector Magnificus ehrte nicht nur, sondern unterstellte ihn, ähnlich wie schon bei seinen früheren Universitäten in Marburg und Straßburg, der besonderen Disziplinargewalt der Hochschule. Anlässe, gegen Tumulte und Renitenz der Studenten vorzugehen, hatte es ja für die Universitätsleitungen im 19. und 20. Jahrhundert immer wieder gegeben. Teils waren sie politisch motiviert und bezogen daraus eine eigene Legitimation, teils war es studentischer Übermut und Rivalität. Bei den Vorfällen in Straßburg kam wohl beides zusammen. Diese Immatrikulation in Leipzig wurde in der traditionellen Gelehrtensprache, Latein, auf einer großen Urkunde festgehalten und hoben ihn allein schon durch die Sprache wieder aus der übrigen Bevölkerung heraus.

Zwar hatte sich die Studentenzahl im Deutschen Reich zwischen 1872 und 1899 mehr als verdoppelt, von rund 20 500 auf rund 46 500.[54] Dieser Vorgang war auch in Leipzig sichtbar, wo die Universität von 6380 (1873) auf 9104 (1898) gewachsen war.[55] Dem Rektor dürfte bei den vielen Neuimmatrikulationen die Hand ermüdet gewesen sein, denn die Universität wuchs bis 1908 auf 11 801 Studenten. Aber unter allen Männern des Deutschen Reiches machten die Studenten 1910 nur rund 0,22 Prozent aus. Zum Vergleich kann man vielleicht die Studentenzahl beider Geschlechter aus der alten Bundesrepublik heranziehen, wo es 1983 bei einer etwa ähnlich großen Bevölkerungszahl allein an den Universitäten 1 273 000 Studenten gab, 2,09 Prozent der Gesamtbevölkerung. Die Entwicklung lässt sich sowohl durch den Übergang von der Industrie- zur Dienstleistungsgesellschaft erklären wie durch die Emanzipation der Frau. Allein schon der in der Statistik herangezogene Bezug auf die männliche Gesamtbevölkerung machte deutlich, dass sich Hofmann damals schon deshalb hauptsächlich in einem sehr kleinen Segment der Gesellschaft bewegte, auch wenn die Leipziger Universität selbst im Vergleich mit anderen ziemlich »voll« war. Aber die Universitäten um 1900 waren noch zu fast 100 Prozent männlich.

54 Gerd Hohorst, Jürgen Kocka, Gerhard A. Ritter, Sozialgeschichtliches Arbeitsbuch II, 2. Auflage, München 1978, S. 161.

55 Karl Czok, Der Höhepunkt der bürgerlichen Wissenschaftsentwicklung.

Hofmann belegte einen Kurs über Grundzüge der mathematischen Chemie sowie eine Vorlesung über Kristallografie. Im Wintersemester 1899/1900 wurde er dann auch mit Professor Ostwald bekannt und hörte bei ihm eine Vorlesung über Allgemeine und physikalische Chemie. Auch besuchte er eine Vorlesung bei Professor Weddig über die technische Gasanalyse. Mit einer Veranstaltung über Immanuel Kant setzte er auch seine Auseinandersetzung mit der Philosophie fort. Insgesamt waren das jeweils nur vier oder sechs Wochenstunden pro Semester. So hatte er viel Zeit für jenen Teil des universitären Lebens, der ihn besonders beschäftige: die Aktivitäten in der Burschenschaft Suevia-Leipzig. Hier traf er dann auch mit Gustav Stresemann zusammen, der ebenfalls zum Wintersemester nach Leipzig gekommen war. Aber dieser hatte sich pünktlich am 2. November 1898 immatrikuliert und in der Gottschedstraße 8, westlich der Altstadt, eine Wohnung genommen, in der Nähe von Hofmanns erstem Zimmer.[56]

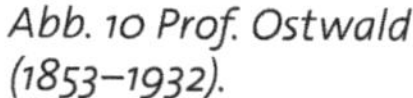

Abb. 10 Prof. Ostwald (1853–1932).

[56] Matrikelbuch der Universität Leipzig, Bd. VI, S. 395.

6. Gustav Stresemann und der Allgemeine Deutsche Burschenbund ADB

Die Suevia gehörte, wie die Burschenschaften, in denen Ludwig Hofmann bisher aktiv war, dem Reformbund des ADB an, dem Allgemeinen Deutschen Burschenbund. Dieser war im Jahre 1883 in Berlin nach einem Festkommers von verschiedenen Burschenschaften gegründet worden.[57] Auf dieser Versammlung hatte ein früherer Student, Dr. Konrad Küster, in einer längeren Rede die Entwicklung der farbentragenden Studentenverbindungen seit der Reichsgründung kritisiert. Dort werde die vaterländische Erziehungsarbeit und das wissenschaftliche Studium zugunsten eines exzessiven Duellwesens vernachlässigt, alles mit einem übermäßigen Aufwand für Kleidung, Frisuren, Anmietung von Wagen verbunden, was die finanziellen Möglichkeiten vieler Studenten übersteige und sie in Schulden treibe. Er sah es dabei als eine Gefahr an, »dass das burschenschaftliche Couleurleben [...] in einem stetigen Rückgang begriffen ist, und statt dessen Fakultätsvereine, akademische und sogenannte wissenschaftliche Vereinigungen wie die Pilze aus der Erde wachsen«. Bereits 1878 hatte Mark Twain bei seinen Beobachtungen an der Universität Heidelberg geschätzt, dass dort 9 / 10 der Studenten nicht zu den farbentragenden Verbindungen gehörten und ihr Studium deutlich ernster nahmen als diese.[58] Dr. Küsters Appell zu einer entschiedenen Reform traf in der Öffentlichkeit auf viel Interesse, bei den bestehenden Burschenschaften aber vielfach auf Ablehnung. Doch zusammen mit reformbereiten studentischen Vereinigungen kam es zur Gründung des ADB, mit der Neogermania Berlin an der Spitze.

Die neugegründeten Reformburschenschaften dämmten auch wirklich in ihrem Bereich die kritisierten Erscheinungen ein. Aber die ständische Absetzung vom Bürgertum und natürlich auch den Unterschichten durch Kleidung, Waffen, und Waffengebrauch blieb. Gustav Stresemann, der Sprecher der Suevia in Leipzig, trat dort in Vertretung seiner Burschenschaft »fünfmal auf schweren Säbel an« und erhielt dabei einen Hieb in die Lippe.[59]

57 Helmut Kraussmüller, Ernst Anger, Martin Pabst, Die Geschichte des Allgemeinen Deutschen Burschenbundes (ADB) 1883–1933, Gießen 1989, S. 31ff.

58 Mark Twain, S. 635.

59 Kraussmüller, Anger, Pabst, Geschichte, S. 85.

Auch der Anspruch des ADB auf eine allgemeine Repräsentanz konnte sich nicht durchsetzen. Der Aufbau des Verbandes war mühsam und von Rückschlägen begleitet. Im Jahre 1892 gab es noch sechs Burschenschaften im ADB und 1899 nur noch drei. Wie der Aufbau einer Reformburschenschaft gehemmt wurde, zeigen die Ereignisse in Leipzig im Herbst 1883, die den Schwung des neuen Aufbruchs nutzen wollten: Die in einer allgemeinen Studentenversammlung gegründete Tusconia-Leipzig wurde auf der Stelle von einer christlich argumentierenden Antisemiten Bewegung erobert. Die Vertreter der Reform mussten ihrerseits sofort eine neue Vereinigung gründen.[60]

Im ADB gab es starke Meinungsverschiedenheiten über die Orientierung im politischen Spektrum und über die Verhaltensnormen. Im besonderen Rahmen einer Vereinigung junger Männer, die noch nicht in den Bindungen von Beruf und Familie standen, wurden gesellschaftliche Themen der Zeit diskutiert. Das Sexualverhalten wurde unter dem Aspekt des »Keuschheitsprinzips« immer wieder einmal erörtert. Da sich Ärzte an der Diskussion beteiligten, dürfte die Problematik der Geschlechtskrankheiten auch eine Rolle gespielt haben.

Das Thema des Alkoholismus wurde in dieser Zeit als ein gravierendes soziales Problem erkannt. Gerhart Hauptmanns Drama »Vor Sonnenaufgang«, in dem die Sucht als vererbbare Krankheit dargestellt wurde, kam 1889 in Berlin im Lessing-Theater erstmals zur Aufführung. Als Kunstwerk wurde es in seinem Realismus kontrovers aufgenommen, wie eine ausführliche Rezension Theodor Fontanes zeigte.[61] Aber es brachte die Problematik als eine menschliche Tragödie ins Bewusstsein der Öffentlichkeit. Im Allgemeinen Burschenbund wurde schon bei der Gründung 1883 vor den »offiziellen und offiziösen Frühschoppen« und ihren studienschädigenden Wirkungen gewarnt. Und in einer Vereinigung, in der der Genuss von Bier selbstverständlich zum rituellen Bestandteil der Zusammenkünfte gehörte, wurde das Thema immerhin um 1900 unter dem Gesichtspunkt der Toleranz gegenüber den »Abstinenzlern« besprochen, diese nicht vom Verbandsleben auszuschließen.[62] Das wurde 1906 in einem förmlichen Beschluss des ADB festgestellt. Ähnliche Probleme des Umgangs mit den »Nichttrinkern« gab es übrigens um diese Zeit in der Arbeiterbewegung bei der Diskus-

[60] Kraussmüller, Anger, Pabst, Geschichte, S. 54.

[61] Theodor Fontane, Ausgewählte Werke in Einzelausgaben (Meine Kinderjahre u. a.), Hg. Herbert Roch, Frankfurt a. M. 1964, S. 741–746.

[62] Kraussmüller, Anger, Pabst, Geschichte, S. 40, S. 67.

sion der »Alkoholfrage«.[63] Fast um dieselbe Zeit, das heißt 1907 beim Parteitag der SPD in Essen, wurde das Thema diskutiert. Der Deutsche Arbeiter-Abstinenten-Bund hatte es mit »beträchtlichen Bemühen« auf die Tagesordnung gebracht. Auch bei den regelmäßigen Versammlungen der SPD gehörte das Bier einfach dazu. Und hier wie dort war es sowohl eine Frage des Prinzips wie der Quantität, wie man mit alkoholischen Getränken umging.

In den politischen Auseinandersetzungen dieser Jahre spielte Gustav Stresemann von der Neogermania in Berlin eine besondere Rolle. Indem er mit rhetorischem Schwung klare eigene Positionen bezog und zugleich die Meinungen anderer respektierte, wurde Stresemann zum Sprecher seiner jeweiligen Burschenschaft sowie des Verbandes. Schon als junger Vorsitzender der Neogermania trat er nachdrücklich für die Grundsätze des Reformbundes ein, die durch antisemitische Strömungen in Gefahr gerieten. Dabei wurde er von Dr. Küster unterstützt, der als »Alter Herr« den ADB weiter begleitete und dem jungen Mann die Herausgabe der vierzehntägig erscheinenden Allgemeinen Deutschen Universitätszeitung anvertraute.[64]

In die Richtung des Antisemitismus wirkte damals in der Hauptstadt der Einfluss des Hof- und Dompredigers Adolf Stoecker. »In stundenlangen Debatten, die sich, wie Stresemann berichtete, oftmals weit über die Mitternachtsstunden hinzogen«, setzte er das Festhalten an der Offenheit der Neogermania für alle durch, die sich an den Grundsätzen von Freiheit, Ehre und Vaterland orientierten.

Im ADB hielt sich dieser Maßstab bis zum Jahre 1919. Dann setzten sich hier – wie auch in anderen studentischen Verbindungen – die antisemitischen Tendenzen durch, und man beschloss 1919 auf der ersten Bundestagung nach dem Kriege, »keine Juden mehr aufzunehmen«.[65] Der Antisemitismus in den Universitäten wurde damals in der Gesellschaft des Kaiserreiches auch in Leipzig durchaus wahrgenommen, wie eine Erzählung des angesehenen Schriftstellers Ernst Johann Groth belegt. In seinem 1900 dort erschienenen Band »Der alte Korpsstudent. Bilder aus dem Universitätsleben« lässt er einen jüdischen Studenten von seinem

[63] Michael Grüttner, Alkoholkonsum, S. 258.

[64] John P. Berkelund, Gustav Stresemann. Patriot und Staatsmann, Hamburg 2003, S. 27.

[65] Kraussmüller, Anger, Pabst, Geschichte, S. 71.

Abb. 11 Gustav Stresemann als Student der Suevia, signiert in der »Schwabenkneipe«, dem »Eldorado«.

»verzweifelten Kampf [...] um gleiche Achtung« berichten und von den organisierten Störungen der Vorlesungen eines jüdischen Professors.[66] Groth (1859–1936) war seit 1891 Oberlehrer und dann Professor an der

[66] Ernst Johann Groth, Der jüdische Student, in: Groth, Der alte Korpsstudent, Leipzig 1900, 2. Auflge, S. 147.

Städtischen Höheren Mädchenschule in Leipzig. Seine Studienzeiten hatte er an den Universitäten Greifswald, Berlin und Paris verbracht.[67] Insofern schöpften seine »Bilder aus dem Universitätsleben« aus einer breiten Erfahrung des Milieus, wenn auch nicht Leipzigs selbst. Aber auch dort wollte man in bestimmten Verbindungen nur Christen akzeptieren.

Stresemann, geboren 1878 in Berlin, war fast gleichaltrig wie Ludwig Hofmann und kam wie dieser aus einer bescheideneren bürgerlichen Schicht, für die das Abitur an einem Realgymnasium den Weg zu Studium und sozialem Aufstieg bedeutete. Nur war Stresemanns Herkunft weniger abgesichert als die des Beamtensohns Hofmann. Sein Vater war Schankwirt und Bierverleger in der Berliner Luisenstadt, zeitweise durchaus wohlhabend. In seiner Dissertation über die »Entwicklung des Berliner Flaschenbiergeschäfts« bei Professor Bücher in Leipzig stellte er die Risiken und den Niedergang eines solchen Kleinhandels in Zeiten erhöhter Konzentration des Kapitals in Großbrauereien und Warenhäusern dar. Entsprechend dürfte der wirtschaftliche Druck zum erfolgreichen Abschluss des Studiums bei Stresemann größer gewesen sein als bei Hofmann, obwohl er die Gemeinschaft des Studentenlebens intensiv genoss. Stresemanns Vitalität ermöglicht ihm beides, ja steigerte sich im gemeinsamen Trunk und Gesang, im Gefecht mit Worten und Säbel, wobei er immer das Ziel einer Promotion im Blick behielt.[68] In seiner Burschenschaft verlor er die Außenseiter-Rolle des »Bücherwurms« einer kleinbürgerlichen Familie im proletarischen Milieu der Köpenicker Straße. Ja dort »fand (er) erste Freundschaft, erste Schulung auf dem Gebiet der Zusammenarbeit, vielleicht auch erste Schulung auf dem Gebiet der Führung«, wie er später 1923 rückblickend in einem Brief an die Suevia sagte.[69]

Wie alle seine Mitstudenten befand sich Stresemann um 1900 noch in den suchenden Anfängen seines Lebenswegs. Die späteren Aufgaben in der Innen- und Außenpolitik des Weimarer Staats als dessen Kanzler und Außenminister lagen einen äußerst verlustreichen Krieg und eine politische Revolution mit zwiespältigem Ergebnis entfernt noch vor ihm. Sein früher Tod im Herbst 1929 zu Beginn der großen internationalen Wirtschaftskrise schwächte sowohl das innere Gleichgewicht

[67] Ernst Johann Groth, in: Wikipedia, 3.7.2014.

[68] Antonina Vallentin, Stresemann. Vom Werden einer Staatsidee, Leipzig 1930, S. 6.

[69] An die Burschenschaft Suevia, 20. August 1923, in: Arnold Harburg, Hg., Gustav Stresemanns Schriften, Berlin 1976, S. 12f.

wie den außenpolitischen Kredit der Republik. Es war eine Zeit, in der das Auftreten oder Fehlen einzelner Politiker darüber entschied, wohin Deutschland gehen würde. Auch nachdem sich ihre Lebenswege getrennt hatten, verfolgte Hofmann – inzwischen selbst in einem politischen Beruf – aufmerksam die Tätigkeit seines Freundes aus studentischen Zeiten. Im Gespräch erwähnte er ihn später mit Hochachtung, und in seiner Bibliothek fanden sich zwei der ersten unter dem Eindruck der nationalsozialistischen Herrschaft und ihres Zusammenbruchs geschriebene Biografien Stresemanns, von Walter Görlitz (1947) und Hubertus Prinz zu Löwenstein (1952).

Gustav Stresemann hatte schon früh eine politische Prägung für eine liberale Grundhaltung erfahren. Sein Vater wählte den »Freisinn« unter Eugen Richter. Wir erinnern uns, dessen Porträt erscheint auf dem Bilderglas Ludwig Hofmanns. Stresemanns Verlängerung dieser politischen Tradition auf seinen Großvater hin konnte sich nur auf dessen strikt liberale Gesinnung im Vorfeld der Revolution von 1848/49 beziehen, wie sie sich auch in dessen hinterlassener Bibliothek ausdrükte. Dieser selbst war schon 1840 gestorben.[70]

Dessen offfenbar auch weiter geführte Bibliothek enthielt Werke des Dichters Ferdinand Freiligrath, auch Georg Herweghs, der in Zeiten einer strengen Zensur »das freie Wort« als höchstes Gut besang, sowie des Bonner Professors Gottfried Kinkel, des preußischen Abgeordneten und aktiven Anhängers der Revolution. Besonders Kinkels Verteidigungsrede von 1850 vor dem Kölner Schwurgericht mit dem Bekenntnis zu den Werten der Revolution schien Stresemann beeindruckt zu haben. Es waren übrigens dieselben Autoren, die sich in der Bibliothek Ludwig Hofmanns fanden, wie zum Beispiel eine den Ereignissen nahe Ausgabe der Werke Kinkels, publiziert 1851 in Hamburg, wo es keine preußische Zensur gab. Wahrscheinlich wurde Hofmanns Interesse gerade an diesem Vertreter des demokratischen Liberalismus durch den intensiven Kontakt mit Stresemann in Leipzig vermittelt. Im Erinnerungsjahr 1898 legte Stresemann zusammen mit einigen anderen Studenten einen Kranz mit den Farben der Revolution am Grabmal der im März 1848 Gefallenen im Berliner Friedrichshain nieder.[71]

[70] Karl Heinrich Pohl, Gustav Stresemann. Biografie eines Grenzgängers, Göttingen 2015, S. 35, in dem Kapitel »Autobiografie als Komposition«.

[71] Kraussmüller, Anger, Pabst, S. 84. Vgl. dazu auch: Walter Görlitz, Gustav Stresemann, Heidelberg 1947, S. 19. Auch: Hubertus Prinz zu Löwenstein, Stresemann. Das deutsche Schicksal im Spiegel seines Lebens, Frankfurt a. M. 1952, S. 27.

Bei dem 15. Bundestag des ADB zu Pfingsten 1898 in Frankenhausen am Kyffhäuser stand eine Frage der politischen Auseinandersetzung und des öffentlichen Auftretens der Mitglieder des Verbandes im Mittelpunkt. Den Ort mit dem Barbarossa-Denkmal, ein Symbol des Reichs-Patriotismus, hatte Stresemann ausgewählt. Der Konflikt gab ihm die Gelegenheit zu einer programmatischen Rede. Die Diskussion wurde von Paul Lensch, dem Mitglied der Arminia Straßburg, herbeigeführt. Seine Thesen für eine positive Wendung der Burschenschaft zur Arbeiterschaft hin hatte er dort bereits mit Ludwig Hofmann diskutiert. In einem Schreiben an den Verband argumentierte er, so wie die Burschenschaften früher Vertreter des Dritten Standes gewesen seien, »so sollten sie nun für den Vierten Stand, das Proletariat, eintreten«[72]. Damit sei aber das die Studenten sozial heraushebende »Tragen von Band und Mütze und das Mensurenschlagen unvereinbar«. Die Abschaffung der »Satisfaktion«, der Antwort mit der Waffe auf beleidigende Provokationen, war für die ADB-Mitglieder durchaus diskutabel, seit dies auf der Gründungsversammlung des Reformbundes im Jahre 1883 infrage gestellt worden war.[73] Aber ein Bekenntnis als Verband zu den Anschauungen der Sozialdemokratie war zu viel, wenn auch einzelne Mitglieder diesen Weg gingen, wie eben der spätere Reichstagsabgeordnete Dr. rer. pol. Lensch und auch Dr. phil. Eduard David von der Arminia-Gießen, später Präsident der Weimarer Nationalversammlung und mehrfach Minister in Reichskabinetten der Weimarer Republik. Man denke auch an Ernst Reuter, den Oberbürgermeister von Magdeburg und später von Berlin, der sich allerdings schon konsequent der nichtschlagenden Verbindung Frankonia in Marburg angeschlossen hatte.

Zu der ablehnenden Haltung des ADB gegenüber den Forderungen von Lensch bei der Tagung in Frankenhausen hatte wesentlich die Rede Gustav Stresemanns beigetragen. Er war für den sozialen Fortschritt, betonte aber stark den traditionellen „bürgerlichen Liberalismus der Burschenschaften, deren einer Akzent die »individuelle freiheitliche Entwicklung« war, deren anderer die »freiheitliche Entwicklung des Vaterlandes«.[74] Beides floss für ihn in den Grundforderungen der Revolution von 1848/49 gegenüber den monarchischen Regimen zusam-

72 Kraussmüller, Anger, Pabst, Geschichte, S. 62 und S. 85.

73 A.a.O., S. 39ff.

74 Kraussmüller, Anger, Pabst, Geschichte, S. 62.

men, wie sie Gottfried Kinkel am 2. Mai 1850 in seiner Verteidigungsrede noch einmal als Erfolge der Revolution vortrug:

»Man gab uns freie Presse, Vereine und Versammlungen, damit der Volkswille ruhig diskutiert und klar hingestellt, man gab uns Kammern, damit er zur Gesetzeskraft erhoben würde.«[75]

Aber für Stresemann war auch der Patriotismus auf der Grundlage der von Bismarck herbeigeführten Einigung des Reiches die politische Basis. Für den Sozialdemokraten Lensch hingegen war es mehr die gesellschaftliche Gleichberechtigung der Arbeiterschaft. Jenseits dieser unterscheidenden Grundsätze war Stresemann aus liberaler Gesinnung durchaus bereit, die Forderungen der Sozialdemokraten auf gesellschaftliche Anerkennung und politische Teilhabe im Rahmen der Verfassung zu unterstützen. Als er 1906 in Dresden »zur Stadtverordneten-Versammlung gewählt wurde, (stimmte) er für die Aufnahme der sozialistischen Stadtverordneten in die Ausschüsse«, was sowohl in Sachsen wie in Preußen im Allgemeinen unter dem Dreiklassenwahlrecht verhindert wurde.[76] Den Konservativen ging dieser großzügige Liberalismus zu weit. Auch die Mitstudenten bei der ADB-Tagung 1898 in Frankenhausen wollten sich nicht durch Stresemann auf ein Programm des politischen Liberalismus festlegen lassen. »Man wollte parteipolitisch neutral bleiben.«[77]

Im nächsten Jahr, zu Pfingsten 1899, fand die ADB-Tagung in Jena statt. Hofmann war im November 1898 schon einmal mit drei anderen Studenten dorthin gefahren, um nach geeigneten Tagungsorten, Unterkünften und Wirtshäusern für die nächste Jahrestagung des ADB zu suchen.[78] Nach den Kontroversen der vergangenen Jahre über Einzelfragen kamen nur 19 Teilnehmer aus drei Burschenschaften und Vertreter einiger Altherrenverbände nach Jena. Stresemann und Hofmann waren dabei. Auf einer Karte, die Hofmann am 22. Mai an seinen Vater von der Tagung schickte, unterschrieb Stresemann neben sechs anderen Studenten von der Neogermania, der Vandalia-Charlottenburg und der Suevia-Leipzig. Man ging mit dem Gefühl auseinander, dass es jetzt langsam um das Weiterbestehen des Verbandes überhaupt gehe.

Beide waren im Wintersemester 1898/99 von der Leipziger Vereini-

[75] Adolf Strodtmann, Gottfried Kinkel. Wahrheit ohne Dichtung. Biographisches Skizzenbuch, Bd. 2, Hamburg 1851, S. 335.

[76] A. Vallentin, Stresemann, S. 19.

[77] Kraussmüller, Anger, Pabst, Geschichte, S. 62.

[78] Karte vom 18.11.1898 mit dem Bild des oberhalb von Jena gelegenen Fuchsturms an seinen Vater.

gung aufgenommen worden. Von da an wechselten sie zwischen 1899 und 1904 Briefe und Karten. Stresemann schickte am 21. März 1899 aus der Köpenicker Straße 66 in Berlin eine Nachricht an Hofmann und bedankte sich für dessen Brief. Die Karten Stresemanns hat Hofmann – neben den Grüßen anderer Studenten – in seinem Postkarten-Album sorgfältig aufbewahrt. In den ersten beiden Jahren war es ein intensiver Austausch. Nachdem Stresemann 1901 in den Beruf als Syndikus der sächsischen Industrie nach Dresden gegangen war, schrieb der nur noch gelegentlich einen Gruß, aus dem hervorging, dass er den Kontakt mit dem Studienfreund vermisste und ihn zu Rückäußerungen veranlassen wollte: »Lieber Hofmann! Wo steckst Du, was machst Du, lass wieder einmal etwas von Dir hören! In alter Treue Dein Stresemann«, aus Dresden vom 4. Mai 1904. Hofmann war dann inzwischen zu stark mit eigenen Problemen beschäftigt, sodass die Korrespondenz einschlief.

7. Studentenleben in der Suevia

Im Verlauf des Jahres 1899 debattierte man in der Leipziger Suevia den Niedergang des ADB und seiner Burschenschaften. Stresemann hatte in Ludwig Hofmann einen gleichgesinnten Bundesbruder gefunden, der bereits Erfahrungen in der Führung einer Burschenschaft aus Straßburg mitbrachte und der bereit war, sich auch im neuen Verband zu engagieren. Auch hatte dieser sich schon in Marburg mit antisemitischen Provokationen auseinandergesetzt und in Straßburg mit der Frage, wie man sich zur Sozialdemokratie verhalten sollte. Beide näherten sich damals auch der Nationalsozialen Vereinigung von Friedrich Naumann an.

In den Semesterferien im August 1899 schickte Stresemann ihm mehrfach Grüße aus Berlin, in dem unter Studenten damals üblichen munteren, »burschikosen« Ton und mit den Zirkeln der Suevia und der Neogermania: »Nieder mit dem Stumpfsinn. Hoch die Freiheit und Lust beim schäumenden Gerstensaft! Prost! Dein Stresemann.«[79]

Abb. 12 Karte Stresemanns aus Berlin vom 29.8.99.

[79] Karte Stresemanns an Ludwig Hofmanns Frankfurter Adresse vom 19.8.1899.

Beim Stiftungsfest der Suevia im Sommersemester 1899 hatte man Hofmann auch hier zum Chargierten und Mitglied des Vorstandes gewählt, wie aus einer Karte Stresemanns aus Berlin vom 29. August zu entnehmen ist. Er erwähnte dessen neuen »Wichs«, den nun für die Suevia angemessenen Festanzug. Außerdem bat er darum, einen »kurzen Bericht über unser Stiftungsfest mit einer gedrängten Inhaltsangabe der Bundesrede« an Hermann Grumbach, den Herausgeber der »Vertraulichen Mitteilungen des ADB« und Kassenwart des Verbandes, nach Berlin zu schicken.

Da die Krise des ADB aber kein Zuwarten bis zum nächsten regulären Bundestag erlaubte, berief man zum 15. und 16. Dezember eine außerordentliche Versammlung nach Berlin ein. Stresemann und Hofmann vertraten dort die Suevia-Leipzig.[80] Vom Alt-Herren-Bund der Arminia-Gießen lag ein Antrag vor, den ADB aufzulösen. Innere Streitigkeiten und der Niedergang der Mitgliedschaft habe zu einem »Sinken des Ansehens in der Studentenschaft geführt«. Deshalb sei es besser, »in Ehren unterzugehen« als so weiterzumachen. Das »lähmende Schweigen«, das der Begründung dieses Antrags folgte, zeigte die pessimistische Stimmung im Verband an.

Aber gerade dieser Pessimismus, der seinem Naturell so entgegengesetzt war, forderte Stresemann zu einer engagierten Antwort heraus. Für ihn zählten weniger die Defizite in der Organisation des Verbandes, die er konzedierte, als dessen Ideen und Werte. Als »Präside der Suevia« betonte er, so lange die Burschenschaften des ADB ihre Hauptaufgabe erfüllten, »Erzieher zu sein an den ihnen anvertrauten jungen Seelen« im »Sinne [...] des burschenschaftlichen Geistes«, solange komme es nicht auf die »zahlenmäßige Stärke« des Verbandes an. »Aber kaum irgendwo fänden sich relativ so viele Leute [...] mit relativ beispielloser reiner Begeisterung an ihrer Sache.«[81] Das war eine hohe Auffassung vom Leben in einer Reformburschenschaft, die sich deutlich von der Funktion unterschied, die zum Beispiel Max Weber in den Verbindungen erblickte, Versicherungen für spätere Berufskarrieren zu sein. Stresemanns Konzept der Konsolidierung der Burschenschaft durch »Erziehung« enthielt aber auch einen Anspruch an die etwas älteren Studenten, sich den Jüngeren anleitend zu widmen. Diese Rede Stresemanns brachte die Wendung in der verunsicherten Tagungsrunde. Alle sprachen sich gegen die Auflösung aus und ab 1900 festigte

80 Karte Hofmanns an seinen Vater aus Berlin vom 15.12.1899.

81 Kraussmüller, Anger, Pabst, Geschichte, S. 64.

der ADB sich durch Neueintritte von Burschenschaften. Im Jahr 1908 gehörten bei der Jahrestagung 25 Burschenschaften dazu und es waren etwa 250 Mitglieder anwesend. Stresemanns Rede hatte den Verband auf Dauer gerettet, das heißt bis 1933. Allerdings gab es auch immer wieder Rückschläge. So teilte Stresemann im Frühjahr 1900 Hofmann mit, dass seine Straßburger Verbindung, die Arminia, aus dem ADB ausgetreten sei.[82] Doch mit einigen Zeilen von dessen demokratischem Frankfurter Dichter Friedrich Stoltze versuchte er sich und ihm Mut zu machen, Anflüge von Resignation zu überwinden:

Ein Häuflein Treuer ist der Rest
In Ehren grau, in Ehren fest
die nie vor Fürsten kreuchten,
und denen bei der Freiheit Klang
die alten Augen leuchten.
Es ist kein Lorbeer grün genug,
ist keine Ros zu frisch und jung
zu schmücken diese Alten
O Jugend komm und lern von uns
der Freiheit Treue halten.

Hofmann entfaltete in diesen Jahren, getragen von der Bedeutung seiner Aufgabe, aber natürlich auch mit der Befriedigung eines heiteren Lebens in der Gemeinschaft gleichgesinnter junger Leute, eine rege Tätigkeit in der Suevia. So kümmerte er sich als »Leibbursch« um den Nachwuchs der »Füchse« (Füxe).

Einer von ihnen war beispielsweise Richard Cordes aus der kleinen Stadt Übigau an der Schwarzen Elster, in der preußischen Provinz Sachsen. Im Juni 1899 machten sie eine »famose Fußwanderung« durch die Hohburger Schweiz, einen Höhenzug in der Nähe von Grimma. Auf dem

Abb. 13 Wappen der Suevia auf einem Untersatz für Gläser.

[82] Stresemann an Hofmann, 16.4.1900.

Rückweg nach Leipzig schickten sie von dort eine Grußkarte an Hofmanns Eltern.

Nach dem Wintersemester 1899/1900 ging Cordes nach Marburg und verabschiedete sich bei Hofmann mit einem herzlichen Dank. Er beginnt mit dem obligaten »feuchtfröhlichen Gruß« und fährt dann fort: »Wir beide haben doch miteinander recht schöne Stunden verbracht. Wenn ich Dich nicht gehabt hätte, wäre die Erinnerung an Leipzig nicht halb so schön. Herzlichen Gruß und auf Wiedersehen Dein Leibfux Cordes.« Man merkt bei diesem Zeugnis, dass für jemanden, der aus einer kleinen Stadt kam, die Burschenschaft und der ihm zugeordnete persönliche Mentor beim Übergang vom Elternhaus in die fremde Welt einer Universität und einer großen unbekannten Stadt eine positive Rolle spielen konnte. In Marburg hatte Cordes Anschluss an andere ADB-Studenten von der Suevia sowie der Neo-Germania gefunden und wechselte im Sommer 1900 mehrfach Kartengrüße mit Hofmann.

In einer weiteren überlieferten Karte vom September 1901 sandte Cordes Grüße aus Paris an Hofmanns Frankfurter Adresse. Diese und andere allmählich aus dem Ausland eintreffenden Karten – Stresemann schickte etwa 1903 eine aus Venedig: »Prost altes Haus! 1/2 Chianti Wein aufs spezielle!«, können ihn vielleicht etwas nachdenklich gemacht haben, denn er kam bis 1914 nie über Deutschlands Grenzen hinaus. Nur einmal 1904 war er zu einer Ausstellung im österreichisch-böhmischen Tetschen-Bodenbach, knapp hinter der sächsischen Grenze elbaufwärts.

Als Mitglied des Vorstandes der Suevia hielt er Kontakte zwischen den Studenten der Verbindung aufrecht und hatte auch eine gewisse Autorität. Gelegentlich wurde er gebeten, bei Missverständnissen zwischen ehemaligen Bundesbrüdern zu vermitteln, was sowohl Korrespondenz wie Gespräche und Erklärungen gegenüber den »aktiven Burschen« erforderte. O. Arning grüßt ihn mehrmals aus seinem »Bauerndorf« Bad Freienwalde und tritt in der Krise des ADB für dessen Erhaltung ein. Ernst Rosenfeld bedankt sich aus Mannheim für Hofmanns Grüße und schickt ihm die Adresse von dessen Leibfux Gottschalk in Chemnitz. Aus Karlsruhe kündigt Richard Weigele seinen Besuch in Frankfurt an und bittet um eine Stadtführung mit Hofmann als Cicerone. O. Kirmer grüßt 1903 den Redakteur! Hofmann, aus Saalfeld von »seinem Turm«. A. Glohmann schickt 1903 ebenfalls dem Redakteur aus Wurzen Geburtstagsgrüße. Volkmar lädt ihn in den

Sommerferien nach Colditz ein, in das »Nest in schöner Lage und fidelen Kneipen«.

Man machte gemeinsame Ausflüge in die umliegenden Orte, wie zum Beispiel in den Hubertuswald bei Oschatz. Ein von den Studenten der Suevia häufig aufgesuchter Ort war das benachbarte Halle, eine preußische Universitätsstadt. In Gruppen fuhr man zum Fechten dorthin, wie mehrere Karten an Hofmanns Vater aus dem Juli und November 1899 berichten, mitunterzeichnet von Bundesbrüdern (»Biergruß vom Mensurtag!«). Hier empfing Hofmann wohl auch den »Schmiss«, die für studentisches Fechten typische Narbe auf der linken Wange, die dann auch in seinem Pass als »besonderes Merkmal« vermerkt wurde. So sah er, wie übrigens auch Stresemann, auf Dauer den Korps-Studenten ähnlich, von denen er und sein Verband sich durch eine liberale Haltung abheben wollten. Bei diesen Ausflügen nach der Stadt der Halloren trank man zumeist die Gose, ein lokales obergäriges Bier mit geringem Alkoholgehalt. Noch im Alter erinnerte sich Hofmann an den leicht salzigen Geschmack dieses Bieres seiner Jugend, das nach den Fechtübungen den Durst löschte und die Stimmung erhöhte, aber kaum zur Trunkenheit führte.

Daraus entstand ein aktives Netzwerk mit etwa 25 Studenten, mit ihm im Zentrum einer Gemeinschaft junger Leute. Manche der Kartengrüße kamen von der Heimatadresse, manche von unterwegs.[83] Von den aus Sachsen stammenden Studenten wie aus Dresden (Hans von Kracht) und aus Oybin bei Zittau (P. Hohlfeld) erhielt er ebenso Grüße wie aus Dessau (Walther Oehme, Dietrich Rösel, G. Heinrich) und aus Berlin (Walter Knöfel und Roberts), aus Bad Harzburg (Bernhard Ulrich). Auch P. Brather aus Leipzig bedankte sich für Glückwünsche nach der Heirat.

Zwischendurch ging er aber auch anderen Interessen nach und Gustav Stresemann mahnte ihn im November 1900, in seinem letzten Semester in Leipzig: »Lieber Hofmann, morgen ist definitiv unsere Antrittskneipe. Ich hoffe sicher, Dich morgen begrüßen zu können, da ich wirklich nicht mehr wüsste, was ich von Dir halten soll, wenn Du auch morgen fehlen würdest. Bist Du völlig pathologisch geworden. Besten Gruß Stresemann.«

Nachdem Stresemann, die dominierende Figur der Suevia, im Jahre 1900 promoviert und die Universität verlassen hatte, dürfte Hofmanns koordinierendes Engagement in den nächsten zwei, drei Jahren weiter

83 Manche der Namen sind nicht eindeutig zu entziffern.

dazu beigetragen haben, die Suevia in Leipzig zu stabilisieren. Allerdings reduzierte er dort eigene ausgedehnte Aktivitäten. Vom ADB-Bundestag im Mai 1901 in Frankenhausen, an dem Hofmann nicht teilnahm, bekam er Grüße von Leibfüxen mit Freundinnen. Irgendwann stellte er wohl auch das Fechten ein. Im Jahre 1902 schickten ihm Suevia-Studenten wie Hans Köhler, W. Öhme, R. Küster, Kruschwitz und der Leibfux C. Gottschalk, einen »heftigen Biergruß« aus Halle, dem Ort des Mensuren-Fechtens.

Mit einzelnen Mitstudenten wie eben Cordes auch Ernst Rosenfeld, Dietrich Rösel, Richard Weigele, Oehme, O. Arning sowie dem etwas älteren Hanne Murmann hatte er ein besonderes freundschaftliches Verhältnis, wie der Ton der Grüße und deren Anzahl schließen lässt. Die Väter von Weigele und Oehme waren übrigens wie Hofmanns Vater mittlere Beamte; Weigeles Vater war Oberpostsekretär und Oehmes Stationsassistent I Classe bei der sächsischen Staatsbahn.

Murmann hatte Hofmann offenbar in Marburg, als sein Leibbursche, in das burschenschaftliche Leben eingeführt. Hofmann besuchte ihn im Mai 1902 an seinem Wohnort in Döbeln, im oberen Tal der Freiburger Mulde, und machte mit ihm einen Ausflug in das hübsche Städtchen Leisnig weiter unten am Fluss. Murmann schickte ihm auch, zusammen mit seiner Frau, Genesungswünsche, als er im Winter 1903 im St. Jakobs-Krankenhaus für etwa vier Wochen behandelt wurde.[84]

Aber irgendwann fiel seinen Bundesbrüdern auf, dass er sein Studium vernachlässigte. Auf einer Karte, die ihm Stresemann Ende Dezember 1901 aus der Weinhandlung »Treppchen« in Berlin, Unter den Linden, schickte, hatte Georg Kielblock, mit unbrüderlicher Distanz und provokativ, hinzugefügt: »Wenn Sie den Dr. machen zahle ich 1000 M.«[85]

Was war geschehen? Er hatte seit dem Sommersemester 1900 schlicht die Kollegs geschwänzt und war an dessen Ende exmatrikuliert worden.[86] Gegen diese Praxis hatte sein Freund Stresemann 1898 einen

[84] Die Zeit des Aufenthalts im Krankenhaus lässt sich etwa durch die Karte Murmanns vom 25.1.1903 und seines Vaters vom 19.2.1903 bestimmen. Ein anderer Student Eduard Malkow schickte am 12.2.03 vom Lago di Garda Wünsche für eine »baldige fröhliche Auferstehung« ins St.-Jakob-Krankenhaus.

[85] Karte mit Bild des Charlottenburger Schlosses und aus der Weinhandlung Treppchen vom 27.12.01 von Stresemann: Lieber Hofmann, Ein gutes Tröpfchen findest Du im Treppchen, wovon wir Dir die besten Grüße senden.

[86] Abgangszeugnis der Universität Leipzig vom 16. Januar 1909 für das Fach Chemie per 31.7.1900.

deutlichen Aufsatz geschrieben.[87] Auslöser für den Abschied vom Chemie-Studium war wohl ein eklatanter Misserfolg in einer Prüfung in Mineralogie gewesen. Das muss ihn besonders getroffen haben, denn er erzählte davon noch etwa 55 Jahre später. Das Sammeln und Bestimmen von Steinen war schließlich eine der wesentlichen Inhalte von gemeinsamen Ausflügen mit dem Vater Hermann in die Gebirge um Rhein und Mosel gewesen. Da er es versäumt hatte, den ihm im Examen vorgelegten Stein zu handhaben, umzudrehen, muss eine regelrechte mentale Blockade bestanden haben. Aber schon vorher hatte er dieses Studium nicht sehr intensiv betrieben, hatte in Marburg und Leipzig je ein Semester durch Nachlässigkeit verloren. Das Fach lag ihm letztlich nicht so, wie er und seine Eltern es zur Zeit seines Abiturs geglaubt hatten. Und er hatte sich erneut heftig in eine junge Frau verliebt. Das beschäftigte ihn intensiv, wie eine Sammlung von Postkarten belegt, die von der Adressatin aufbewahrt wurden.

So waren es die Suevia und Lina, die junge Frau, die seine ersten Studienjahre in Leipzig ausfüllten. Da seine Mitstudenten in den Jahren zwischen 1899 und 1903 ihm auch häufig Post nach Frankfurt schickten und seine Grußkarten an die Eltern mitunterschrieben, werden diese davon ausgegangen sein, dass er nicht nur in seiner Burschenschaft fest integriert war, sondern auch das Studium gewissenhaft weiterbetrieb. Die regelmäßigen und die besonderen Zahlungen an ihn sollten ja zum Einstieg in einen gehobenen Beruf führen.

[87] Stresemann unter dem Namen Renatus, Über das Collegschwänzen, in: Allg. Deutsche Univers. Ztg. 12 (1998), S. 106–107.

8. Lina und Ludwig

Lina Flemming und Ludwig Hofmann begegneten sich im Januar 1899 bei einem Sonntagskonzert im Schlosskeller, einem Restaurant im Zentrum von Reudnitz.

Dieser Stadtteil Leipzigs war aus einem Dorf entstanden, das 1834 erst 633 Einwohner hatte. Nachdem es 1889 mit zwei anderen östlich anschließenden Landgemeinden (Anger und Crottendorf) in die Stadt einbezogen worden war, hatten diese drei ehemaligen Dörfer zusammen 28 000 Einwohner (1891).[88] Der Prozess der Verstädterung in diesen Vororten war einerseits durch die Industrialisierung angetrieben worden. Der Niederlassung der Fabriken und Werkstätten folgten die Wohnungen der Arbeiter. Im Jahre 1888 gab es in Reudnitz 77 Fabriken mit 4700 Arbeitern. Ferner bewirkte der Vorgang der City-Bildung im Zentrum Leipzigs, der weiteren Ausbreitung von Handel und Dienstleistungen, dass Unternehmen mit größerem Platzbedarf, wie eben Fabriken, und ihre Beschäftigten nach draußen verlagert wurden.[89] Die übergroß gewordenen Landgemeinden hatten auf die Vereinigung mit der zentralen Stadt gedrängt, um eine effektivere Verwaltung und eine bessere Infrastruktur zu erhalten. Vor allem wollten sie den Anschluss an die städtische Wasserleitung. Eine Pferde-Straßenbahn mit Fuhrpark nach Reudnitz gab es schon seit 1872, Werkstätten und Direktionsgebäude am Ende des Täubchenwegs und der Dresdener Straße.

Dort wo Lina und Ludwig sich in Reudnitz zum ersten Mal trafen, hatte sich ein Zentrum des Stadtteils gebildet, mit einem Park, Kirche und Realschule. Heute noch, nach den Zerstörungen des Zweiten Weltkriegs, ist bei einzelnen Häusern sichtbar, wie nach 1900 der bürgerliche Miethausbau um den Stephaniplatz das als Arbeiterviertel entstandene Reudnitz veränderte. Dort lag auch das Restaurant Schlosskeller, in dem wie in anderen Leipziger Etablissements dieser Zeit (den Drei Mohren, dem Schützenhaus, den Friedrichshallen und dem Albertgarten) populäre Konzerte wie Operettenabende, Auftritte von Alt-Leipziger Sängern und Cabaret-Vorstellungen angeboten wurden, denen sich zumeist Tanzveranstaltungen anschlossen.

88 Karl Czok, Zur Entwicklung der Vorstädte und Vororte, S. 150.

89 Karin Pontow, Bourgoise Kommunalpolitik und Eingemeindungsfragen in Leipzig im letzten Viertel des 19. Jahrhunderts, in: Jahrbuch für Regionalgeschichte, Bd. 8, 1981, S. 96.

Lina wohnte damals in dem östlich an Reudnitz anschließenden Stadtteil Anger-Crottendorf in der Wilhelmstraße bei ihren Eltern. Sie war gerade 21 Jahre geworden, Ludwig nur ein halbes Jahr älter. Aus dieser Begegnung entwickelte sich eine intensive Liebesbeziehung unter den Bedingungen unterschiedlicher Lebensverhältnisse. Lina war kein heranwachsendes Mädchen mehr, sondern eine gut aussehende junge Frau. Ziemlich sicher hatte sie im Umgang mit jungen Männern schon Erfahrung, was ihr zunächst eine gewisse Umsicht und Überlegenheit gab. Ihre Mutter war in diesem Alter schon verheiratet und hatte sie 1878 zur Welt gebracht. Ludwig war Student ohne eigenes Einkommen, auf dem die Erwartungen der Familie für beruflichen und sozialen Aufstieg lagen. Sie kam aus einem Milieu, in dem die unverheirateten jungen Frauen selbst einem Lebenserwerb nachgehen mussten. Ihre Mutter, Anna Margarete Lassmann, geboren 1858, hatte vor ihrer Heirat als »Punktiererin« gearbeitet. Einiges deutet daraufhin, dass Lina damals in einem Blumenladen tätig war. Sie hatte den stattlichen jungen Mann immerhin so attraktiv gefunden, dass sie ihm bald ihre Wohnadresse gab und ihm eine (nicht überlieferte) Karte schrieb. Um sich aber öffentlich, auch gegenüber ihren Eltern, nicht zu stark festzulegen, bat sie ihn, ihr postlagernd mit wechselnden Codewörtern an das Postamt Täubchenweg zu schreiben. Einige dieser Codes waren aus der Floristik entnommen, wie »Cyclamen« (Alpenveilchen) oder »Myosotis« (Veilchen). Als viel später ihr Ehemann Ludwig gleich zu Beginn des NS-Staates seine Stellung aus politischen Gründen verlor, gaben ihr diese frühen beruflichen Erfahrungen die Möglichkeit, ein Blumengeschäft zu eröffnen und auf dieser Grundlage ihren gemeinsamen Lebensunterhalt zu sichern.

Aus den ungleichen Lebenssituationen von Ludwig und Lina um 1900 mussten notwendigerweise schwierige Probleme entstehen. Im Rückblick seiner Altersnotizen erinnerte sich Ludwig Hofmann an diese Jahre als »schöne, selige Jugendzeit«, erkannte es aber auch als eine »schicksalhafte« Begegnung, die den Weg seines Lebens dauerhaft mitbestimmen sollte. Jedenfalls hielt es ihn für eine längere Periode in Leipzig, in der er für seinen Lebens- und Berufsweg auch die Chancen der Großstadt nutzen konnte.

Über die Entwicklung ihrer Beziehung seit dem ersten Treffen im großen Saal des Schlosskeller sind wir wenigstens für die Jahre bis Mitte 1903 durch eine große Anzahl von Postkarten unterrichtet, die Ludwig an Lina schrieb, manchmal zwei am Tag. Sie hat sie sorgfältig in einem »Album für illustrierte Postkarten« aufbewahrt. In diesen trat er ihr

Abb. 14 Abbildung Studentenkarikatur mit Gruß an Lina Flemming.

zunächst als Student cand. chem. mit humoristischen Szenen aus dem Studentenleben entgegen.

Auch waren seine Grüße zunächst mit studentischen Formeln wie »kräftigen Schluck a. spec.«, das hieß »auf das spezielle Wohl«, verbunden. Dann wurden sie zunehmend persönlicher und liebevoller.

Nach der Phase der Code-Adressen durfte er die Karten direkt an ihre Wohnung in der Wilhelmstraße 6 und dann der Mölkauer Straße (zuerst in der Nummer 6, dann der Nummer 34) schicken. Der Wechsel der Adressen von der Wilhelm- zur Mölkauer Straße implizierte übrigens keinen Umzug. Vielmehr hatte 1901 aus kommunalpolitischen Erwägungen eine Umbenennung stattgefunden. Man wollte die Verwechslung von zwei Wilhelmstraßen in je einem eingemeindeten Vorort – in Volkmarsdorf gab es auch eine Straße mit dem im Kaiserreich beliebten Namen – vermeiden. Dieser Adressenwechsel führt bei dem Zeitgenossen Ludwig Hofmann nur zu kurzzeitigen Verunsicherungen in seiner Korrespondenz mit Lina Flemming. Für den heutigen Stadtforscher war die Konstellation zunächst ein Rätsel, da zudem beide Adressen unter dem erst kürzlich verliehenen Namen Mierendorffstraße verschwunden waren. Der Besitzer des ersten Hauses auf der rechten Seite beharrt allerdings – im November 2014 – mit einem

Schild über seinem Toreingang auf dem vorletzten Namen: Mölkauer 2! In seiner Geschichte des »tausendjährigen Leipzig« hilft Peter Schwarz den Lesern, indem er zum Beispiel weithin die Standortbezeichnungen der neu entstehenden Fabriken des späten 19. Jahrhunderts mit den Straßennamen des Jahres 2014 versieht oder sie ergänzt.[90]

Ludwig suchte Lina die Intensität seiner Zuneigung auch durch Poesie zu vermitteln, mit zarten Gedichten von Josef von Eichendorf (»Dein Bildnis wunderselig hab ich im Herzensgrund«) oder des Spätromantikers Emanuel Geibel (»Der Liebe Lust ist still und mild«). Zusammen gehen sie in den ausgedehnten sommerlichen Parks der Stadt spazieren, verabreden sich im Café Felsche am Augustusplatz oder gehen gemeinsam zu den Veranstaltungen im Schlosskeller. Ein immer wieder erwähnter Treffpunkt ist eine Brücke über die Trasse der – jetzt aufgehobenen – Eilenburger Bahn in der Nähe der Mölkauer Straße. Es war im Prinzip ein Draußen-Verhältnis. Von den Mitstudenten hält er Lina in den ersten beiden Jahren fern. Nur sein Leibfux Cordes darf sich im ersten Sommer seinen zärtlichen Grüßen respektvoll anschließen. Allmählich galten sie aber auch in seinem studentischen Freundeskreis als ein Paar.[91]

Es gab Spannungen und Versöhnungen. Er war sich seiner Gefühle ihr gegenüber sicher und wollte eine Beziehung auf Dauer: »Lass uns einander nicht verfehlen.« Wobei er nicht bedachte, dass seine Situation ohne Beruf, ohne eigenes Einkommen, eine dauerhafte Verbindung im Rahmen der bürgerlichen Normen zu diesem Zeitpukt nicht ermöglichte. Dann wird im November 1901 ein Sohn geboren, was beider Lebenssituation tiefgreifend verändert. Der Sohn wurde zwar durch die Namensgebung Ludwig Johannes Hofmann in seine Familientradition aufgenommen. Die Heirat wurde aber wesentlich weiter hinausgeschoben als es den üblichen Regeln der Zeit entsprach. Ludwig Hofmann musste sich erst beruflich etablieren und das zog sich lange hin. Etwa Mitte 1903 hatten sie sich offenbar getrennt. Die letzte Karte in Linas Album kam aus Frankfurt am Main und datierte vom 29.7.1903. Er bedankt sich für die Übersendung eines Foto-Stativs und grüßt sie »vieltausendmal«, immer noch der »Deine«. Man kann vermuten, dass es in Linas Familie Widerstand gegen eine Verbindung mit dem »verbummelten Studenten« gab und sie selbst diese offene Beziehung mit

[90] Schwarz, Leipzig II, S. 467–477.

[91] Seinen Grüßen an Lina schlossen sich mehrfach Kommilitonen an, wie Kirner, Weil, Rösel, Hahn, Oehme, Gottschalk, Dirks.

unbestimmter Dauer nicht mehr fortsetzen wollte. Es ist unklar, wie lange und wie strikt die Trennung dauerte. Aber spätestens 1911, nach dem Tode von Linas Mutter, hatten sie wieder offiziellen Kontakt und heirateten 1913 im kleinsten, vertrauten Kreis in Dresden.[92]

Mit der Zeit und der Regelung der Verhältnisse arrangierte man sich. Ein Bild, von etwa 1917, zeigt die Familien Hofmann, Flemming und Petermann, das heißt Linas Schwester mit Ehemann und Sohn Rudolf, zusammen. Sorgfältig vom Fotografen als Gruppe organisiert, Ludwig in Uniform, Sohn Johannes mit Schülermütze.

Abb. 15 Foto der Familien Hofmann, Flemming und Petermann, Stehend: Ludwig Hofmann, Friedrich Hermann Flemming, Petermann, Johannes Hofmann. Sitzend: Lina Hofmann, Rudolf Petermann, ihre Schwester Petermann (jeweils von links).

[92] In Ludwig Hofmanns Nachlass findet sich eine gedruckte Mitteilung vom Tod von Linas Mutter am 31.3.1911.

Die Hofmanns wohnten damals am nördlichen grünen Rand des Stadtteils Gohlis im zweiten Stock eines ansehnlichen Neubaus in der Beaumontstrasse 36 (H. Buddestraße). Die Nachbarn des damaligen »Verbandsbeamten« Hofmann waren »Privatiers«, ein Ingenieur, ein Hauptmann, Kaufleute. Lediglich in den Wohnungen des Parterres befanden sich Leute mit geringerem Einkommen. Die Erinnerung an Gohlis hielten sie später in einer Fotografie des bekanntesten Bauwerks dieses bevorzugten Stadtteils fest, des Schlösschens von Gohlis. Das Bild hing in ihrer Alterswohnung im niedersächsischen Medingen.

Der Sohn Johannes wechselte mit zwölf Jahren von der Volksschule auf die Privatschule des Dr. Haller in Gohlis. An der Leipziger Oberrealschule besuchte er schließlich erfolgreich die Untersekunda. Das brachte ihm 1919 die »wissenschaftliche Befähigung« zum Studium an der Landwirtschaftlichen Hochschule später in Berlin. Von der damit ebenfalls verbundenen Berechtigung zum einjährig-freiwilligen Dienst in der Armee musste er keinen Gebrauch machen. Kurz nach dem Beginn des Jahrhunderts geboren, hatte er das Glück, nicht mehr in die letzten Schlachten an der Westfront ziehen zu müssen.

Die Beziehung von Lina und Ludwig hatte mit viel literarischer Poesie begonnen. Lina setzte in der Ehe diese Anregungen fort, entwickelte sie weiter. Sie verfolgte die Literatur zu Goethes Leben und sammelte diese. Insbesondere das Schicksal der Frauen in Goethes Umfeld beschäftigte sie. Einmal, in den 1950er-Jahren, hatte ich mit ihr eine Unterhaltung über Thomas Manns »Lotte in Weimar«, die ich gerade gelesen hatte. Sie äußerte sich deutlich kritisch über die Idee von Frau Charlotte Kestner, im vorgerückten Alter im Kleid ihrer Jugend bei Goethe in Weimar aufzutreten. Bei diesem Interesse wird sie vermutlich auch Goethes weit hinausgeschobene Hochzeit mit Christiane, dem Mädchen aus der »Blumenfabrik«, beschäftigt haben. Diese war mit dekorativen Blumen aus farbigem Stoff umgegangen, Lina mit lebendigen Pflanzen.

9. Das Leben in Reudnitz – Realität und Fiktion

In Reudnitz hatte auch Linas Mutter, Anna Lassmann, ihren zukünftigen Ehemann, Friedrich Hermann Flemming, kennengelernt. Diese wohnte damals selbständig zur Untermiete bei einem Kontoristen in Reudnitz am Täubchenweg 32. Die Wohnung ihrer Eltern in Schönefeld, einem nordöstlichen Vorort, war zu weit vom Leipziger Arbeitsmarkt entfernt. Ihr Vater, Ludwig Lassmann, früher einmal herrschaftlicher Revierförster in Brandis, Kreis Grimma, übte den Beruf eines Expedienten aus, arbeitete also als Angestellter in der Versandabteilung einer Firma.

Friedrich Hermann Flemming wohnte 1878, zur Zeit ihrer Eheschließung, nicht weit entfernt in der Albertstraße, nahe der Mühlenstraße, im südlichen Teil der damals noch selbständigen, schon stark verstädterten Landgemeinde Neureudnitz. Jenseits der nahen Stadtkante lagen auch noch Felder und Schrebergärten, zwischen denen sich dann Fabriken, kommunale Einrichtungen wie ein Arbeitshaus und Unterkünfte für Wohnungslose, eine Turnhalle und eine katholische Kirche ansiedelten. Heute heißt sie wohl Oswaldstraße und die alte Stadtkante zeichnet sich noch immer durch die öffentlichen Einrichtungen ab, auch wenn die Stadt weitergewachsen ist.

Nach der Heirat nahmen die Flemmings eine Wohnung in Anger-Crottendorf, einer Gemeinde, die sich östlich an Reudnitz anschloss und in deren evangelischer Kirche Lina Olga am Palmsonntag 1892 konfirmiert wurde. Getauft war sie übrigens in Schönefeld, dem Wohnort ihrer Großeltern, der bereits 1889 so weit verstädtert war, dass darin nur noch »ein selbständig wirtschaftender Bauernhof bestand«.[93] In der Trinitatiskirche von Anger-Crottendorf dürfte dann wohl auch später ihre jüngere Schwester konfirmiert worden sein.

Im Jahre 1900 wohnte die Familie Flemming in der Wilhelmstraße / Mölkauerstraße, eine lange Straße, die damals schon bis zu den Nummern 29 und 40 fast durchgehend mit mehrgeschossigen Mietshäusern bebaut war.[94] Nur am Anfang gab es noch auf der Nordseite einige Fabrik- und Lagerplätze, die aber bis 1904 ebenfalls weitgehend mit Mietshäusern bebaut wurden. In den auf ihre Nr. 6 folgenden Häu-

93 Karin Pontow, Bourgoise Kommunalpolitik, S. 104.
94 Adressbuch Leipzig für 1900, Anger-Crottendorf, S. 18.

sern befanden sich eine Grünwarenhändlerin, ein Bäcker- und ein Fleischermeister, sodass eine bequeme Versorgung bestand. In ihrem Wohnhaus gab es vier Geschosse über dem Parterre. Bis auf dieses Grundgeschoss, in dem ein »Produktenhändler« Wohnung und Verkaufsraum hatte, waren auf jeder Etage drei Wohnungen, die von den Familien von Facharbeitern und einfachen Arbeitern bewohnt wurden. Unter den zwölf Mietern war eine Gruppe aus dem Leipziger Buchgewerbe, ein Schriftsetzer, ein Buchdrucker und ein Buchbinder, wie auch in anderen Häusern der Wilhelm-/Mölkauer Straße. Sie fanden in den zahlreichen Druckereien der Stadt ihre Beschäftigung. Im Jahre 1907 waren es 535 mit 15 000 Arbeitern.[95] Drei Mieter wurden schlicht als Arbeiter bezeichnet, einer von ihnen war unmittelbarer Nachbar der Flemmings wie auch ein Former, also aus dem Metallgewerbe. Zwei Mieter waren im Verkehrs- und Transportgewerbe tätig, einer war Schaffner, wohl bei einer der damals wie heute unweit der Wilhelmstraße geführten Straßenbahnlinien, ein anderer Bierfahrer, vermutlich mit Pferdefuhrwerk. Eine der wenigen als selbständige Mieterin geführten Frauen hatte den Beruf als Wickelmacherin, stellte also die Rohform von Zigarren her, sei es in einer Manufaktur oder im Heimgewerbe.[96] Ein Grundiermeister versah offenbar eine Spezialaufgabe im Malergewerbe. Friedrich Flemming vertrat als Tischler das holzverarbeitende Gewerbe. In diesen offenbar kleinen Wohnungen erfolgte ein relativ schneller Wechsel der Mieter. Bereits zwei Jahre später, 1902, waren in 63 Prozent der Wohnungen andere Bewohner eingezogen. Auch der Hausbesitzer war ein anderer geworden. Ab der zweiten Hälfte dieses Jahres finden wir die Flemmings in der Mölkauer Straße 34, ebenfalls ein viergeschossiges Gebäude, plus Parterre; und es wohnten dort Leute aus der gleichen Schicht, allerdings keine mehr aus dem gut zahlenden Buchgewerbe.[97] Es war dasselbe Haus, nur war infolge des Ausbaus der Straße die Hausnummer von 6 auf 34 heraufgesetzt worden. Und es hatten weitere Wechsel der Bewohnerschaft stattgefunden. Hinter den Häusern verlief in einem Graben die Trasse

[95] Friedrich Tägtmeyer, Leipzig als Handels- und Industriestadt, in: Leipzig. Ein Blick in das Wesen und Werden einer deutschen Stadt, Leipzig 1913, S. 53.

[96] Ein 1911 in Berlin aufgenommenes Foto zeigt eine Familie in der Küche beim Herstellen von Zigarren: Gesine Asmus, Hg., Hinterhof, Keller und Mansarde Reinbeck 1982, S. 125.

[97] Die Bauakten der beiden Häuser waren im Stadtarchiv Leipzig nicht verfügbar. Die Identität von alter und neuer Adresse wird durch eine Postkartet Ludwig Hofmanns vom 4.12.02 belegt. Heute noch Nr. 34.

der tiefergelegten Eilenburger Eisenbahn, heute ein schattiger Weg für Spaziergänger und Jogger, damals eine Quelle von Lärm und Rauch.

In dieser Umgebung der engen Wohnungen, des langen Arbeitstages und des knappen Geldes, erhielt Lina einige Jahre lang in enger Folge die kolorierten Postkarten, die Ludwig ausgewählt hatte, um sie zu erfreuen, zu erheitern, Stimmungen zu vermitteln und ihr seine Liebe und Beständigkeit zu versichern. Sie hob sie alle in einem Album auf, die Bilder von possierlichen Dackeln und wandernden Gesellen, von Rosensträußen und Vergissmeinnicht, von schönen jungen Frauen, die erwartungsvoll in die Ferne blickten, von schmollenden und endlich harmonisch vereinten Paaren; auch die Karten, welche sie außerhalb der Wohnung über das Postamt Täubchenweg erreichten, wurden in die Falzen des Bandes eingesteckt.

Ihr Vater Friedrich Hermann Flemming war Tischlergeselle und stammte aus einer Familie, in der die Arbeit im Holzgewerbe üblich war. Dessen Vater, Karl Eduard, war Restaurateur in Lindenthal, einem nordwestlichen Vorort von Leipzig und einer seiner Taufpaten. Ein Verwandter arbeitete als Stellmacher, war Leipziger Bürger, wie das Taufregister von Lindenthal für den 23. November 1855, elf Tage nach seiner Geburt, besonders vermerkte.

Das Milieu, mit dem Ludwig Hofmann – nicht gleich, aber nach und nach – bekannt wurde, unterschied sich schon etwas von seinem Elternhaus, in dem auf Aufstieg durch Bildung gesetzt wurde, verschieden vor allem von dem Leben in Universität und Burschenschaft: zwei parallele Welten, nicht ohne Verbindungen miteinander. In den alten gewachsenen Städten, um 1900 noch weitgehend fußläufig, kreuzten sich die Wege auf vielfältige Weise: Der Student wohnte bei der unteren Mittelschicht zur Miete und mit den Mädchen dieser Schicht traf er sich auf öffentlichen Festen und beim Tanz. Die Ehefrau suchte man dann meist in etwas höheren Schichten. Die Arbeiterschaft war für ihn sichtbar auf den Straßen und abstrakt als Problem der »sozialen Frage«, aber das immerhin, wie die Diskussionen im Allgemeinen Deutschen Burschenbund über das Verhältnis zur SPD zeigten. Und gelegentlich versammelten sich Studenten und Arbeiter im selben Gasthaus.

Zu dieser Schicht der Facharbeiter und unteren Angestellten, der Flemmings und Lassmanns, gehörte auch die von dem Schriftsteller Franz Adam Beyerlein 1902 in seinem Roman »Das graue Leben. Ein Beitrag zur Psychologie des vierten Standes« dargestellte Leipziger Familie.[98] Der von ihm gewählte Begriff des Vierten Standes fasst gesellschaftliche Gruppen zusammen, die sich zwar nach Tätigkeiten unterschieden – Handarbeit oder Schreibtisch –, die aber nach begrenztem Einkommen und Lebensverhältnissen eng beieinanderlagen. Jedenfalls meint es die Schicht unterhalb des abgesicherten Bürgertums. Und sicher nicht zufällig wählte er dafür als städtisches Milieu den Stadtteil Reudnitz, als einen bevorzugteren Wohnort dieser Schicht. Aus seiner naturalistischen Darstellung – es war die Zeit der Sozialdramen Gerhard Hauptmanns, und auch Leipzig hatte seit den 1880er-Jahren eine eigene Tradition in dieser literarischen Sichtweise – kann man wohl auch etwas über die Lebensweise der Familien erfahren, denen Ludwig Hofmann sich durch seine Beziehung zu Lina näherte.

Dieses Buch war der erste Roman Beyerles, mit dem er seinen Ruf als Schriftsteller festigte. In den 1890ern hatte er schon mit Dramen zum Theaterleben Leipzigs beigetragen.[99] Mit dem nächsten Roman im Jahre 1903 »Jena oder Sedan«, ein »kritisches Bild des wilhelminischen Heeres« erzielte er einen Erfolg weit über Deutschland hinaus.[100]

Beyerlein war 1891 in Meißen geboren. Sein Vater war Kaufmann und Gutsbesitzer, der ihm eine humanistische Bildung an der Fürstenschule in Meißen und ein Studium mit einem breiten Fächerspektrum in Freiburg und Leipzig ermöglichte. Die Kombination von Rechts- und Staatswissenschaft mit Geschichte, Philosophie und Philologie machte aus ihm einen Juristen mit literarischen Neigungen. Er ließ sich Mitte der 1890er-Jahre als freier Schriftsteller in Leipzig nieder und gründete dort 1895 zusammen mit einigen Kollegen die Literarische Gesellschaft. Im ersten Jahrzehnt des 20. Jahrhunderts war Beyerlein die führende Figur der Leipziger Dichter und könnte wohl auch Ludwig Hofmann auf seiner Suche nach einem Beruf jenseits der Chemie als Inspiration gedient haben. Dieser bewegte sich jedenfalls damals auch in »literarischen Kreisen«.

In seinem Roman über die Lebensverhältnisse des »Vierten Standes« stellte Beyerlein das Schicksal der Familie eines »Subalternbeamten« der sächsischen Staatseisenbahn dar, eines »Bodenmeisters«. Der Zeitraum der Handlung liegt etwa zwischen 1870 und 1900, zwischen

98 Walter Kunze, Franz Adam Beyerlein, in: Neue Deutsche Biographie, Bd. 2, 1955, S. 207.

99 Julius Zeitler, Die Leipziger Literatur, in: Leipzig. Ein Blick in das Wesen und Werden einer deutschen Stadt, Leipzig 1913, S. 94 und 98.

100 Wikipedia, 11.9.2014, Franz Adam Beyerlein.

Deutsch-Französischem Krieg und Jahrhundertwende, Sozialistengesetz mit eingeschlossen. Er siedelt die Familie in der Schützenstraße an, gerade jenseits des nordöstlichen Randes der Altstadt und in bequemer Nähe zum Arbeitsplatz des Familienvaters, den Bahnhöfen. Der Titel leitete sich von der eingegrauten Weltsicht des am Ende seines Lebens erblindenden und vereinsamenden Bodenmeisters ab und ist zugleich die Metapher des Autors für die engen und für Schicksalsschläge anfälligen Lebensverhältnisse der Bewohner von Reudnitz. Es ist der Blick von außen – durchaus mit kritischer Empathie – eines erfolgreichen jungen Mannes aus einer höheren Schicht, der genau auf die Lebensumstände der für ihn neuen Stadt geschaut hat.

Zu Beginn der Erzählung sind die Verhältnisse der Familie noch ganz behaglich und krisenresistent. Drei erwachsene Söhne tragen mit ihrer Arbeit ebenso zum Familieneinkommen bei wie das Gehalt des Vaters sowie die Zahlungen einer Untermieterin in der geräumigen Wohnung. Doch man lebt sparsam, vermeidet Ausgaben für Verkehrsmittel. Die Geschichte setzt eindrucksvoll damit ein, dass einer der Söhne vom Standort seines Wehrdienstes in Borna südlich von Leipzig eine Nacht durch läuft, um am Sonntag früh seine Familie zu besuchen. Ein Sohn ist Zeichner, ein zweiter zuerst Schreiber in einem Büro, während der Dritte als Facharbeiter auf Stücklohn in einer Gießerei tätig ist. Dann heiraten die Söhne und ziehen aus.

Der Schreiber heiratet die Untermieterin und er kann sich beruflich verbessern, indem er als Expedient in einem Kommissionsverlag arbeitet. Das junge Paar nimmt in der Tauchaer Straße, heute Rosa-Luxemburgstraße, neben dem Verlagsviertel eine billige Mansardenwohnung in einem zweistöckigen Haus. Es kommen fünf Kinder zur Welt, der Mann wird bequem, und als der Verlag insolvent wird, kümmert er sich nicht intensiv um eine neue qualifizierte Stellung, erlebt einen beruflichen Abstieg, indem er Schaffner der Pferde-Eisenbahn wird. Da die Frau, um die finanziellen Einbußen auszugleichen, wieder in ihren früheren Beruf geht, übernimmt sie sich, stirbt und die Familie mit mehreren halbwüchsigen Kindern bricht vollkommen zusammen. Zwei Kinder wurden zu Verwandten gegeben. Der Autor führt als sozialpolitische Hintergründe die langen, zum Teil elf Stunden dauernden Arbeitszeiten mit ein und die in dieser Zeit eingeführte staatliche Arbeiterversicherung gegen die Risiken von Krankheit, Invalidität und Alter. Diese war aber noch nicht so weit entwickelt, dass die Krankheiten der Angehörigen eines Berufstätigen mitgetragen wurden. Immerhin ermöglichte sie dem Schaffner, dann Pförtner, dann Blechstanzer bei Krankheit eine Ruhepause bis zu einer Verbesserung seiner angeschlagenen Gesundheit. Da war er dann in seinen vorgerückten Jahren immer wieder von Arbeitslosigkeit bedroht und erhielt nur noch gering bezahlte und unregelmäßige Arbeit.

Den zweiten Sohn, einen Facharbeiter in einer Metallgießerei, stellt der Autor als jemanden dar, der zu kurzsichtigen materialistischen Spekulationen neigte, sowohl bei der Wahl des Berufs wie der Ehefrau. Da auch diese eine ähnliche Einstellung zeigte, habe sich daraus ein unglückliches Leben ergeben. Sie wohnten in der Weberstraße, einem engen, älteren Winkel von Reudnitz, in dem Schmutz und Prostitution herrschten. In den beengten Verhältnissen, die auf Jahre von Windeln und Wäsche der sieben überlebenden Kinder bestimmt wurden, entstanden Konflikte zwischen den Eheleuten. Ihm selbst, dem einzigen Verdiener, wurde in der kurzen Mittagspause nur eine unzulängliche Mahlzeit zubereitet. Diese konstruierte Situation war fast ein Exempel für den Ausspruch einer Hamburger Arbeiterfrau: »Ein Arbeiter, der keine tüchtige Hausfrau geheiratet hatte, war aufgeschmissen«.[101]

Das Mittagessen zu Hause war eine Lösung für die Versorgung an einem langen Arbeitstag. Sie setzte voraus, dass Werkstatt und Wohnung nicht zu weit auseinanderlagen. Eine andere Lösung der Versorgung beobachtete Beyerlein bei einer großen Maschinenfabrik in Plagwitz und führt diese in seiner Erzählung ein. Hier kamen mittags Frauen und Kinder der Arbeiter ans Tor und brachten in Gefäßen das Essen. Der Pförtner musste darauf achten, dass jene nicht das Areal der Fabrik betraten und sich etwa herumliegendes Material aneigneten.

In dem dritten Bruder, einem Adoptivsohn des Bodenmeisters, stellt Beyerlein einen künstlerisch begabten Menschen vor. Als Dekorationsmaler verdient er relativ gut und versucht auf verschiedenen Wegen aus der Enge der gesellschaftlichen Verhältnisse herauszukommen. Er schließt sich den radikalen Sozialisten an, erhält einige Tage Haft wegen aufrührerischer Reden und emigriert danach wegen fortdauernder Überwachung nach Amerika. Nach seiner Rückkehr einige Jahre später nimmt er »weit draußen in Volkmarsdorf« die Stelle eines Entwerfers in einer Tapetenfabrik an. Der Autor siedelt ihn in der Mittelstraße (heute Hans-Poeckestraße) an, in der Nähe seiner Brüder. Von dort wandert er die Eisenbahnstraße entlang hinaus zu seinem Arbeitsplatz. In seinem dritten Versuch eines Auswegs vom Handwerk zur Kunst scheitert er an mangelnder Ausbildung. Die Grautöne in Beyerles Ro-

[101] Karen Hagemann, Frauenalltag und Männerpolitik, Bonn 1990, S. 23.

man über die Leute im Leipziger Stadtteil Reudnitz sind unter anderem dadurch betont, dass das Fortleben der Familien in ihren Kindern nur insoweit angedeutet wird, als sie in den Berufen der gleichen sozialen Ebene bleiben.

Aber auch bei den öffentlichen und privaten Festen, wie der Sedan-Feier von 1890 vor dem Frankfurter Tor oder den Hochzeitsfeiern, werden zwiespältige Aspekte dargestellt: bei der vaterländischen Feier die Schwäche des kranken Kriegsveteranen beim Anmarsch zum Festplatz, beim privaten Fest die von den Gästen verursachten Peinlichkeiten. Aber es werden doch auch Anteilnahme und Hilfsbereitschaft von Nachbarn und Arbeitskollegen bei Krankheit und Todesfällen gezeigt. Das Leben fand in Gemeinschaft statt, gerade beim letzten Geleit durch die Straßen der Stadt zum Johannisfriedhof, wie das in jener Zeit vielfach üblich war. Auch die bei solchen Anlässen öffentlich und massenhaft gezeigte Solidarität der Sozialdemokraten stellt Beyerlein – wenn auch etwas ironisch – dar.

Will man aus dem Leben der fiktiven Familie Einsichten in das der realen Familien der Lassmanns und Flemmings entnehmen, dann folgen die individuellen Schicksale im Roman der Dramaturgie des Autors. Aber die gesellschaftlichen Verhältnisse sind im Großen und Ganzen ähnlich, mit einer wichtigen Differenz: Sucht man die Wohnorte der fiktiven und der realen Familien auf der Karte von Reudnitz, dann findet man die Standorte der Lassmanns und Flemmings in den neueren, weiter östlich gelegenen Quartieren, die der Familie des Bodenmeisters näher zur Altstadt. Dieser geographische Unterschied macht auch die zeitbedingte Differenz in den Lebensverhältnissen aus, den Unterschied von Pferdestraßenbahn und der »Elektrischen«, die 1895/96 kam. Zwischen den fiktiven und den realen Familien liegt ein Zeitunterschied von etwa 25 Jahren, auch wenn sich die Lebensalter überschneiden.

Aber Lebensräume, gesellschaftliche Rahmenbedingungen und Lebensformen verändern sich nur allmählich und schrittweise, sodass vieles aus dem Roman über Reudnitz auch noch um 1900 zutrifft. Vieles im familiären Bereich und damit auch der häuslichen Ökonomie ist deutlich anders als bei Beyerleins Schilderung: Sowohl bei den Lassmanns wie bei den Flemmings scheint es eine geringere Kinderzahl gegeben zu haben als es der Autor aus dem Milieu ableitete. Die Familie Flemming hatte zwei Töchter und diese hatten dann jeweils nur einen Sohn, wie das Familienbild von ca. 1917 andeutet.

Dies war dann aber nicht nur ein Unterschied zwischen Fiktion und

Realität, sondern stimmte mit dem allgemeinen Trend von zurückgehenden Zahlen der Geburten in Deutschland um 1900 überein. Während im Deutschen Reich im Jahrzehnt von 1871 bis 1880 die Zahl der Geborenen bei durchschnittlich 39,1 pro 1000 Einwohnern lag, waren es im Jahrzehnt von 1901 bis 1910 nur noch 32,9.[102] In der Stadt Leipzig war der Rückgang noch deutlicher. Es ging zwischen 1890 und 1907 die Zahl der Geborenen auf 1000 Einwohner von 39,11 auf 27,29 zurück.[103]

102 Wolfgang Köllmann, Bevölkerung in der industriellen Revolution, Göttingen 1974, S. 201.

103 Adressbuch Leipzig 1910, Leipzig 1910, S. XVII.

10. Als Journalist bei den Leipziger Neuesten Nachrichten

Linas Schwangerschaft und die Geburt seines Sohnes hatten Ludwig Hofmanns Lebensperspektive verändert und er begann ernsthaft darüber nachzudenken, auf welcher Tätigkeit er sein und Linas weiteres Leben aufbauen wollte. Die Chemie hatte er hinter sich gelassen. Er war inzwischen 24 Jahre alt. Die fortdauernde finanzielle Unterstützung seiner Eltern gab ihm die Möglichkeit, dass diese Suche nach einer eigenen wirtschaftlichen Grundlage noch eine ganze Weile andauerte. Zunächst versuchte er sich im Journalismus.

Nach einigen Überlegungen und Kontakten konnte Hofmann zunächst Anfang 1903 bei den Leipziger Neuesten Nachrichten als Mitarbeiter beginnen. Vermutlich hat sein Freund Gustav Stresemann, der inzwischen einen gewissen Einfluss in der sächsischen Politik hatte, die Tätigkeit bei einer Zeitung mit nationalliberalen Tendenzen vermittelt. Jedenfalls fällt sein Name in Hofmanns Notizen in diesem Zusammenhang.

Die Leipziger Neuesten Nachrichten bestanden seit 1896 unter diesem Namen, vorher als Leipziger Nachrichten. Es war eine qualitätvolle Zeitung, die sieben Mal die Woche erschien. Sie berichtete über deutsche und internationale Politik, hatte dabei natürlich einen besonderen Akzent auf den Ereignissen in Sachsen und in Leipzig. Karl Bücher, einer der späteren Hochschullehrer Hofmanns an der Universität Leipzig, charakterisierte – auf Grund eigener journalistischer Erfahrungen und wirtschaftswissenschaftlicher Analyse – das tägliche Produkt einer solchen Zeitung als eine »Neuigkeitenfabrik«, »ein Wunderwerk der kapitalistisch organisierten volkswirtschaftlichen Arbeitsteilung und der maschinellen Technik, ein Mittel des geistigen und wirtschaftlichen Verkehrs.«[104] Er hatte dabei sowohl die Arbeitsteilung innerhalb des Prozesses der Zeitungserstellung wie die Sammlung von Nachrichten, Einwerbung von Annoncen und Verteilung des Produktes im Sinn.

Zur Verbreitung trug bei, dass die Leipziger Neuesten Nachrichten das Amtsblatt der in Leipzig ansässigen Gerichte und Verwaltungen waren: des Reichsgerichts, des königlichen Land- und Amtsgerichts sowie

[104] Karl Bücher, Die Anfänge des Zeitungswesens, in: Derselbe, Die Entstehung der Volkswirtschaft, 4. Auflage, Tübingen 1904, S. 281f.

der Stadtverwaltung. Das sicherte der Zeitung schon einmal die Nachfrage bei allen an amtlichen Mitteilungen interessierten Kreisen. Über die Post konnte sie im Abonnement für 90 Pfennig im Monat bezogen werden (1909). Im Kulturteil wurde über Literatur, Theater und Ausstellungen berichtet. Darüber hinaus hatten die Leipziger Nachrichten einen informativen redaktionellen Wirtschaftsteil sowie Anzeigen für Waren aller Art, wie Quaker-Oats, Herren-Paletots, Knaben-Anzüge und Damen-Konfektion. Es wurden auch verschiedene Dienstleistungen angeboten, ferner Theateraufführungen, Konzerte, Tanz- und Gesangsveranstaltungen. Wer etwas erleben wollte, der schaute in die Leipziger Nachrichten und fand dort ein breites Angebot, von der »Ermordung Julius Cäsars« im Volkstheater über »O diese Leutnants« im Leipziger Schauspielhaus bis zum »Großen humoristischen Konzert« mit anschließendem »Großen Herbstball« in den Drei Mohren (Oktober 1909). Außerdem gab es viele Stellenanzeigen, die vor allem den Bedarf der bürgerlichen Familien nach Hausmädchen, Aufwartungen, Kindergärtnerinnen, Wirtschafterinnen und die Arbeitssuche des weiblichen Teils der Unter- und unteren Mittelschicht zusammenbringen sollten. Auch das Leipziger Bekleidungsgewerbe suchte hier tüchtige Schneiderinnen und Pelznäherinnen sowie die verschiedenen Büros »Schreibmaschinen-Damen« und »Perfekte Stenotypistinnen«.

Seit Januar 1903 wurde Ludwig Hofmann in der Korrespondenz mit seinen Bundesbrüdern von der Suevia als Redakteur oder Schriftsteller angesprochen. Worüber er aber schrieb, ist aus der Zeitung nicht ersichtlich. Selbst der damals für den politischen Teil der Zeitung verantwortliche leitende Redakteur Felix von Eckardt zeichnete seine Beiträge nicht mit Namen. Übrigens nicht zu verwechseln mit dem Pressesprecher Konrad Adenauer gleichen Namens. Dieser von Eckardt war der Sohn des Leipziger Journalisten. Lediglich im Kulturteil taucht ab und an der Name eines Autors auf. Auswärtige Korrespondenten wurden nur mit ihrer Funktion erwähnt. Aufgrund einiger Notizen Hofmanns kann man allerdings vermuten, dass er unter anderem Berichte über Gerichtsprozesse geliefert hat; vor allem die beiden gegen Eugen Diederichs gerichteten sogenannten Tolstoi-Prozesse beschäftigten in den Jahren 1901/02 und 1903 die Welt der Autoren und Verlage nicht nur in Leipzig.

Als Diederichs sich um 1900 der Veröffentlichung Leo Nikolaijewitsch Tolstois Werken zuwandte, war dieser mit seinen großen Romanen aus den 1860er- und 1870er-Jahren bereits in der deutschen und europäischen Öffentlichkeit etabliert. Es war der immer noch streitende und produzierende Kritiker von Staat, Gesellschaft und Kirche, der sowohl Diederichs wie das Publikum faszinierte. Es war Tolstoi, der das Los der armen russischen Bauern beklagte, der die Gewalt in Krieg und zivilem Leben an Mensch und Tier anklagte, der auf der Grundlage der Aufklärung die in Formeln erstarrte Lehre der griechisch-orthodoxen Kirche kritisierte, die damit das Zentrum der Lehre Jesu, die Nächstenliebe, verdeckt habe. In einer seit den 1880er-Jahren zunehmenden moralischen Rigorosität verkündete er das Ideal des einfachen, friedfertigen an einer idealisierten Natur orientierten Lebens, darin seinem Vorbild Rousseau gleich. Diese Botschaft traf in Deutschland auf einen kulturellen Aufbruch, der sich in einem breiten Fächer von Initiativen und Experimenten äußerte, zum Teil eben durch Tolstois Kritiken und Forderungen angeregt und bestärkt: Lebensreform und Jugendbewegung, Abstinenzbewegung und Naturschutz, Expressionismus in Kunst und Literatur, kritische Fragen an die Theologie im liberalen Protestantismus und an die Selbstdarstellung von politischer Macht in satirischen Zeitungen und Kabaretts.[105] In der Gleichzeitigkeit von Neuem Bauen und architektonischem Heimatschutz traten forcierte Rationalität und romantische Rückbindung in diesem Aufbruch in Erscheinung. Darin kamen gesellschaftliche Spannungen zwischen alten Lebensformen und den neuen Strukturen einer wissenschaftlich vorangetriebenen Industrialisierung sowie einer die Großstadt fördernden Urbanisierung zum Ausdruck.

Eugen Diederichs, der zu manchen dieser Reformkreise Verbindungen hatte, wollte diesen Aufbruch unter anderem durch die Veröffentlichung der kritischen Schriften Tolstois fördern, »die Ideen einer einheitlichen, von Verlogenheit befreiten Kultur« verbreiten (1901).[106] Authentizität und Wahrheit des Ausdrucks, gesellschaftliche Reform durch kulturelle Erneuerung war das Ziel.

Mit der Veröffentlichung von Tolstois Abweichungen von der theologischen Orthodoxie geriet Diederichs in den ersten Konflikt mit dem konservativen Spektrum von öffentlicher Meinung und staatlicher Justiz. Das oberste Gremium der russisch-orthodoxen Kirche, der Heilige Synod, hatte Tolstoi im Februar 1901 wegen der in seinem Roman »Auferstehung« enthaltenen religiösen Ansichten aus der Gemeinschaft der

[105] Christian Graf Krockow, Die Deutschen in ihrem Jahrhundert, Reinbeck 1990, S. 50ff.

[106] Irmgard Heidler, Der Verleger Eugen Diederichs und seine Welt, (1896–1930), Wiesbaden 1998, S. 534.

Kirche ausgeschlossen, exkommuniziert. Diederichs gab im Juni dieses Jahres zusammen mit dessen Schrift »Sinn des Lebens« seine öffentliche »Antwort an den Synod« heraus. Daraufhin zeigte ein katholischer Jurist, Pelizäus, Diederichs wegen Gotteslästerung und Beschimpfung der christlichen Kirchen an.[107]

Die Staatsanwaltschaft in Leipzig reagierte, indem sie die Beschlagnahmung der Auflage von 5000 Exemplaren anordnete, aber nur 573 noch beim Verlag fand. Der größte Teil war bereits verkauft.[108] Der folgende Prozess vor dem Landgericht Leipzig endete am 9. Juli 1902 mit einem Freispruch für Diederichs und seinen Kollegen und Übersetzer Raphael Löwenfeld. Dazu hatte beigetragen, dass die beanstandeten Texte bereits vorher in Berlin in der Vossischen Zeitung und in der Zeitung Christliche Welt ohne Einschreiten der Justiz veröffentlicht worden waren. Am 12. August 1903 fand ein weiterer Tolstoi-Prozess in Leipzig gegen Diederichs statt, wegen Majestätsbeleidigung des deutschen Kaisers in der auf Russisch gedruckten Schrift »Du sollst nicht töten«. Diederichs wurde auch hier freigesprochen, da er nicht russisch konnte. Aber die Broschüre wurde beschlagnahmt.

Hofmann verfolgte als Journalist die Prozesse, und als politischer Mensch wird er befriedigt registriert habe, dass der Angriff auf die Meinungsfreiheit abgewendet wurde, zumal ihm Tolstois Religionskritik nicht so fern lag.

Bei dieser »Suchbewegung« ließ sich Hofmann auf das literarische Leben Leipzigs ein. Manche der dabei zustandegekommenen Begegnungen hingen sicher mit seiner journalistischen Tätigkeit spätestens ab 1903 zusammen. Aber sein Interesse an Buchproduktion und Theater ging offenbar darüber hinaus, führte ihm in einer offenen Lebenssituation neue Möglichkeiten einer beruflichen Tätigkeit vor Augen. Er wurde mit einem Schwager des Verlegers Eugen Diederichs bekannt und nahm an Tagungen des Vereins der Buchhändler im Buchhändlerhaus teil.[109]

Eugen Diederichs war Mitte 1897 von Florenz, wo er einen Verlag gegründet hatte, nach Leipzig gekommen. Er hatte in diesem Jahr zunächst noch in Zürich, Karlsruhe und Frankfurt am Main Bilder für seinen überraschenden Bestseller »Hans Blum. Die deutsche Revolu-

[107] Heidler, Der Verleger, S. 539.
[108] Heidler, Der Verleger, S. 539.
[109] Nach Notizen I Ludwig Hofmanns.

tion 1848/49« (1897/1906) zusammengestellt.[110] Auch in Hofmanns Bibliothek fand sich ein Band. Wie die meisten jungen alleinstehenden Leute aus der Welt der Zeitungen, Bücher und Wissenschaft mietete Diederichs für monatlich 20 Mark erst einmal ein Zimmer in der Georgenstraße, heute Hofmeisterstraße, am Bahnhof, in der Näher der großen Verlage. Schon im Herbst, als sich der Erfolg von Blums Buch abzeichnete, konnte er eine eigene Wohnung mit zwei Zimmern in der Roßstraße 20 beziehen. Seine Verlagsräume lagen unweit davon in der Seeburgstraße 45. Hier entfaltete er eine überaus erfolgreiche Publikationstätigkeit in einem breiten Verlagsspektrum, das die »geistigen, philosophischen, religiösen, sozialen, künstlerischen und dichterischen Strömungen der Zeit« widerspiegelte.[111] In Leipzig heiratete Diederichs 1898 eine Autorin aus dem Verlag seines Kollegen G. H. Meyer, Helene Voigt aus Schleswig-Holstein. Sie wohnten zunächst in der Geibelstraße im nördlichen, noch sehr ländlichen Stadtteil Eutritzsch. Als ihre Kinder geboren wurden, nahmen sie eine größere Wohnung in der neu angelegten Christianstraße, nahe beim Rosental.[112]In Ludwig Hofmanns Bibliothek befanden sich Bücher, die zu den erfolgreichsten Veröffentlichungen von Diederichs Verlag aus jenen Jahren gehörten, wie eben die Hans Blums und die populären Schriften des Naturforschers Wilhelm Bölsche. Ziemlich sicher standen auch Veröffentlichungen aus den von Diederichs 1910 begonnen beiden Reihen zur Politik in seinen ursprünglichen Bücherregalen, denn um diese Zeit war Hofmann selbst als Parteipolitiker aktiv. Es war einmal die Politische Bibliothek, für die Diederichs den führenden Vertreter des Revisionismus in der SPD, Eduard Bernstein, gewinnen konnte und eine Reihe broschierter Staatsbürgerlicher Flugschriften. Als erstes Heft kam hier Eduard Bernsteins Text zur Sozialdemokratie heraus: »Von der Sekte zur Partei«. Damit hatte Diederichs sich weit nach links vorgewagt, obwohl die meisten seiner Autoren »bürgerliche« Soziologen und Kulturphilosophen waren. Da kamen Publikationen wie »Kulturaufgaben des Kapitalismus«, auch »Probleme des Arbeitsrechts«, die »Kultur der Demokratie« heraus. Aber er wollte auf der Grundlage seiner eigenen, allerdings nicht besonders herausgekehrten »linksliberalen Stellung« das Wissen über aktuelle gesellschaftliche Probleme verbreiten und das

110 Heidler, Der Verleger, S. 884.

111 Friedrich von der Leyen, Eugen Diederichs, in: Neue Deutsche Biographie, Bd. 3, 1957, S. 637.

112 Heidler, Der Verleger, S. 49ff.

Gespräch zwischen unterschiedlichen politischen und sozialwissenschaftlichen Positionen vermitteln.[113] Es war ein Konzept, das gut in die Atmosphäre der Reichstagswahl von 1912 passte, wo es zwischen linksliberalen Politikern und revisionistischen Sozialdemokraten Kontakte gab. Auch eine Schrift von Gustav Stresemann über »Die Aufgaben des Nationalliberalismus« war vorgesehen, kam aber nicht zur Veröffentlichung. Diese Veröffentlichungen konnten für Hofmann, der ja zu dieser Zeit ein aktiver linksliberaler Politiker war und Wahlkampf zum Reichstag machte, Teil seiner Handbibliothek sein. Persönliche Kontakte konnte es wohl um diese Zeit weniger geben, denn Diederichs war mit seinem Verlag bereits 1904 nach Jena gegangen.

Im Ersten Weltkrieg regte Diederichs Diskussionen über die kulturelle und politische Situation Deutschlands an. Ab Pfingsten 1917 organisierte er auf Burg Lauenstein im Thüringer Wald drei Tagungen dazu, bei denen ein »breit gespanntes Meinungsspektrum« in Erscheinung trat.[114] An der ersten Tagung nahmen unter anderem auch Paul Lensch und Theodor Heuss teil.

Hofmann wurde um die Jahre 1904 auch Mitglied der Vereinigung des »Neuen Symposions« und übernahm Rollen bei deren Theateraufführungen.[115] Er wurde mit S. J. von Gerlach bekannt, dem späteren Intendanten des Königlichen Theaters in Posen, wie er notierte. Und er lernte den Schauspieler Adalbert Matkowsky kennen, der »in den Glanzrollen des klassischen Dramas« von Shakespeare als Coriolan, als Mark Anton und Othello »mit romantisch-leidenschaftlicher Gefühlskraft« ebenso auftrat wie als Schillers Wilhelm Tell, dem Marquis Posa und Karl Moor.[116] Matkowsky war »nach Erscheinung, Charakter und Ausstrahlungskraft prädestiniert zum Darsteller klassischer Liebhaber und Heldenrollen.«[117] In 32 Theaterjahren hatte er 274 Rollen übernommen, dabei 28 Figuren aus Shakespeares Dramen dargestellt, an der Spitze seines Repertoires.[118] »Er war ein ungewöhnlich populärer Schauspieler«.[119] Allerdings gehörte er nicht zum Ensemble des Leipziger Stadt-Theaters, das in diesen Jahren zum Jahrhundertbeginn

[113] Heidler, Der Verleger, S. 365.
[114] Ernst Piper, Nacht über Europa, Berlin 2013, S. 427.
[115] Hofmann, Notizen aus meinem Leben.
[116] Der Große Herder, Bd. 8, 1934, S. 44f.
[117] Gabi Vettermann, Adalbert Matkowsky, in: Neue Deutsche Biographie, Bd. 16, 1990, S. 382f.
[118] Julius Bab, Adalbert Matkowsky. Eine Heldensage, Berlin 1932, S. 313–323.
[119] Vettermann, Matkowsky, S. 382f.

unter der »unerträglichen Tyrannei des übermäßigen Operettenkultus« litt, wie ein kundiger Zeitgenosse schrieb.[120] Seit dem Erscheinen der »Lustigen Witwe« wollte man hier nur noch Operetten sehen und hören. Ludwig Hofmann wird also Matkowsky bei einem Gastspiel in Leipzig gesehen haben, zu dem dieser vom Schauspielhaus in Berlin gekommen war. Durch seine Verbindung zu Theaterkreisen konnte er den berühmten Schauspieler persönlich kennenlernen. In den kurzen Notizen zu seinem Leben erwähnt er nur diese Tatsache selbst, nicht in welcher Rolle er ihn sah und wie er auf ihn gewirkt hat. Er dürfte ihn jedenfalls in der letzten Phase seiner Schauspielkunst erlebt haben, die von einem schon damals sehr unterschiedlich bewerteten »Altersstil« bestimmt war. Wie in seinen früheren Rollen, wo er mit charakteristischen Gesten und Bewegungen spielte, so tat er es jetzt mit dem bloßen Klang der Worte.[121] Dabei war die Bezeichnung »Altersstil« erst aus der nachträglichen Sicht formuliert worden, denn Matkowsky war im Jahre 1905, als er bei einer Inszenierung von Schillers Wilhelm Tell zu diesem Stil überging, erst 48 Jahren alt. Er starb aber schon 1909.[122]

Jedenfalls veranlassten diese Begegnungen Hofmann, in dieser Phase des unsicheren Suchens weder zum Theater noch in das in Leipzig so dominierende Verlags- und Buchgeschäft zu gehen. Da das Archiv der Leipziger Neuesten Nachrichten 1943 bei einem Bombenangriff zerstört wurde, lässt sich auch wenig über Hofmanns Stellung in der Zeitung sagen. Sie war jedenfalls für ihn nicht so ertragreich, dass es ihm möglich erschien, darauf eine Familie zu gründen. Möglicherweise war er nur freier Mitarbeiter. Schon im Sommer 1904 nahm er ein zweites Studium an der Universität Leipzig auf, Volkswirtschaftslehre, während er wohl noch eine Zeit lang für die LNN arbeitete.

[120] Gustav Morgenstern, Leipziger Theater, in: Leipzig Ein Blick, 1913, S. 117.
[121] Vettermann, Matkowsky, S. 382f.
[122] Julius Bab, Matkowsky, S. 283ff.

11. Paul Lensch bei der Leipziger Volkszeitung

In diesen Jahren ab 1902 dürfte er auch wieder mit Paul Lensch, seinem früheren Mitstudenten aus Straßburger Tagen, zusammengetroffen sein, ein mögliches Vorbild für den Aufstieg im Journalismus. Da er zunächst nicht im Adressenverzeichnis auftaucht, dürfte dieser auch nur zur Untermiete gewohnt haben. Nach seinen Jahren bei der sozialdemokratischen Presse im Elsass arbeitete Dr. Lensch seit 1902 bei der Leipziger Volkszeitung, deren Chefredakteur er von 1908 bis 1913 war. Politisch lagen die Studienfreunde und ehemaligen Bundesbrüder allerdings weiter denn je auseinander. Hofmann bewegte sich im Spektrum des Liberalismus, wo er ab Herbst 1908 auch Parteifunktionen übernahm. Lensch hatte sich noch stärker dem revolutionären Marxismus zugewandt, hatte diese Haltung auch durch volkswirtschaftliche Studienreisen (unter anderem nach England, dem Hauptland des Kapitalismus) vertieft.[123] Zehn Jahre später, 1918 / 19, hatten sich jedoch die politischen Positionen von Lensch und Hofmann deutlich angenähert. Dieser war mehr nach links gerückt, jener mehr nach rechts. Das war eine Folge der dramatischen Ereignisse von Weltkrieg und Revolution.

Abb. 16 Paul Lensch (1873–1926) ca. 1910.

Lensch heiratete 1910 in Leipzig und bezog mit seiner Frau eine Wohnung in der Kochstraße 58, in der Südstadt, in einem Miethaus für das mittlere Bürgertum, wo Lehrer von Oberschulen mit dem Titel Professor wohnten sowie ein Architekt und ein Oberpostinspektor, auch ein Adliger war dabei: Im zweiten Stock wohnte ein Freiherr von Stoltzenberg, auf derselben Etage wie der »rote« Dr. Lensch. Von Beruf war dieser Bevollmächtigter, hatte sogar ein Telefon.

[123] Gisela M. Krause, Paul Lensch, in: Neue Deutsche Biographie, Bd. 14, 1985, S. 215.

Lenschs Vorgänger in der Chefredaktion der Leipziger Volkszeitung, unter dessen Leitung er von 1902 bis 1907 arbeitete, war Franz Mehring, als »Geschichtsschreiber des deutschen Sozialismus« ein konsequenter Vertreter des historischen Materialismus. Dieser hatte das Blatt zum »Hauptorgan des revolutionären streng marxistischen Flügels der SPD« gemacht.[124] Mehring war eine vielschichtige Persönlichkeit und in der SPD immer wieder umstritten. Auf dem Parteitag der SPD im September 1903 sah er sich Angriffen auf seine journalistische Vergangenheit ausgesetzt. Er legte daraufhin mit großer Geste zeitweise die Chefredaktion der LV nieder und stellte dem SPD-Vorstand die Entscheidung anheim. Als Leipziger Journalist beobachtete Hofmann mit großem Interesse diese Querelen und kaufte sich für 25 Pfennige die Broschüre, in der Mehring sich im hohen Ton der innerparteilichen Polemik mit seinen Kritikern auseinandersetzte, mit – wie Mehring schrieb – »einem jener Überfälle, die bisher das unbeneidete Vorrecht literarischer Bourgoiscliquen waren«.[125] Für Unbeteiligte waren diese Einblicke in die sozialdemokratische Presselandschaft dieser Periode über Auseinandersetzungen zwischen Vorwärts und Neuer Zeit sowie der Münchener Post und der Leipziger Volkszeitung ganz aufschlussreiche Lektüre.

Paul Lensch hielt damals öffentliche Vorträge über den Sozialismus Marx'scher Prägung und äußerte sich in den innerparteilichen Debatten dezidiert gegen die Theorie des Revisionisten Eduard Bernstein, der die Klassenherrschaft nicht unbedingt mehr durch eine Revolution, sondern durch den demokratischen Prozess auflösen wollte.[126] Besonders konzentrierte sich Lensch in seiner journalistischen Tätigkeit auf außenpolitische Probleme. Dabei sah er bereits in diesem ersten Jahrzehnt des 20. Jahrhunderts, dass die politische Entwicklung der europäischen Mächte sich auf einen größeren Konflikt hinbewegte, wobei er die Revolution als dessen Ergebnis mit einkalkulierte. Im Zusammenhang seiner Analysen und Positionen geriet Lensch mehrfach in Konflikt mit der Führung seiner Partei und wurde schließlich 1922 wegen »ehrloser Gesinnung« ausgeschlossen.[127]

Zwei Jahr nach Lenschs frühem Tod im Jahre 1926 hat ein habilitierter Dozent der Geschichte an der Universität Halle, Hans Herz-

[124] Gisela M. Krause, Lensch, S. 215.

[125] Franz Mehring, Meine Rechtfertigung, Leipzig 1903, S. 2.

[126] Vgl. dazu Peter Steinbach, Sozialdemokratie und Verfassungsordnung, Opladen 1983, S. 33ff.

[127] Gisela M. Krause, Lensch, S. 216.

feld, dessen Entwicklung vom »Marxisten zum nationalen Sozialisten« beschrieben.[128] Er würdigte ihn dabei als »einen Charakter von unbedingter Unabhängigkeit« und als einen »im besten Sinne theoretischen Kopf.«[129]

Herzfeld war 1892 in Halle geboren und kam aus einem »liberalen akademischen Bürgerhaus«.[130] Er hatte den Weltkrieg als Kriegsfreiwilliger von Beginn an mitgemacht, war 1917 in französische Kriegsgefangenschaft geraten und konnte erst 1920 in seine Heimatstadt Halle zurückkehren. Der von ihm tief empfundene gesellschaftliche Bruch mit der Vorkriegszeit, jener Epoche eines »behaglichen Sicherheitsgefühls«, in der sich besonders das Bürgertum aufgehoben fühlte und die Ereignisse des Krieges selbst prägten dann seine politischen Anschauungen und seine geschichtswissenschaftliche Arbeit in der Weimarer Republik.[131] Zu seinem Aufsatz über Lensch dürften ihn zwei Aspekte angeregt haben, die aus seinem Miterleben der Zeit stammten: die persönliche Entwicklung von Lensch, der von einer politischen Grundlage ausging, die Herzfeld vollkommen konträr und in ihren vermuteten negativen Konsequenzen für die deutsche Kriegsfähigkeit suspekt war, der aber doch die Bereitschaft zum »Umlernen vor neuen Lagen und Problemen« gehabt habe, die ihn von der internationalistischen Position auf eine nationale geführt habe. Sowohl die Dramatik des intellektuellen Vorgangs wie dessen Ergebnis, die Hinwendung zu einer von Herzfeld damals selbst eingenommenen nachdrücklich nationalen Orientierung dürften ihn fasziniert haben. Zum anderen waren es die politischen Ereignisse, die zum Weltkrieg hinführten und an denen sich Lenschs marxistische außenpolitische Analysen in der Leipziger Volkszeitung abarbeiteten, die Herzfeld interessierten. In seinem 1923 veröffentlichten Buch über »Die deutsche Rüstungspolitik vor dem Weltkrieg« hatte Herzfeld die Entwicklung zum Kriege behandelt. Indem er die Analysen Lenschs und der Leipziger Volkszeitung in dieser Periode nachzeichnete, überprüfte er dessen und zugleich seine eigenen

[128] Hans, Paul Lensch. Eine Entwicklung vom Marxisten zum nationalen Sozialisten, in: Archiv für Politik und Geschichte, Jahrgang 9 (1927), S. 263–307. Erneut veröffentlicht in: Hans Herzfeld, Ausgewählt Aufsätze. Dargebracht als Festgabe zum 70. Geburtstag von seinen Freunden und Schülern, Berlin 1962, S. 87–138.

[129] Herzfeld, Lensch, S. 88f.

[130] Gerhard A. Ritter, Hans Herzfeld. Persönlichkeit und Werk, in: Jahrbuch f. d. Geschichte Mittel- und Ostdeutschlands, 1984, S. 13–91. Ritter zitiert hier einen späteren Kollegen Herzfelds, Carl Hinrichs, von der Freien Universität Berlin, der selbst aus der mitteldeutschen Region kam.

[131] Ritter, Herzfeld, S. 17. Zitiert hier Herzfeld selbst.

Ausführungen. Sein Kapitel über die Kriegszeit behandelt vor allem Lenschs Entwicklung zu einem »nationalen« Sozialisten, wird dabei aber zugleich zur Vorstudie zu seinem nächsten, politisch-kritischen Buch über die »Deutsche Sozialdemokratie und die Auflösung der nationalen Einheitsfront im Weltkrieg«. Es ist eine Studie, von deren Maßstäben Herzfeld sich nach seinen Erfahrungen mit dem NS-Staat distanzierte.[132]

Herzfeld hob hervor, dass die Leipziger Volkszeitung, in der er die außenpolitische Handschrift des international erfahrenen Paul Lensch sah, ab Herbst 1905 viel deutlicher als die sozialdemokratische Parteiführung die heraufziehenden Kriegsgefahren registriert hatte.[133] Nachdem die 1904 verabredete Entente zwischen England und Frankreich in der ersten Marokkokrise sich gegen Deutschland bewährte, habe die Zeitung richtig erkannt, dass dann die 1907 zwischen England und Russland geschaffene Verabredung eine machtpolitischen Isolierung Deutschlands, eine »bedrohliche Einkreisung« (Herzfeld), herbeigeführt habe, nicht ohne Schuld der deutschen Regierung selbst. Diese hatte sich mit erheblichem Risiko in den Wettlauf der imperialistischen Mächte um die Aufteilung der Welt begeben. Die Situation sei eine »diplomatische Blamage« der deutschen Außenpolitik, die »die Kriegsgefahr« steigerte, wie die Volkszeitung 1908 schon im Titel eines Aufsatzes feststellte.[134] Auch habe Lensch zunehmend seine Skepsis zum Ausdruck gebracht, ob die Sozialistische Internationale die Aktionsfähigkeit besitze, einen großen Krieg zu verhindern, was sie dann auch nicht konnte.[135]

Allerdings sei Lensch durch das »Dogma der wirtschaftlichen Bedingtheit von Politik« daran gehindert worden, die Höhe der Gefahren richtig einzuschätzen, habe die »im Ausland untergebrachten Kapitalien« Frankreichs für eine Friedensgarantie gehalten. Ebenso haben die theoretischen Voraussetzungen Marx'scher Prägung, das heißt das Insistieren auf ökonomisch bestimmten Strukturen, dazu geführt, dass die Bedeutung »starker Persönlichkeiten« unterschätzt wurden. Wie Raymond Poincaré, der 1913 vom Amt des Ministerpräsidenten ins Amt des französischen Präsidenten gekommenen war. So habe die Leipziger Volkszeitung dessen Rolle im November 1912 verkannt, als

[132] Ritter, Herzfeld, S. 58.

[133] Herzfeld, Lensch, S. 93ff.

[134] Herzfeld, Lensch, S. 95. H. bezieht sich auf den Artikel »Diplomatische Blamage und Kriegsgefahr« vom 18.6.1908.

[135] Herzfeld, Lensch, S. 98.

»er der russischen Politik Blankovollmacht für die Entfesselung eines europäischen Krieges auf dem Umweg über den Balkankrieg erteilte«.[136] Herzfeld relativierte in abwägenden Ausführungen nach dem Zweiten Weltkrieg sein früheres Urteil über die Rolle Poincarés etwas.[137]

[136] Herzfeld, Lensch, S. 97.

[137] Vgl. Hans Herzfeld, Die moderne Welt 1789–1945, Bd. II, 4. Auflage 1970, S. 91. In dem neuen Buch von Christopher Clark, Die Schlafwandler, München 2013, S. 192ff. wird jedoch die frühere Interpretation Herzfelds eher bestätigt.

12. Das Studium der Volkswirtschaftslehre 1904–1908

Ludwig Hofmann nahm im Sommersemester 1904 das Studium der Volkswirtschaftslehre in Leipzig auf: Kameralistik, wie das Fach mit einem altertümlichen Begriff im universitären Sprachgebrauch hieß. Er musste einen neuen Anfang suchen und sein Vater unterstützte ihn dabei. In der Wahl des Studienfachs folgt er sowohl dem Vorbild seines Freundes Stresemann wie Paul Lensch.

Das Fach Kameralistik war im 18. Jahrhundert in Deutschland zur wissenschaftlichen Unterstützung der fürstlichen Wirtschafts- und Fiskalpolitik eingeführt worden.[138] Es hatte sich aber unter dem Einfluss der Theoretiker des Marktes im 19. Jahrhunderts stark verändert, ohne den Bezug zum Staat aufzugeben. Das achtbändige Nachschlagewerk des Gebietes von jeweils etwa 1000 Seiten, das sich Hofmann nach seinem Studium zulegte, hieß das »Handwörterbuch der Staatswissenschaften.«[139] In ihm war das volkswirtschaftliche und staatswissenschaftliche Wissen der Zeit in Schlagwörtern von Arbeitsrecht und Akzise bis Zeitungen und Zunftwesen versammelt.

In seinem ersten Semester belegte Hofmann fünf Lehrveranstaltungen, davon allerdings nur eine im eigentlichen Fach: eine Vorlesung von Karl Bücher über Allgemeine Volkswirtschaftslehre.[140] Er besuchte daneben drei Vorlesungen von Historikern sowie die eines Ethnologen über das Studium der Völkerkunde. Vielleicht war er noch nicht so sicher, was er eigentlich studieren wollte. Organisatorisch war das sehr einfach, denn alle drei Fächer gehörten damals zur großen Philosophischen Fakultät. Aber in zwei historischen Lehrveranstaltungen zur »Zeitgeschichte«, bevor diese als Fach anerkannt wurde, konnte er sich über die Sozial- und Wirtschaftspolitik der Zeit informieren, orientierte sich also durchaus an dem Themenfeld seines Studiums. Der 1904 gerade neu berufene Ordinarius für Neuere Geschichte, Erich

138 Friedrun Quaas, Die Wirtschaftswissenschaftliche Fakultät, in: Geschichte der Universität Leipzig 1409–2009, Hg. Ulrich Hehl, Uwe Jahn, Manfred Riedersdorf, Bd. 4, Halbb. 1, S. 864.

139 Handwörterbuch der Staatswissenschaften, Hg. J. Conrad, L. Elster, W. Lexis, Edg. Loening, 3. Auflage, Jena 1909–1911.

140 Die Lehrveranstaltungen nach dem Collegienbuch für »Herrn Ludwig Hofmann, Saarbrücken, Universität Leipzig (1904–1908)« und dem Abgangszeugnis der Leipziger Universität vom Januar 1909.

Brandenburg, hielt eine Vorlesung über die »Geschichte der deutschen Sozialdemokratie«.[141] Bei dessen institutspolitischem Konkurrenten Karl Lamprecht nahm Hofmann an einer Veranstaltung zum Thema »Einführung in das wirtschaftliche und soziale Verständnis der Gegenwart« teil.

Während in der späteren, verkürzenden Wahrnehmung der historischen Forschung vor dem Ersten Weltkrieg vor allem die dominierende Politikgeschichte, der Bezug zum Staat und auf die »Großen Persönlichkeiten«, gesehen wurde, gab es daneben durchaus »Anfänge einer sozialgeschichtlichen Forschung«.[142] Und die Universität Leipzig war dabei einer der Schwerpunkte, sowohl in der Geschichtswissenschaft wie der Volkswirtschaftslehre. Die Hinwendung zu diesen Aspekten des geschichtlichen Lebens war auf Veränderungen im 19. Jahrhundert zurückzuführen, deren Zeitgenossen die Professoren waren: die tiefgreifenden Strukturveränderungen infolge der industriellen Revolution und »die revolutionäre und sozialistische Bewegung«.[143] Sie setzten sich analysierend mit diesen Vorgängen unmittelbar auseinander. Wohl das wichtigste Forum für diese Auseinandersetzungen war der 1873 gegründete Verein für Socialpolitik. An dessen Gründung war Lujo (Ludwig Josef) Brentano beteiligt, Professor für Nationalökonomie und Finanzen an der Universität Leipzig, der politisch dem sozialliberalen Spektrum zugerechnet wurde.[144] Und es schärfte auch den Blick für soziale und wirtschaftliche Veränderungen in Mittelalter und Antike. Wobei es Streit darüber gab, ob und wie weit die Erscheinungen jener entfernteren Zeiten mit den Begriffen des 19. Jahrhunderts zu erfassen waren oder ob nicht – wie Leopold von Ranke meinte – »jede Epoche zu Gott« sei und nur mit ihren eigenen Begriffen zu verstehen sei.

In der Geschichtswissenschaft konzentrierten sich die Auseinandersetzungen auf die Person Karl Lamprechts (1856–1915), der unter dem Begriff der »Kulturgeschichte« eine von den sozialen und wirtschaftlichen Verhältnissen ausgehende Geschichtsschreibung betrieb, was ihm den – politisch aufgeladenen – Vorwurf des Materialismus von Seiten

141 Geschichte der Universität Leipzig, 2009, Bd. 4, S. 167.

142 Gerhard Oestreich, Die Fachhistorie und die Anfänge der sozialgeschichtlichen Forschung, in: Gerhard Oestreich, Strukturprobleme der frühen Neuzeit, Hg. Brigitta Oestreich, Berlin 1980, 67–72.

143 Oestreich, Fachhistorie, S. 76.

144 Quaas, Wirtschaftswissenschaftliche Fakultät, S. 871.

Abb. 17 Professor Karl Lamprecht (1856–1915).

seiner Gegner eintrug. Lamprecht war seit 1891 Professor in Leipzig.[145] Mit ihm traf Hofmann jedenfalls auf einen akademischen Lehrer von großem Bekanntheitsgrad, gerade auch im Ausland. Dass dieser, bei gewissen Schwächen der Durchführung seines Konzeptes, anregende Perspektiven in die Geschichtswissenschaft eingebracht hatte, wurde von der nachfolgenden Generation der Historiker, wie Gerhard Oestreich und Herbert Helbig, deutlicher gesehen als von den meisten Zeitgenossen seine Zunft.[146] In seiner »Geschichte der Universität Leipzig« von 1961 hob Helbig vor allem Lamprechts vergleichende geschichtliche Methode hervor, die »er von der Landesgeschichte bis zur Universalgeschichte ausgedehnt habe«.[147] Helbig selbst war am Landesgeschichtlichen Institut in Leipzig ausgebildet worden und wer in den 1950er-Jahren in seinen Lehrveranstaltungen an der Freien Universität Berlin saß, konnte aus der reichen methodologischen Tradition dieser Leipziger Schule profitieren.[148] Auch gegen Ende seines Studiums hörte Ludwig Hofmann bei Lamprecht zwei Vorlesungen: »Deutsche Kulturgeschichte im Zeitalter des Absolutismus« (Wintersemester 1907/08) und »Weltpolitik der jüngsten Vergangenheit und Gegenwart – 1870–1908« (Sommersemester 1908).

145 Fakultät für Geschichte, Kunst- und Orientwissenschaften, in: Geschichte der Universität Leipzig 1409–2009, Bd. 4, S. 164ff.

146 Oestreich, Fachhistorie, S. 77–91.

147 Helbig, Universität Leipzig, S. 86.

148 Vgl. Knut Schulz, Herbert Helbig. Werk und Werdegang, in: Enno Bünz: 100 Jahre Landesgeschichte (1906–2006) Schriften z. Sächsischen Geschichte und Volkskunde, Bd. 38, Leipzig 2012, S. 285–316.

Der durchgreifende gesellschaftliche Wandel forderte besonders die Volkswirtschaftslehre heraus, die neben den wirtschaftlichen Veränderungen auch die sozialen im Blick behielt. In Straßburg war Georg Knapp führend, bei dem Lensch promoviert hatte, in Berlin Gustav Schmoller und in Leipzig Karl Bücher, bei dem Stresemann die Doktorarbeit geschrieben hatte. Bücher wurde 1892 nach Professuren in mehreren anderen Universitäten im Alter von 45 Jahren auf den Lehrstuhl für Volkswirtschaftslehre und Statistik in Leipzig berufen. Auch er galt als »Liberaler«, was sich wohl unter anderem auf seine zeitweilige Tätigkeit als Wirtschaftsjournalist bei der »Frankfurter Zeitung« bezog.[149]

In seinem wichtigsten Werk, die »Entstehung der Volkswirtschaft«, fasste Bücher in den bildhaften Begriffen von »geschlossener Hauswirtschaft«, »Stadtwirtschaft« und eben »Volkswirtschaft« diesen Vorgang zusammen. Sie sollten die aufeinanderfolgenden Stufen der gleichsam »gesetzmäßig« ablaufenden wirtschaftlichen Entwicklung in Mittel- und Westeuropa bezeichnen. Für Bücher waren es theoretische Konstrukte, die nicht die ganze Wirklichkeit abbildeten, sondern die in den einzelnen Epochen jeweils dominierenden Wirtschaftsformen in den Blick hoben. Aber für diese älteren Formen des Wirtschaftens sollten die Begriffe sich bewusst von der Sprache der Nationalökonomie seiner Zeit abheben, um mit dem Hinweis auf den jeweils verschiedenen räumlichen Horizont des Wirtschaftens »das von unserem grundverschiedene ökonomische Denken der Vorfahren« zu erfassen.[150] Er lehnte es übrigens ab, den damals schon zirkulierenden Begriff der Weltwirtschaft als vierte Stufe der Entwicklung einzuführen. Ihm schienen dafür noch keine hinreichenden Voraussetzungen in der Intensität des Austauschs gegeben zu sein;[151] und eigentlich erst der Begriff der »Globalisierung« in unserer Epoche weist auf den dramatisch erhöhten Grad der weltweiten Vernetzung hin.

Büchers Begriffe seines Stufen- und Entwicklungskonzepts gingen schon zu seiner Zeit, wie er teils verwundert, teils über den Erfolg erfreut bemerkte, in den Sprachgebrauch der Volkswirtschaftslehre

[149] Karl Bücher, in Wikipedia vom 17.3.2015; Quaas, Wirtchaftswissenschaftliche Fakultät, S. 872–874, Handwörterbuch der Staatswissenschaften, Bd. 3, 1909, S. 24f.

[150] Karl Bücher, Die Entstehung der Volkswirtschaft, in: Die Entstehung der Volkswirtschaft, 4. Auflage, Tübingen 1904, S 174.

[151] Bücher, Entstehung, 1904, S. 165.

ein, allerdings ohne Bezug zum Autor. Sie wurden wie »altgewohnter wissenschaftlicher Hausrat benutzt«.[152] Otto Brunner hat später diese Anregungen Büchers und anderer bei der Formulierung seines dann vielzitierten Aufsatzes über »Das ganze Haus und die alteuropäische Ökonomik« von 1950/56 aufgegriffen.[153]

Hofmann legte sich während seines Studiums den damals gerade in vierter Auflage erschienenen Band der »Entstehung der Volkswirtschaft« zu, in dem unter anderem auch ein Aufsatz über das Zeitungswesen – Hofmanns jüngster Erfahrungsbereich – enthalten war wie auch die Erläuterung zu den »inneren Wanderungen und das Städtewesen«, das heißt die Vorgänge von Binnenwanderung und Urbanisierung, die damals in Deutschland gerade ihren Höhepunkt erreichten. Büchers Ausführungen beeindruckten ihn so, dass er später auch die dann seit 1922 in zwei Bänden vorliegende 16. Auflage von dessen Hauptwerk erwarb.[154] Im Wintersemester 1904/05 hörte er dann noch einmal eine Vorlesung von ihm über »Spezielle Volkswirtschaftslehre und Wirtschaftspolitik« und nahm an einem Seminar über Finanzwissenschaft teil. Im folgenden Semester ergänzte er diesen Bereich durch eine Veranstaltung bei einem anderen Dozenten (Eulenburg) über Geld-, Kredit-, Bank- und Börsenwesen. Der eigentlicher Lehrer Hofmanns in der Volkswirtschaftslehre wurde aber in den späteren Semestern Wilhelm Stieda.

Vom Wintersemester 1905/1906 bis zum Wintersemester 1907/1908 besuchte er regelmäßig und vorzugsweise die Lehrveranstaltungen von Professor Stieda. Er belegte dessen Vorlesungen über Allgemeine Volkswirtschaftslehre und über Spezielle Volkswirtschaftslehre, womit die verschiedenen wirtschaftlichen Politikfelder des Staates gemeint waren; ferner über Theorie, Praxis und Geschichte der Statistik, über Handelsgeschichte von der Antike bis zur Gegenwart sowie über Finanzwissenschaft in Bezug auf die Einnahmen und Ausgaben des Staates. Auch nahm er regelmäßig am Volkswirtschaftlichen Seminar teil. Dabei gehörte er bald zum inneren Kreis der Studenten Stiedas und war ein Jahr lang (1906/07) auch als studentische Hilfskraft (Fa-

152 Bücher, Entstehung, 1904, S. VI.

153 Otto Brunner, Das ganze Haus und die alteuropäische »Ökonomik« in: Neue Wege der Sozialgeschichte, Göttingen 1956, S. 33–61.

154 Hofmann hatte sich zunächst den Band, Karl Büchers von 1904 gekauft und dann später die erweitere, zweibändige Auflage: Karl Bücher, Entstehung der Volkswirtschaft, 16. Aufl., Tübingen 1922.

mulus) für ihn tätig, wofür ihm die Kolleggebühren erlassen wurden. Einer seiner Mitstudenten, Bruno Moll, der wie er die Vorlesungen von Stieda, Lamprecht, Brandenburg, Wundt und Biermann gehört hatte, promovierte 1907 bei Stieda über die »Landarbeiterfrage im Königreich Sachsen« und schenkte Hofmann ein Exemplar seine Dissertation, eine Ermunterung, es ihm gleichzutun. In den Jahren 1904 und 1905 hatte er noch lockeren Kontakt zu seiner Burschenschaft, wie der Austausch von Postkarten mit Suevia-Studenten wie P. Hohlfeld, P. Brather, Rösel und H. David zeigen. Aus dem aktiven Kreis war er jedoch ausgeschieden und kümmerte sich vor allem um sein Studium.

Abb. 18 Professor Wilhelm Stieda (1852–1933).

Wilhelm Stieda (1852–1932) wurde in Riga geboren, hatte in Dorpat, Tübingen, Berlin und Straßburg studiert. Bevor er 1892 in Leipzig auf den Lehrstuhl für Nationalökonomie berufen wurde, hatte er Professuren in Straßburg, Dorpat und Rostock inne.[155] Die Verbindungen zum Ostseeraum schlugen sich unter anderem in historischen Forschungen über das Revaler Zollbuch, hanseatisch-venezianische Handelskontakte und Peter den Großen als Merkantilisten nieder. Die Zeit in Straßburg nutzte er für empirische Studien zu zeitgenössischen Probleme, wie Bevölkerungsstatistik in Elsass-Lothringen und sozialpolitische Probleme in Frankreich, zum Beispiel über die Lage der Arbeiterklasse und gegenseitige Hilfsgesellschaften. Für das Handwörterbuch der Staatswissenschaften schrieb er zahlreiche Artikel, teils sozialpolitischen Charakters wie Arbeitsordnungen und Arbeiterausschüsse, teils wirtschaftswissenschaftlicher Thematik wie

[155] Wilhelm Stieda, in: Handwörterbuch der Staatswissenschaften, Bd. 7, 1911, S. 1002f., Quaas, Wirtschaftswiss. Fakultät, S. 875.

Fabrik, Handwerk, Wandergewerbe. In vielen seiner Forschungen erscheint Stieda als ein Exponent der Historischen Schule der Nationalökonomie. Doch als Hochschullehrer trat er als Systematiker auf, der die Ergebnisse seiner Forschungen in die theoretisch begründete Konzeption seiner Vorlesungen integrierte. Ähnlich verfuhr übrigens auch Karl Bücher, der den Studenten nachdrücklich empfahl, neben der historischen Perspektive seiner »Entstehung der Volkswirtschaft« einen »guten systematischen Grundrisses der Volkswirtschaftslehre« zu nutzen.[156] Hofmann schaffte sich dafür das zweibändige »Grundrisse der politischen Oekonomie« von Philippovich an.[157] Und sein Vater schenkte zu Ostern 1906 »seinem lieben Ludwig« den ebenfalls zweibändigen »Grundriss zum Studium der politischen Oekonomie« von Conrad.[158] Neben Bücher und Stieda hörte er auch bei dem Privatdozenten Dr. W. Ed. Biermann eine Vorlesung zur »Geschichte der Nationalökonomie«. In ihr gab der Dozent einen weit gefassten Überblick von den wirtschaftlichen Perspektiven des Altertums bis zum Merkantilismus des 18. Jahrhunderts und setzte dann mit den Physiokraten sowie Adam Smith als Beginn der »Nationalökonomie als Wissenschaft« an. Als Biermann – wohl 1905 – in der Volkshochschule einen Kurs über »Anarchismus und Communismus« anbot, besuchte Hofmann auch diese Veranstaltung. Ihn interessierte auch die politische Seite der Volkswirtschaftslehre.

Im Sommersemester 1907 vereinbarte Hofmann mit Stieda das Thema einer Dissertation. Es sollte um die Glasindustrie im Saartal vom 16. bis zum 18. Jahrhundert gehen. Dazu fuhr er im September dieses Jahres wieder einmal in das heimatliche Rheinland. Im Königlich Preußischen Staatsarchiv Koblenz wollte er alte Dorfakten durchsehen. Er hatte das erfolgreiche Ende seines Studiums im Blick – Dissertationen waren damals weniger zeitaufwendig als heute – und die »wunderbaren Herbsttage am Rhein« brachten ihn in eine Hochstimmung. Aber im Laufe des Jahres 1908, als er an der Promotionsschrift arbeitete, änderten sich wieder seine Lebensperspektiven.

156 Bücher, Entstehung, 1904, Vorwort zur ersten bis dritten Auflage, S. VII.

157 Eugen von Philippovich, Grundriss der Politischen Oekonomie, 3. Auflage, Tübingen 1904/05.

158 Johann Conrad, Grundriss zum Studium der politischen Oekonomie, Jena 1904/05.

13. Linksliberale Politik in Sachsen 1908–1913

13.1 Die lange Wahlkampagne zur Landtagswahl 1909

Anfang Oktober 1908 trat in Chemnitz der Landesvorstand der Freisinnigen Volkspartei in Sachsen unter Vorsitz von Oskar Günther zusammen. Dieser war Abgeordneten im Reichstag seit 1907 und im Landtag seit 1903.[159] In seiner Heimatstadt Plauen, wo er als ein wohlsituierter Unternehmer tätig war, gehörte er seit 1896 auch zur Stadtverordnetenversammlung.

Nach den vorbereitenden Arbeiten einer Kommission beschloss der Vorstand den anwesenden »Herren cand. cam. Ludwig Hofmann – Leipzig vom 15. Oktober ab zum Parteisekretär« zu bestellen.[160]

Der Freisinn in Sachsen suchte sich seit Mitte 1908 neu zu organisieren. Für die Wahlen zum Landtag war ein neues Wahlrecht in Vorbereitung, durch das die Basis der Wählerschaft verbreitert werden sollte; weitere soziale Gruppen sollten das Wahlrecht erhalten. Linksliberale und SPD hatten seit Jahren darauf gedrängt. Die nächste Wahl sollte im Oktober 1909 stattfinden. Dies eröffnete für den Freisinn neue Chancen der politischen Mit-

Abb. 19 Oskar Günther (1861–1945).

[159] Elvira Döscher, Wolfgang Schröder, Sächsische Parlamentarier 1869–1918, Düsseldorf 2001, S. 250, 283f.

[160] ZAS Hofmann Vogtländische Zeitung 4.10.1908. In den Notizen zu seinen Erinnerungen I hatte Hofmann die Bestellung auf den 1. September datiert.

sprache, aber auch mehr Arbeit in innerer Organisation und öffentlicher Vertretung. Deshalb wollte sich die bisherige Honoratioren-Partei von nebenberuflichen Politikern ein aktives Büro zulegen.

Am 6. Oktober 1908 hatte Hofmann in Leipzig einen ersten größeren Auftritt bei einer gemeinsamen Sitzung der beiden linksliberalen Parteien in Sachsen, eben der Freisinnigen Volkspartei und der Liberalen Vereinigung (Freisinnige Vereinigung). Und am 27. Oktober trat er in einer Wahlversammlung der Nationalliberalen einem seiner akademischen Lehrer, dem Historiker Erich Brandenburg, entgegen.

Wie war es zu dieser Beauftragung gekommen? Während seines Studiums der Volkswirtschaftslehre hatte Hofmann bei den Hirsch-Dunkerschen Gewerkschaften, das heißt dem Verein Deutscher Kaufleute, Vorträge zu Wirtschaftsfragen gehalten.[161] Diese Gewerkschaften gehörten zur liberalen Bewegung und so fiel er auch den Politikern der Freisinnigen Volkspartei in Leipzig auf. Oberlehrer Bernhard Haupt von der Realschule in Reudnitz und andere Mitglieder der Partei hatten Hofmann dem Vorsitzenden Günther empfohlen, und so wurde er vorerst bis zu den Wahlen im Herbst 1909 zum Parteisekretär bestellt. Er erhielt ein gutes Gehalt, von dem er sich die eigene Wohnung in der Bayerischen Straße 102 leisten konnte. Das neugegründete Parteisekretariat, sein Arbeitsplatz, wenn er nicht im Lande unterwegs war, befand sich nicht weit entfernt am Anfang dieser Straße nahe dem Bayerischen Bahnhof, in der ersten Etage des Hauses Nr. 4.[162] Es war mit Telefon ausgestattet, auch mit einem Nebenanschluss in seiner Wohnung. Bald wurde ihm für seine weitgespannten Aktivitäten ein Automobil mit Chauffeur zur Verfügung gestellt.

Für Ludwig Hofmann war das endlich der Einstieg in einen Beruf, für den er den formellen Abschluss seines Studiums mit der Doktorarbeit zurückstellte. Er war schließlich schon 31 Jahre alt und konnte eine solche Chance nicht vorübergehen lassen. Auch hatte er in seinem zweiten, intensiven Studium genug Fachwissen erworben, um in einem solchen Beruf zu bestehen. Vor allem brachte er das Engagement für die liberalen Grundsätze mit, die »Leidenschaft für die Sache«, wie Max Weber es als Voraussetzung eines jeden Politikers sah.[163] Er hoffte zwar, die Doktorarbeit über die saarländische Glasindustrie noch ir-

[161] Erinnerungs-Notiz 2.

[162] ZAS L. Hofmann: Leipziger Abendzeitung 16.10.1908.

[163] Max Weber, Der Beruf zur Politik, in: Johannes Winckelmann, Hg., Max Weber, Soziologie, Weltgeschichtliche Analysen, Politik, Stuttgart 1964, S. 166ff.

gendwann fertigzustellen. Das Paket mit den Auszügen der Akten im Koblenzer Staatsarchiv bewahrte er noch jahrzehntelang auf. Aber er kam nicht mehr dazu. Doch die Erinnerung an das Thema begleitete ihn bis ins Alter, er sprach in Briefen davon. Auch registrierte er 1959 die 450-Jahrfeier »seiner« Universität Leipzig. Aber nachdem er den Einstieg in das breite Feld der Politik gefunden hatte, seine Leistungen und sein Einsatz anerkannt wurden, war er bis 1933 ein vielbeschäftigter Mann.

Wie die Statistik der Reichstagswahlen für Sachsen ausweist, hatte die linksliberale Parteigruppierung eine sehr wechselhafte Geschichte erlebt. Nach einem Höchststand von 27 % (26,9 %) Wähleranteil im Jahr der Reichsgründung 1871 war sie bis 1898 auf einen Tiefpunkt von 3 % (0,7 %) abgesunken (Milatz). Die Werte in den Klammern zeigen das jeweils entscheidende Stichwahl-Ergebnis an. Erst die beiden Wahlen zum Reichstag 1903 – 4,5 % (2,9 %) – sowie 1907 – 5,2 % (5,3 %) – hatten wieder einen gewissen Aufschwung gebracht. Im sächsischen Landtag standen die wenigen dort vertretenen Linksliberalen, wie Michael Ernst Bär, Wilhelm Ernst Roch und Oskar Günther vom Freisinn, unter dem Druck eines die Konservativen massiv bevorzugenden Wahlrechts. Das konnte sich jetzt ändern, je nachdem wie das neue Wahlrecht aussah. Allerdings stritt man im Herbst 1908 in der Wahlrechtskommission des Landtages noch um die entscheidenden Details. Doch die Freisinnige Volkspartei richtete sich auf alle Eventualitäten ein.

Die gemeinsame Tagung der beiden linksliberalen Parteien in Leipzig vom 6. Oktober 1908, bei der Hofmann für die Freisinnige Volkspartei eine Rede hielt, beschäftigte sich mit einer geplanten Reichssteuerreform und deren gesellschaftlichen Auswirkungen. An sich war das keine unmittelbare Frage der Landespolitik. Da aber die Einkünfte des Reichs in einem komplizierten Verbundsystem von Reichs- und Länderfinanzen geregelt waren, würde eine solche Neuregelung sowohl direkt wie indirekt – über das Land – die sächsische Bevölkerung betreffen. So wurde diese Reichssteuerreform auch für Hofmann ein Thema des sächsischen Landtags-Wahlkampfes, bis am 15. Juli 1909 das betreffende Reichsgesetz erlassen wurde.

Das Ganze war im Grundsatz durch Artikel 70 der Reichsverfassung von 1871 geregelt: Die Einkünfte des Reiches sollten aus den Zöllen, den zwischen Ländern und Reich geteilten Verbrauchssteuern sowie den Erträgen der wirtschaftlichen Reichsverwaltungen wie

Post und Telegrafie bestehen.[164] Das Hauptproblem für die Reichsleitung bestand in den nächsten Jahrzehnten darin, dass die Deckung des steigenden finanziellen Bedarf des Reiches, zum Beispiel für Heer und Marine, aber auch Zuschüsse zur Sozialversicherung, durch das Mitspracherecht der Länder begrenzt wurde. Die zwar steigenden Einnahmen des Reichs flossen zum guten Teil in die Kassen der Einzelstaaten. Diese wiederum glichen den fehlenden Betrag im Reichsetat durch eine Umlage aus, die sogenannten Matrikularbeiträge. Die wurden für die einzelnen Länder aufgrund ihrer Einwohnerzahlen ermittelt, also eine Art Kopfsteuer, ganz gleich ob es ein reiches oder ein armes Bundesland war.

Da die Kompliziertheit des Finanzsystems immer weiter zunahm, wurde es im Jahr 1904 durch eine Neufassung des Artikels 70 der Reichsverfassung etwas vereinfacht. Aber der Verbund zwischen Reich und Ländern blieb bestehen und mit ihm die Matrikularbeiträge. Auf dieser verfassungspolitischen Basis wurde 1908/1909 unter der Reichsregierung von Bülow die erwähnte Reichssteuerreform in Angriff genommen.

Die Zittauer Morgenzeitung vom 9. Oktober 1908, ein Blatt, das der liberalen Politik besondere Aufmerksamkeit widmete, gibt einen kurzen Bericht über die Sitzung vom 6. Oktober in Leipzig.[165] Herr Ehrich, der Sekretär der Liberalen Vereinigung, sprach die politischen Grundlagen der Verhandlungen in Berlin an und nahm in allgemeinen Worten zu den Vorschlägen im Reichstag Stellung. Er empfahl eine Erbschaftssteuer sowie eine Reichseinkommens- und Vermögenssteuer, also eine direkte Stärkung der Reichsfinanzen. »Die meisten der vorgeschlagenen direkten Steuern seien von den entschiedenen Liberalen abzulehnen.«

Hofmann begann seine Ausführungen mit einer Kritik der »oberflächlichen Schlagwörter« der Sozialdemokraten zur Steuerreform. »Er wies nach, dass sie sich mit ihren Ausführungen verschiedentlich in Gegensatz zu hervorragenden Führern ihrer Partei, z.B. zu Engels, setzen.« In diesen Worten Hofmanns zeigte sich schon eine der Frontstellungen des linksliberalen Wahlkampfs. Man wollte mit der SPD um das linke Wählerpotential beim unteren Mittelstand und der Facharbeiterschaft konkurrieren. Er selbst hielt mehrere Vorträge bei den Hirsch-Dunkerschen Gewerkschaften, zu denen er ja schon Verbindungen hatte, und versuchte in Leipzig einen liberalen Arbeiterverein

164 Ernst Rudolf Huber, Deutsche Verfassungsgeschichte seit 1789, Bd. III, Bismarck und das Reich, Stuttgart 1963, S. 947–955.

165 ZAS L. Hofmann: Zittauer Morgenzeitung.

zu gründen. Mit Geschichte und Literatur des Sozialismus war er ja schon durch die Auseinandersetzungen mit Lensch und die Vorlesungen des Dozenten Biermann vertraut.

Den größten Teil seiner Ausführungen widmete er aber den Details der Steuerreform.

Er ging auf einzelne Verbrauchssteuern ein, deren Problematik er aus der Vorlesung Professor Stiedas zur Finanzwissenschaft kannte, wie die Branntweinsteuer, deren geplante Reform er mit Misstrauen betrachtete, da sie »Liebesgaben« für bestimmte Interessengruppen enthielt. Er sprach sich scharf gegen die Tabaksteuer aus, die möglicherweise einem »Monopol« den Weg ebnen werde und damit »zur Erdrosselung vieler kleiner und mittlerer Betriebe führen« könnte. Auch stellte er »in eingehender Weise die Schädlichkeit der Inseratensteuer und der Steuer auf Elektrizität und Gas« heraus. Anhand eines »reichhaltigen statistischen Materials« bewies er, dass, wenn »die Liberalen versuchten, die Nachlass- und Erbschaftssteuer möglichst ergiebig zu gestalten, ein großer Teil der geplanten indirekten Steuern überflüssig werden könne.« Die Liberalen könnten »bei der notwendigen Steuerreform die Interessen des ganzen Volkes wahren und eine Belastung der schwachen Schultern abwenden.«

Die Leipziger Nationalliberalen eröffneten am 27.10.1908 die Debatte um das neue Wahlrecht mit einer Veranstaltung im Zentraltheater. Dazu waren 1000 Leute gekommen und Ludwig Hofmann erhielt zu später Stunde auch die Möglichkeit, einen Beitrag zur Diskussion zu leisten. Immerhin erregte er auch zu diesem Zeitpunkt einige Aufmerksamkeit, indem er die nationalliberale Führung unter dem Vorsitzenden Professor Brandenburg mit seinen Argumenten provozierte. Und auch diesmal wurden seine Ausführungen in dem sympathisierenden Artikel eines linksliberalen Blattes wiedergegeben.[166] Die Veranstaltung war als eine »Protestversammlung« gegen die Vorlage der sächsischen Regierung zum Wahlrecht angelegt worden. Diese betont oppositionelle Haltung brachte die Nationalliberalen in einige argumentative Schwierigkeiten. Sie waren zwar gegen das alte Dreiklassenwahlrecht wie auch gegen das von Konservativen und Agrariern entworfene ungleiche neue Wahlrecht, das das städtische Bürgertum diskriminierte. Aber ihr Vorschlag eines Pluralwahlrechts, das einer ganzen Anzahl von Personen mehrere Stimmen gab, fiel auch gegenüber dem als Maßstab ja gegenwärtigen Gleichheitsgrundsatz des Wahlrechts

[166] ZAS L. Hofmann: Zittauer Morgenzeitung 30.10.1908.

zum Reichstag ab: ein Mann, eine Stimme. Natürlich fürchteten sie die Majorisierung durch die gewachsene Zahl der Arbeiterschaft und Hofmann »ironisierte diese Angst vor der Sozialdemokratie«. Er wies auch darauf hin, dass »eine ganze Reihe von namhaften süddeutschen und preußischen nationalliberalen Abgeordneten das Pluralwahlrecht gänzlich verurteilt« hätten. In den Jahren 1905/06 hatten Reformen in den drei süddeutschen Staaten Baden, Bayern und Württemberg das allgemeine, gleiche und direkte Wahlrecht – für Männer – ausgebaut. Angesichts der starken sozialen Gegensätze in Sachsen wollte hier die Oberschicht den Weg zu den selben staatsbürgerlichen Rechten nicht in gleichem Maße mitgehen.

Hofmanns Vorhaltungen riefen Unbehagen im Präsidium der Versammlung hervor und Professor Brandenburg »unterbrach ihn brüsk« und forderte ihn auf, sich kurzzufassen. Wahrscheinlich fand er auch das Auftreten seines ehemaligen Studenten, den er noch im Sommersemester 1907 in seiner Vorlesung über »Allgemeine Geschichte im Zeitalter der nationalen Einheitskämpfe (1840–1880)« gesehen hatte, unangemessen.

Aus seiner Sammlung von etwa 200 Zeitungsausschnitten geht hervor, dass Hofmann dann in diesem Landtagswahlkampf bis Mitte Oktober 1909 an mindestens 70 bis 75 Wahlveranstaltungen teilnahm. Die genauen Zahlen und auch manches Datum sind unsicher, da manche Berichte etwas pauschal waren und mehrere Orte und Auftritte zusammenfassten. Vielleicht waren es auch weitere Termine, denn zwischen dem 9. März und dem 13. Mai 1909 gibt es eine Lücke im Kalender. Entweder musste er von dieser sehr intensiven, für ihn noch neuen Tätigkeit ausspannen – er hatte bis dahin schon 33 Einsätze gehabt –, oder die Zeitungsausschnitte sind verlorengegangen. Hofmann trat insgesamt an 50 bis 55 Orten Sachsens auf, wobei es einige regionale Schwerpunkte gab. Leipzig, aus dessen Organisation der Freisinnigen Volkspartei er kam, bot mehrfach die Bühne. Ferner waren es Annaberg und Umgebung, Chemnitz mit Vororten, Zittau und Umgebung besonders intensiv gegen Ende des Wahlkampfes, ferner Döbeln und Umgebung sowie das Vogtland.

Kalender der Auftritte Hofmanns bei Wahlversammlungen und Parteiveranstaltungen 1908/09

6.10.1908	Leipzig. Gemeinsch. Sitzung von Freisinn und Lib. Vereinig (1)
22.10.1908	Leipzig. Verein der Freis. Volkspartei (1)
27.10.1908	Leipzig Diskussionsbeitrag bei der Wahlrechtsveranstaltung: der Nationalliberalen (1)
29.10.1908	Leipzig. Vortrag bei den Hirsch-Dunkersch. Gewerksch. (1)
31.10.1908	Oschatz. Öffentl. Protestverslg. zum Wahlrecht (2)
6.11.1908	Annaberg. Öffentl. Versammlg. Zum Wahlrecht (3)
14.11.1908	Penig Gründung eines Freisinn Volksvereins (4)
15.11.1908	Geithain Gründung eines Freisinn. Volksvereins (5)
4.12.1908	(Freitag), Harthau bei Chemnitz Wahlvers. d. Freisinn (6)
5.12.1908	(Sonnabend), Einsiedel b. Chemnitz – Wahlvers. d. Freisinn (7)
7.12.1908	(Montag), Pleißa b. Chemnitz – Wahlvers. d. Freisinn (8)
8.12.1908	(Dienstag), Chemnitz – Wahlvers. des Freisinn (9)
13.12.1908	Großenhain – Versammlg. d. Liberalen Vereins (10)
14.12.1908	Leipzig – Wahlvers. d. Freisinn (1)
21.1.1909	Leipzig – Wahlvers. d. Freisinn (1)
7.2.1909	Zwickau – Wahlversamlg. d. Freisinn (11)
9.2.1909	Chemnitz – Deutsch. Gewerbeverbd. (Hirsch-Duncker) (9)
14.2.1909	Leipzig – Tagung aller sächs. Linksliberalen (1)
18.2.1909	Döbeln – Monatsverslg. d. Freisinnigen Vereins (12)
19.2.1909	(Freitag) Annaberg – Wahlvers. d. Freisinn (3)
20.2.1909	(Sonnabend) Bockau bei Annaberg – Wahlvers. d. Freisinn (13)
21.2.1909	(Sonntagnachmittag) Schlettau b.Annaberg – Wahlv. d. Freis. (14)
21.2.1909	(Sonntagabend) Crottendorf b. Annaberg – Wahlv. d. Freis. (15)
28.2.1909	Mockritz-Jessnitz, bei Döbeln – Wahlvers. d. Freisinn (16)
1.3.1909	Oschatz – Wahlvers. d. Liberalen Verein (2)
2.3.1909	Zittau – Wahlvers. d. Freisinn (17)
3.3.1909	Neugersdorf bei Löbau – Wahlvers. d. Freisinn (18)
4.3.1909	Ostritz bei Zittau – Öffentl. Wahlvers. d. Freisinn (19)
8.3.1909	Eibenstock/Erzgebirge – Jahresverslg. d. Freisinn (20)

9.3.1909	Scheibenberg b. Annaberg Wahlvers. d. Freisinn (21)
?.3.1909	Bockau bei Annaberg (13)
?.3.1909	Schlettau / Annaberg Wahlvers. d. Freisinn (14)
?.3.1909	Crottendorf (15)
13.5.1909	Leipzig – Ortsverband d. Deutschen Gewerkvereine (1)
22. und 23.5.1909	Dresden Hauptvslg. d. Freis. Volkspartei Sachs. (22)
9.6.1909	Penig – Versammlung d. Freisinnigen Volksverein (4)
11.6.1909	Rossswein b. Döbeln – Monatsvs. d. Freisinn. Ortsvereins (23)
12.6.1909	Großweitzschen b. Döbeln – Vertrauliche Besprechung (24)
22.6.1909	Erlbach Markneukirchen / Vogtl. – Wahlversamml. d. Freisinn (25)
ca. 25.6.1909	Im Vogtland Einladung d. Kaufmännisch. Verein Merkur (25)
27.6.1909	Großweitzschen b. Döbeln – Öff. Wahlvers. d. Freisinn (24)
30.6.1909	Burgstädt b. Chemnitz Erste Generalvers. eines Freis. Verein (26)
10.7.1909	Schönheide b. Eibenstock Gründungsvs. eines Vereins. d. Freisinn (27)
9.7.1909	Burgstädt b. Chemnitz – Wahlvers. d. Freisinn (26)
1.9.1909	Leipzig – Gründung eines Freisinnigen Arbeitervereins (1)
20.9.1909	Neugersdorf b. Löbau – Öff. Wahlvers. des Freisinn (18)
25.9.1909	Plauen – Wahlvers. d. Freisinn (28)
21.9.– 27.9.1909	Erzgebirge / Marienberg – mehre Wahlveranstalt d. Freisinn. In Rothental (29) – Blumenau (30) – Pobershau (31) – Niederlauterstein (32) – Cunersdorf (33)
3.10.1909	Ansprung bei Annaberg – Wahlvers. d. Freisinn (34)
1.10.– 9.10.1909	Vogtland: mehrere Wahlveranstaltg. meist. m. Hofmann Bad Elster (35) – Erlbach (36) – Ebmath (37) – Eichigt (38) – Possek (39) – Wiedersberg (40) Bobenneukirchen (41) – Vogtsberg (42) – Lauterbach (43) – Brambach (44)
10.10.– 11.10.1909	Erzgebirge / Annaberg Wahlveranst. d. Freis. In: Cranzahl (45) – Tannenberg (46) – Steinbach (47)

12.10.1909 Hainewalde b. Zittau – Wahlvers. d. Freis.VP (48)
Strahlwalde b. Zittau – Wahlvers. d. Freis. VP (49)
13.10.1909 Weigsdorf b. Zittau – Wahlvers d. Freisinn. VP (50)
14.10.1909 Reichenau b. Zittau – Wahlvers. d. Freis. VP. (51)
17.10.1909 Seifhennersdorf b. Zittau ((52)
Spitzkunersdorf b. Zittau (53)
18.10.1909 Hörnitz b. Zittau (54)

Um wenigstens eine Andeutung des sozialen Charakters der Orte zu geben, in denen Hofmann auftrat, werden in der folgenden Beschreibung des Wahlkampfs die aus verschiedenen Quellen entnommenen Zahlen der Einwohner, mit Jahresangabe, benannt.[167]

Die Wahlveranstaltungen wurden in der Regel von den freisinnigen Ortsvereinen organisiert. Hofmann trat dabei entweder in unterstützender Funktion auf, der den Kandidaten der Partei in der Diskussion entlastete und gelegentlich auch eine Resolution zur Abstimmung stellte. Oder er war selbst der Hauptredner, was nach kurzer Anlaufzeit vor allem in kleineren Orten häufig geschah: eine Mobilisierung des potentiellen Wählerreservoirs des Freisinns in der Fläche. So wurden, unterstützt durch sein Auftreten, in Penig am 14.11. (7109 Einwohner, 1900) und in Geithain am 15.11.1908 (4071 E., 1910) Ortsgruppen der Freisinnigen Volkspartei gegründet. Eingeladen hatten ihn jeweils Initiativgruppen des Bürgertums, Unternehmer, Lehrer, Angestellte. Am 8. Dezember hielt er aber auch schon in Chemnitz (206 913 E., 1900), im Gasthaus Linde, einen zweistündigen Vortrag über Probleme des sächsischen Wahlrechts und die Reichsfinanzreform.

Damals hielt man im Wahlkampf im Vergleich zu heute lange Reden. Es gab noch keinen Rundfunk und natürlich auch noch kein Fernsehen. Doch existierte in Sachsen eine ausgebreitete Presselandschaft, angefangen von Zeitungen mit größeren Redaktionen wie den nationalliberalen Leipziger Neuesten Nachrichten oder der sozialdemokratischen Leipziger Volksstimme, die Reichs- und Weltpolitik mit im Blick hatten, bis zu zahlreichen lokalen und regionalen Blättern. Aber den unmittelbaren Eindruck von den Parteien, ihren Forderungen und ihren Kandidaten gewannen die Wähler in den Versammlungen, die mit Debatten und zum Teil längeren Gegenreden manchmal bis Mit-

[167] Erich Keyser, Deutsches Städtebuch, Bd. 2 (Mitteldeutschland), 1941; Meyers Orts- und Verkehrslexikon des Deutschen Reiches, Leipzig 1935.

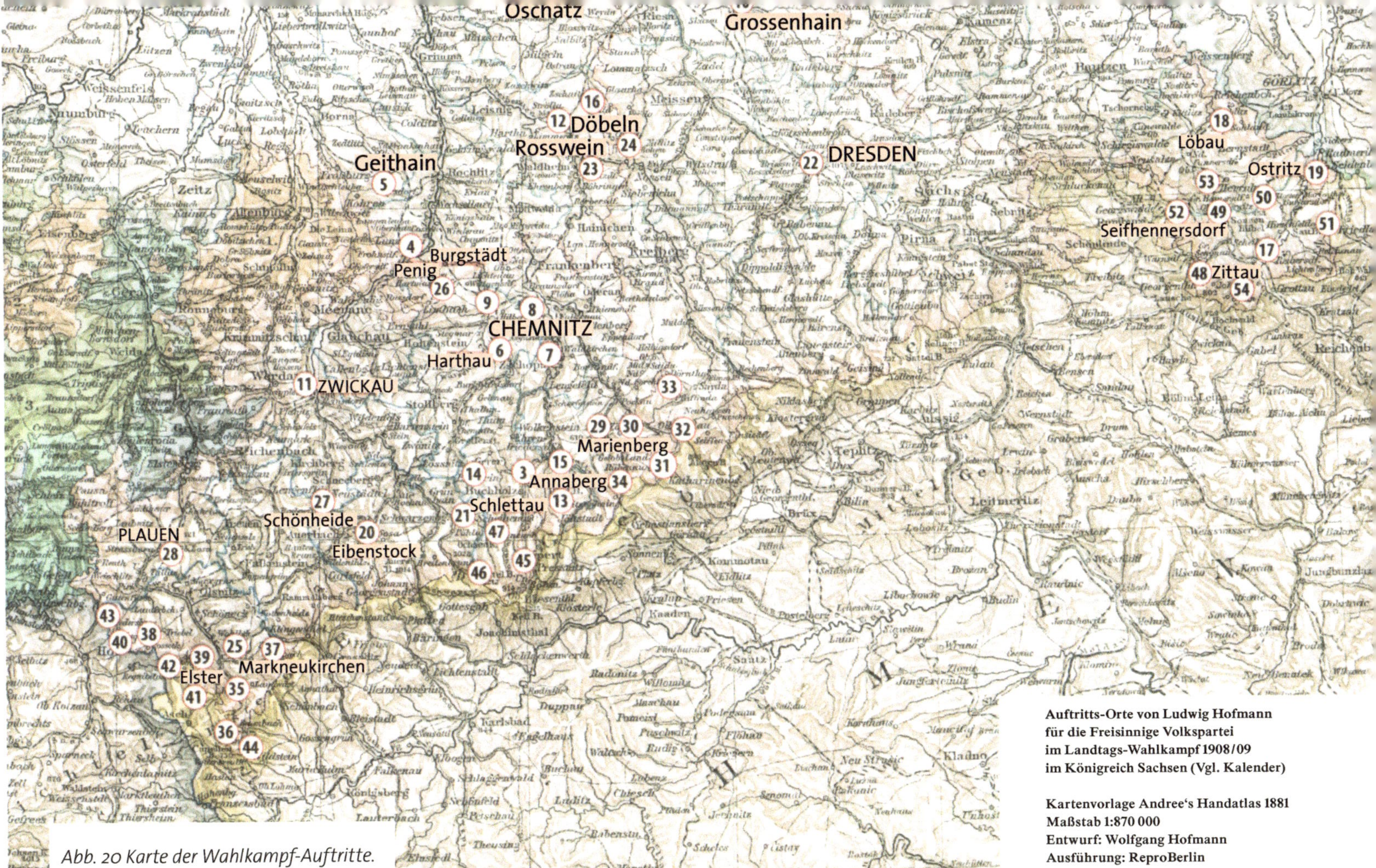

Abb. 20 Karte der Wahlkampf-Auftritte.

ternacht dauerten. Es waren Ereignisse besonderer Bedeutung für die Orte. Unter den publizistischen Bedingungen der Zeit waren diese Veranstaltungen eigenständige und wichtige Faktoren im »Massenmarkt der Politik«, auch wenn die dortigen Geschehnisse uns nur über das gedruckte Wort der Zeitungen überliefert sind.[168]

Zu diesen »öffentlichen politischen Versammlungen« lud man die wahlberechtigten Männer ein wie neuerdings ausdrücklich auch Frauen, jeweils über 18 Jahre. So veröffentlichte der Freisinnige Volksverein für Chemnitz und Umgebung ein Flugblatt mit der Einladung zu einem Vortrag Hofmanns über »Die politische Lage im Reich und in Sachsen« am 8. Dezember 1908 mit dem Hinweis, dass »Jedermann, auch Frauen Zutritt« habe.

Und der Kandidat des Freisinns, Dr. Reinhard Richard Dietel, hatte zu einem Vortrag von Hofmann am 21.2.1909 in Crottendorf (5527 E., 1935) über die »Reichsfinanzreform und das Landtagwahlrecht« ausdrücklich auch Frauen eingeladen.

Dem war ein bedeutsamer Schritt für die Erweiterung der Rechte der Frauen vorausgegangen. Bislang durften diese sich nur in sozialen und religiösen Vereinen betätigen. Das Reichsvereinsgesetz vom April 1908 »erlaubte jetzt den Frauen die Mitgliedschaft in politischen Vereinen und die Teilnahme an politischen Versammlungen, die ihnen bisher untersagt waren«.[169] Zu dieser Reform hatten sich die den Kanzler von Bülow unterstützenden Parteien von Nationalliberalen, Linksliberalen, aber auch Konservativen bereitgefunden. Das war noch nicht das Wahlrecht. Doch ihre Integration in die Parteipolitik erfolgte, je nach Partei, in unterschiedlichem Umfang. In der Nationalversammlung von 1919 waren in der linksliberalen Fraktion der DDP unter 75 Abgeordneten immerhin fünf Frauen vertreten.

Ein Beispiel für das kombinierte Auftreten von Kandidat und Parteisekretär ist die am 31. Oktober 1908 im Restaurant Schützenhaus in Oschatz (10818 E., 1910) stattfindende Veranstaltung. Das Oschatzer Tageblatt vom 3. November berichtete unter der Überschrift »Der Kampf ums Wahlrecht« ausführlich mit fast einer ganzen Seite darüber. Im sächsischen Landtag befand man sich in der Endphase der

[168] Peter Steinbach, Die Zähmung des politischen Massenmarktes. Wahlen und Wahlkämpfe im Bismarckreich im Spiegel der Hauptstadt- und Gesinnungspresse, 3 Bände, Passau 1990.

[169] Ernst Rudolf, Huber, Deutsche Verfassungsgeschichte seit 1789, Bd. 4, Stuttgart 1969, S. 296.

Freisinniger Volksverein für Chemnitz und Umgegend.

Einladung

zur

öffentlichen Versammlung

Dienstag, 8. Dezember 1908

abends $1/2$ 9 Uhr

im Grossen Saale der Linde, Neustädter Markt.

Tagesordnung.

1. **Vortrag** des Herrn Parteisekretär **Hofmann-Leipzig,** über:

Die politische Lage im Reiche und in Sachsen.

2. **Diskussion.**

Jedermann, auch Frauen, haben Zutritt.

Der Parteisekretär, Herr **Hofmann-Leipzig,** spricht

Freitag, 4. Dez., $1/2$ 9 in Harthau (Lehngericht),

Sonnabend, 5. Dez., $1/2$ 9 Uhr in Einsiedel (Gasthof),

Montag, 7. Dez., $1/2$ 9 Uhr in Pleissa (Goldner Stern)

in öffentlichen Versammlungen.

Abb. 21 Einladung zu einer Wahlversammlung in Chemnitz 1908.

Auseinandersetzungen um die Wahlrechtsreform. Es zeichnete sich ein Pluralwahlrecht ab, das den Mitgliedern bestimmter Stände wie den Staats- und Kommunalbeamten ebenso eine größere Anzahl Stimmen zubilligte wie den Beziehern höherer Einkommen. Die Masse der – männlichen – Wählerschaft (ab dem 25. Lebensjahr) hatte je eine Stimme, andere hatten zwei, drei oder sogar vier Stimmen. Damit wollten die oberen Schichten, vertreten durch Konservative und Nationalliberale – diese mit etwas schlechtem Gewissen –, die politischen Gefahren abwehren, die sich für sie aus der Vergrößerung des Wahlkörpers ergaben. Auch sollte die Landbevölkerung durch Zuschnitt der Wahlkreise bevorzugt werden. Es gab 48 ländliche Wahlkreise mit durchschnittlich 7616 Wahlberechtigten, während es in den 20 großstädtischen Wahlkreisen im Durchschnitt 11749 Wahlberechtigte waren, in den 23 Klein- und Mittelstädtischen Kreisen 7502.[170]

Gegen dieses »reformierte Wahlunrecht« hielt der Landrichter Brodauf, Kandidat des Freisinns, eine »fünfviertelstündige« Rede und forderte »gleiches Recht für alle«. Brodauf hatte in Leipzig Rechtswissenschaft studiert und war seit 1903 am Landgericht Chemnitz tätig.[171]

Hofmann vertrat dann in der Diskussion genau diese Linie, auch wenn er zugab, dass möglicherweise die Sozialdemokraten zu Lasten der Linksliberalen Stimmen gewinnen könnten. Er brachte eine – natürlich im Vorstand abgesprochene – Resolution ein, das Pluralwahlrecht abzulehnen:

»Demgegenüber fordert die Versammlung als natürliche Grundlage einer wahrhaft volkstümlichen Politik entschieden die Einführung des allgemeinen, gleichen, geheimen und direkten Wahlrechts für die Zweite sächsische Kammer.« Die Versammlung in Oschatz nahm Hofmanns Vorschlag gegen nur vier Stimmen an.

Diese Resolution war nicht nur eine Herausforderung für die Konservativen und Nationalliberalen, sondern auch für die SPD, die sich als alleinige Vertreterin einer »volkstümlichen« Politik verstand. Sie bekämpfte deshalb die Linksliberalen, die »Wiemerleute«, wie sie diese nannten, als allzu nahe Konkurrenten mit etwas empörter Verbissenheit: »die widerlichste Parteigruppe«.[172] Der Jurist Otto Wiemer war zeitweise auch Redakteur der Freisinnigen Zeitung, die den sächsischen Wahlkampf berichtend begleitete. Auch war er prominentes Mitglied der Fraktion des Freisinns zunächst im Preußischen Abgeordnetenhaus und dann im Reichstag. Auf dem zu Beginn des Textes vorgestellten Bilderglas ist sein Porträt zu sehen. Da die Sozialdemokraten häufig in die Wahlversammlungen des Freisinns kamen, fanden dort immer wieder politische Auseinandersetzungen statt, wobei Hofmann kräftig mitpolemisierte.

Als sich allerdings in Leipzig am 4. Dezember 1908 im Saal des Vereins für Volkswohl eine solche Auseinandersetzung vor zahlreichem

[170] Elvira Döscher, Wolfgang Schröder, Sächsische Parlamentarier 1869–1918, Düsseldorf 2001, S. 67.

[171] Döscher, Schröder, Sächsische Parlamentarier, S. 356.

[172] ZAS L. Hofmann: Volksstimme 13.3.1909.

Publikum abspielte, hielt Hofmann gerade am selben Abend in Harthau (7138 E., 1935) bei Chemnitz, im Gasthaus Lehngericht, einen Vortrag über »Die politische Lage im Reich und in Sachsen«. In Leipzig hatte der Verein der Freisinnigen Volkspartei für Leipzig und Umgebung zu einer öffentlichen Versammlung eingeladen. Es waren 400 Personen gekommen, darunter etwa 80 Sozialdemokraten, unter Führung der beiden Redakteure der Leipziger Volkszeitung: Dr. Lensch und Staudinger. Hauptredner des Freisinns war der Reichstagsabgeordnete Kopsch, ein anderer der auf dem erwähnten Bilderglas abgebildete linksliberale Politiker. Die Sozialdemokraten griffen mit Zwischenrufen in die Rede eine und trugen persönliche Angriffe gegen Kopsch vor, wie der Korrespondent der Zittauer Morgenzeitung berichtete.[173] Lensch habe wohl »seinen Radikalismus durch eine möglichst ungelenke, grob zugehackte Redeweise demonstrieren« wollen. Es war jedenfalls eine sehr erregte Stimmung und Hofmann war vermutlich ganz zufrieden, nicht in direkter Konfrontation mit seinem ehemaligen Bundesbruder zusammenzutreffen. In dessen Wahlkreis Leipzig 7 (Lindenau, Kleinzschocher) trat auch kein Kandidat der Freisinnigen Volkspartei auf.

Die Leipziger Volkszeitung kritisierte Hofmann zwar, griff ihn selbst aber nicht sehr scharf an, wie zwei Berichte über sein Auftreten in Ostritz (3021 E., 1910) bei Zittau am 4.3.1909 und am 1.9.1909 in Leipzig zeigten.[174] Immerhin hielt ihm der Berichterstatter für diese Leipziger Veranstaltung eine Schimpfkanonade gegen die SPD vor. In deren Perspektive »wilderte« er hier in doppelter Weise in ihrem Revier. Noch kurz vor den Wahlen wollte Hofmann in Leipzig einen freisinnigen Arbeiterverein gründen. Das geschah allerdings auch in Konkurrenz zu den Bemühungen der Nationalliberalen, die Evangelischen Arbeitervereine an sich zu ziehen.[175]

Abb. 22 Franz Alfred Brodauf (1871–1946).

Eine andere Zeitung der SPD, die

[173] ZAS L. Hofmann: Zittauer Morgenzeitung vom 8.12.1908.
[174] ZAS L. Hofmann: Leipziger Volksstimme vom 6.3.1909, 2.9.1909.
[175] Leipziger Neueste Nachrichten vom 16.10.1909, S. 2.

Chemnitzer Volksstimme, charakterisierte schon zu Beginn ihres Berichts über Hofmanns Wahlveranstaltung vom 5.12.1908 in Einsiedel (5308 E., 1935) bei Chemnitz dessen Stil mit kritischer Herablassung: »Der jugendliche Redner« habe »eine Stunde lang mit monotoner Stimme seinen Vortrag« vorgelesen. Als er scharf auf die sozialdemokratischen Diskussionsbeiträge antwortete, hielt ihm das Blatt ebenfalls »eine Schimpfkanonade« vor.[176] Der Hintergrund dieser Eskalation der Debatte lag wohl darin, dass Hofmann in seinem ausgearbeiteten Referat den Sozialdemokraten ein Zusammengehen in politischen Fragen angeboten hatte, wie Finanzfragen und sächsisches Wahlrecht. Zu seiner Enttäuschung hatte aber der »Genosse Heldt-Chemnitz« in längeren Ausführungen dieses Angebot mit Verweis auf frühere Differenzen schroff zurückgewiesen. In manchen Fragen, wie der Demokratisierung des politischen Systems, argumentierten Linksliberale und Sozialdemokraten parallel. Aber es brauchte noch einige Zeit, bis sie sich der Gemeinsamkeiten bewusst wurden und bei den Reichstagswahlen von 1912 Wahlbündnisse eingingen.

Rhetorisch lernte Hofmann aber dazu. In Berichten der Zittauer Morgenzeitung vom März 1909 über zwei Veranstaltungen mit ihm als Redner, in Ostritz bei Zittau und in Neugersdorf (11 595 E., 1910) bei Löbau, wird die gestraffte Form des Vortrags und die lebhafte, »begeisternde« Ansprache der liberalen Wähler hervorgehoben. Er hatte an Routine gewonnen und an Sicherheit des Auftretens.[177]

Wie den Landrichter Brodauf unterstützte Hofmann auch die anderen Kandidaten des Freisinns auf jeweils unterschiedliche Weise. In der Industriestadt Zwickau (73 500 E., 1910) hielt er etwa am 5. Februar 1909 eine Rede zur Finanzreform, um dem gerade »von schwerer Krankheit wieder genesenen« Michael Ernst Bär beim Wiedereinzug in den Landtg zu helfen.[178] Bär war ein erfolgreicher Kaufmann und Unternehmer und hatte mit seiner Dampfziegelei am Wachstum der Stadt wohl gut verdient. Zwischen 1900 und 1910 hatte die Stadt um 18 000 Einwohner zugenommen, unter anderem durch zwei Eingemeindungen. In der Stadt war er gut vernetzt; von 1899 bis 1910 Stadtverordneter, von 1906 bis 1918 Vorstandsvorsitzender der Zwickauer Kaufmannschaft.[179] Bär nahm das Steuer-Thema in Bezug auf die fiskalisch Bevorzugung der Branntwein-

[176] ZAS L. Hofmann: Chemnitzer Volksstimme vom 9.12.1908.
[177] ZAS L. Hofmann: Zittauer Morgenzeitung vom 5.3.1909.
[178] ZAS L. Hofmann: Zittauer Morgenzeitung vom 7.2.1909
[179] Döscher, Schröder, Sächsische Parlamentarier, S. 341.

brenner auf und kritisierte die Zollpolitik zugunsten der Agrarier. Die anschließende Diskussion behandelte auch die Frage, ob die geplante Steuer auf den Wertzuwachs von Grundstücken nicht besser den Gemeinden zufließen sollte als dem Staat.

Abb. 23 Michael Ernst Bär (1855–1923).

Als der Reichstagsabgeordnete Oskar Günther, der »Führer der Freisinnigen Volkspartei in Sachsen«, wie ihn die Zittauer Morgenzeitung vorstellte, in Plauen (118 108 E., 1910), der bedeutendsten Textilstadt des Vogtlandes, für den Landtag kandidierte, trug dieser dort gegen Ende des Wahlkampfes am 25.9.1909 selbst eine fast zweistündige Rede vor. Parteisekretär Hofmann hielt sich weitgehend zurück, unterstützte ihn aber in der Diskussion, indem er gegen einen anwesenden Politiker der Konservativen »polemisierte«.[180]

Anders bei den beiden Wahlkreisen im Erzgebirge um Annaberg (17 028 E., 1910) herum. Dies war übrigens das Zentrum des Reichstagswahlkreises, den sein Freund Gustav Stresemann 1907 für die Nationalliberalen gewonnen hatte. Inzwischen war Hofmann sein politischer Konkurrent geworden. Dort also kandidierten 1909 wieder die Landtagsabgeordneten Roch, von Beruf Lithograf, für den 19. städtischen Wahlkreis und Dr. Dietel, Seminaroberlehrer, für den 34. ländlichen Wahlkreis.

Hofmann hielt in jeweils beider Anwesenheit in einer Serie von Veranstaltungen zwischen dem 19.2. und den 21.2.1909 in Annaberg und den benachbarten kleinen Orten Bockau, Schlettau (3527 E., 1910) und Crottendorf (5527 E., 1935) die vier Hauptreferate. Zwischen Freitag und Sonntagabend sprach er an drei Tagen über die Standardthemen des freisinnigen Wahlkampfes zu Finanzreform und sächsischem Wahlrecht. Er variierte aber auch seine Vorträge und hob gerade im gewerbereichen Erzgebirge hervor, »wie schwer der Druck der agrarischen Zollgesetzgebung auf der Bevölkerung laste, auf Handwerk und Gewerbe, auch

[180] ZAS L. Hofmann: Zittauer Morgenzeitung vom 26.9.1909.

Abb. 24 Reinhard Richard Dietel (1876–1959).

Abb. 25 Wilhelm Ernst Roch (1862–1931).

auf den Mittel- und Kleinbauern, die an dieser nur den Großagrariern zugute kommenden Politik nicht das geringste Interesse hätten«[181]. Annaberg und das später mit ihm zusammengeschlossene Buchholz (9679 E., 1910) hatten um 1900 zusammen 200 Manufakturen.

Der in der Freisinnigen Zeitung im Rahmen eines ausführlichen Berichtes wiedergegebene Satz zu den Agrarzöllen dürfte ein wörtliches Zitat aus der Rede sein, denn zu Hofmanns Aufgaben im Wahlkampf gehörte auch eine sorgfältige Pressearbeit; so die Herausgabe von Texten an befreundete Blätter oder zusammenfassende Pressemitteilungen über Versammlungen, die dann oft wortgleich in verschiedenen Zeitungen erschienen. Ein Beispiel für eine erfolgreiche Platzierung einer solchen Mitteilung ist etwa ein kurzer Bericht über eine Versammlung am 17.2.1909 in Döbeln (19 627 E., 1910), die zugleich die Ankündigung einer weiteren Versammlung der linksliberalen Vertrauensmänner der Region am 28.2. enthielt. Diese Mitteilung wurde wortgleich in vier Zeitungen abgedruckt: dem Leipziger Tageblatt, der Freisinnigen Zeitung, dem Oschatzer Tageblatt und der Zittauer Morgenzeitung.

Über die Serie von Veranstaltungen in und um Annaberg berichteten denn auch lokale Blätter wie der Sehma-Bote und die Auerbacher Nachrichten, wenn auch nur in knappen Notizen. Um den 9. März herum wiederholten die Freisinnigen mit Hofmann als Referenten diese

[181] ZAS L. Hofmann: Freisinnige Zeitung vom 24.2.1909.

Veranstaltungen in denselben Orten sowie im nur wenige Kilometer westlich gelegenen Eibenstock (9899 E., 1913).

Über die beiden Hauptthemen des Freisinns, Reichsfinanzreform und sächsisches Wahlrecht, hinaus nahm Hofmann in seinen Reden auch zu anderen Problemen Stellung. Nachdem im November 1908 im Reichstag eine vielbeachtete Debatte über die die deutsche Öffentlichkeit erregende »Daily-Telegraf-Affäre« stattgefunden hatte, wurden die politischen Folgerungen daraus auch in den sächsischen Wahlkampf getragen. Diese hatten mit ihm zwar nichts zu tun, schärften aber das allgemeine politische Profil der Linksliberalen. Der Kaiser hatte der englischen Zeitung ein höchst unglückliches Interview gegeben, von dem er geglaubt hatte, es könnte das angespannte deutsch-englische Verhältnis verbessern. Das tat es aber nicht. Vielmehr sahen in den allgemein als taktlos empfundenen Äußerungen alle Parteien des Reichstags einen Verstoß gegen deutsche Interessen und gegen die Verfassung. Der Kanzler – in diesem Fall von Bülow – nicht der Kaiser, habe deutsche Außenpolitik zu gestalten. So kamen in die Wahlreden Begriffe wie »persönliches Regiment des Kaisers«, – natürlich abzulehnen – »Ministerverantwortlichkeit«, – natürlich zu stärken – und »Parlamentarisierung« – von Linksliberalen und SPD gefordert. Die Ironie dieser Interpretation, mit der die demokratischen Kräfte gestärkt wurden, war, dass das Interview zwar ein außenpolitischer Patzer ersten Ranges und eine innenpolitische Katastrophe war. Aber Wilhelm II. hatte sich an die Verfassung gehalten, hatte Reichskanzler von Bülow um Begutachtung gebeten. Dieser hatte aber versagt und seine nicht wahrgenommene Verantwortung auch noch verschleiert.[182] Die Behandlung der »Affäre« war Bestandteil der Agenda der Freisinnigen Volkspartei und wurde auch von anderen Rednern vorgetragen.

Mehr persönlich geprägt waren zwei Reden, die Hofmann bei den Hirsch-Dunkerschen Gewerkschaften hielt. Um den 9. Februar 1909 sprach er bei den Deutschen Gewerkvereinen in Chemnitz über »Soziale Utopien«. In Form eines Bildungsvortrages setzte er sich mit den Grundideen des »sozialistischen Zukunftsstaates« auseinander. Vor allem seit August Bebels Schrift »Die Frau und der Sozialismus« von 1879 bestimmten solche Entwürfe die Vorstellungen sozialdemokratischer Arbeiter.[183]

Zunächst skizzierte Hofmann das Spannungsverhältnis zwischen den

[182] Ernst Rudolf Huber, Deutsche Verfassungsgeschichte seit 1789, Bd. 4, Stuttgart 1969, S. 302–312.

[183] Vgl. dazu Lucian Hölscher, Die Entdeckung der Zukunft, Göttingen 2016, S. 133.

freien Entwürfen eines »Nirgendland« und den in den engen Grenzen der Realität »in edelsten Absichten unternommenen Versuchen«, in Süd- und Nordamerika ideale »Staats- und Gemeindebildungen« zu etablieren. Isolierte Projekte würden unter den Druck der umgebenen Verhältnisse kommen. Bei der Gründung eines großen kommunistischen oder sozialistischen Staatswesens würde sich auf Grund der »Verschiedenheit der Denk- und Handlungsweise der einzelnen Menschen [...] sofort eine Gegenströmung« bilden. Nicht sprunghafte Entwicklung, sondern »Arbeit mit Lust auch für kommende Geschlechter« empfahl er als Weg des Fortschritts.[184] Dass die dann im Laufe des 20. Jahrhunderts tatsächlich gegründeten kommunistischen Staatswesen sich über längere Zeit halten konnten, war nicht nur die Folge von Kriegen und Elend, die einen gesellschaftlichen Neuanfang beförderten. Es waren vor allem auch die rigorosen Kontrollen des politisch-gesellschaftlichen Lebens, die ihnen längere Dauer verliehen. Diese Perspektive lag damals noch jenseits von Hofmanns Vorstellung, die vom gesellschaftlichen Pluralismus des 19. Jahrhunderts geprägt war, innerhalb dessen auch gesellschaftliche Verbesserungen angestrebt werden konnten. Erst in seinem späteren Leben wurde er Zeuge totalitärer Diktaturen verschiedenster Art.

Während Hofmann bei diesem Vortrag über ferne Länder sprach und aus Literatur und Theorie schöpfte, mit einer deutlichen Spitze gegen den radikalen Sozialismus, war er bei einem Vortrag über »den Einfluss der Frauenarbeit auf das Familienleben« nahe bei der Lebenswirklichkeit seiner Zuhörer. In den neun Jahren als Untermieter im großen Wohnblock der Carolinenstraße 21 war er dort Frauen mit verschiedenen Tätigkeiten begegnet: als Vermieterin, als Hausfrau, als Heimarbeiterin, als Aufwärterin. Im öffentlichen Bereich Leipzigs begegnete er berufstätigen Frauen auch als Schaffnerinnen in der elektrischen Straßenbahn oder als Stimme des »Fräuleins vom Amt« der Telefonvermittlung, wie zeitgenössische Bilder zeigen.[185] In seinem Vortrag ging es vor allem um die »Erwerbs- und Fabrikarbeit der (verheirateten) Frau im Zeitalter des Kapitalismus«. Er sprach Ende Oktober 1908 in Leipzig im Ortsverein der Maschinenbauer und Metallarbeiter. Verschiedene Zeitungen berichteten teils relativ ausführlich, teils in kurzen Notizen aufgrund einer Pressemitteilung darüber.[186]

[184] ZAS L. Hofmann: Chemnitzer Allg. Zeitung vom 9. Februar 1909.
[185] Schwarz, Leipzig II, S. 390 und 402.
[186] ZAS L. Hofmann: Der Regulator vom 6.11.08; Zittauer Morgenzt. vom 31.10.1908; Leipziger Abendzt. vom 5.11.1908; Leipziger Tagebl. vom 31.10.1908.

Er sprach mit Empathie von dem »Zwiespalt«, den die »soziale Entwicklung im Herzen und Leben der Frau erwecke«. Auf der einen Seite ihre offenbar notwendige »Erwerbsarbeit auf der anderen die Sorge um den Haushalt, die Familie. [...] Einer der hervorstechendsten Nachteile sei die oft mangelnde Kinderpflege«. Und dieses sei sowohl ein familiäres wie ein gesellschaftliches Problem.

An sich begegnete die Arbeit von (vor allem verheirateten) Frauen in Fabriken im 19. Jahrhundert starken sozialen Vorbehalten der verschiedensten Art.[187] Die »natürliche Arbeitsteilung« zwischen den Geschlechtern weise den Frauen den Haushalt zu, den Männern den Platz an der Maschine. Da die praktischen Probleme für außer Haus arbeitende Frauen offensichtlich waren, vor allem, wenn Kinder versorgt werden mussten, entwickelte sich bis zum letzten Drittel des 19. Jahrhunderts in allen Industrieländern der Konsens: Das Einkommen des Mannes müsse ein Familienlohn sein, ihm die Ernährung von Frau und Kindern ermöglichen.[188]

Der Anteil der Frauen an der Arbeiterschaft im Deutschen Reich in Industrie und Handwerk war 1882 mit 13,3 % noch relativ gering, stieg aber bis 1907 auf 18,2 %.[189] Die absoluten Zahlen zeigen allerdings die Zunahme noch deutlicher: von 545 000 Arbeiterinnen im Jahre 1882 auf 1 563 000 in 1907. Also ungefähr eine Verdreifachung. August Bebel hatte darauf hingewiesen, dass es eine steigende Tendenz gab, auch verheiratete Frauen in schwere Arbeitsprozesse einzubeziehen. Er hatte für 1899 nach einer amtlichen Statistik 229 000 Verheiratete in Fabriken genannt. Die Unternehmen stellten sie gerne ein, denn sie wurden geringer bezahlt als Männer.

Das Publikum des Vortrags, die Maschinenbauer und Metallarbeiter der Hirsch-Dunkerschen Gewerkvereine, Facharbeiter mit qualifizierter Ausbildung, dürften zum größeren Teil in höheren Lohngruppen gewesen sein. Sie hätten es vermutlich nicht zugelassen, dass auch ihre Ehefrauen in die Fabrik gingen. In dem realistischen Roman aus Leipzig, »Das graue Leben«, erscheinen die Frauen mit dem Mittagessen vor dem Fabriktor. Der Autor lässt nur die Ehefrau eines beruflich scheiternden Expedienten – trotz und wegen der Kinderschar – eine Arbeit außer Haus aufnehmen. Aber bei den verheirateten Arbeitern

[187] Karin Hausen, Wirtschaften mit der Geschlechterordnung, in: Karin Hausen, Hg., Geschlechterhierarchie und Arbeitsteilung. Zur Geschichte ungleicher Erwerbschancen von Männern und Frauen, Göttingen 1993, S. 40–70.

[188] Hausen, Wirtschaften, S. 55 s. Bebel, Frau, 1954, S. 286.

[189] Hohorst u. a., Sozialgeschichtliches Arbeitsbuch, S. 66.

der unteren Lohngruppen war die Notwendigkeit einer zusätzlichen Erwerbsarbeit der Ehefrau größer, wenn auch nicht unbedingt in der Fabrik. Ein Kenner der sozialen Probleme in den Städten, Dr. Wilhelm Böhmert, Leiter des Statistischen Amtes von Bremen, stellte 1903 im Zusammenhang mit der Deutschen Städteausstellung in Dresden fest, dass gerade »in den Großstädten vielfach auch die Frau gezwungen [sei] zum Erwerb mit beizutragen«[190]. Jedenfalls interessierte die Zuhörer das offenbar vieldiskutierte Thema, wie der Hinweis im Bericht auf eine »lebhafte Aussprache« zeigt, vor allem auch mögliche Lösungen.

Hofmann wies als »wichtige« Entlastungen für die erwerbstätige Frau auf die Kinderkrippen oder Bewahranstalten für die Kinder im Vorschulalter hin; ferner auf die Kinderhorte, in denen ältere Kinder nach dem Unterricht mit Essen versorgt wurden, bei den Schularbeiten unterstützt und beschäftigt wurden, sie jedenfalls vor dem »zuchtlosen Herumtreiben auf der Straße bewahrt« werden sollten, wie ein anderer kommunaler Sozialpolitiker, E. Münsterberg, Stadtrat in Berlin, sagte.[191] Gegenüber dem Vorschlag der Sozialdemokraten, diese Probleme durch »Staatsanstalten« zu lösen, empfahl Hofmann, gesellschaftliche, familiennahe Initiativen als Träger, zum Beispiel die Frauenvereine, über deren Arbeit er Näheres berichtete. Die Gemeinden unterstützten vielfach diese Tätigkeit, sodass es um 1900 etwa 2000 Bewahranstalten/Kindergärten in Deutschland gab.[192] Eines der berichtenden Blätter, der Regulator, wies im Anschluss an seine Wiedergabe des Vortrags jedoch kritisch darauf hin, dass die durch »wachsende Industrie« bewirkte Zerrissenheit des Familienlebens nur gebessert werden könne, »wenn die Arbeit gegenüber dem Kapital eine andere gesetzliche Stellung im Staat erhalte«[193].

Während in dieser Versammlung über die Probleme der Frauen in der industriellen Gesellschaft sachbezogen diskutiert wurde, war das Thema in den offenen Wahlversammlungen der Freisinnigen Volkspartei Instrument der polemischen Auseinandersetzung. Die Sozialdemokraten warfen dort den Liberalen mangelnden Einsatz für das Frauenwahlrecht vor. Hofmann hielt ihnen die ungleiche Position der Frauen in den von den Sozialisten beherrschten Organisationen entgegen. Bei der Versammlung der Hirsch-Dunkerschen Gewerkschaften hob er die

190 Wilhelm Böhmert, Armenwesen und Wohlfahrtspflege, in: Robert Wuttke, Hg., Die deutschen Städte, Leipzig 1904, Bd. 1, S. 664.

191 Emil Münsterberg, Kinderfürsorge, in: Handwörterbuch der Staatswissenschaften, Bd. 5, 1910, S. 840.

192 Münsterberg, Kinderfürsorge, S. 835.

193 ZAS L. Hofmann: Der Regulator vom 6.11.1908.

»Bedeutung der Arbeiter- und Arbeiterinnen-Organisation für die erwerbstätige Frauenwelt« hervor.

Endphase des Wahlkampfs

Nach den Sommerferien, gegen Ende September 1909, wurde der Wahlkampf allmählich von den Parteien wieder aufgenommen. Die erste Abstimmung sollte am 21. Oktober stattfinden, absehbar notwendige Stichwahlen in den zwei Wochen danach. Es war eine geheime Persönlichkeitswahl, bei der die Stimmzettel im geschlossenen Umschlag in die Wahlurne geworfen wurden, nicht wie bei manchen Kommunalwahlen in Deutschland, wo der Wähler an den Tisch des Wahlvorstandes herantrat und laut den Namen seines Kandidaten nennen musste: eine effektive Kontrolle für Arbeitgeber, Nachbarn und Parteiführer. Aber eben nicht bei diesen sächsischen Landtagswahlen. Es waren jedoch Umschläge in unterschiedlichen Farben, je nachdem wie viele Stimmen der einzelne Wähler in diesem Pluralwahlrecht hatte.[194]

Die Leipziger Neuesten Nachrichten vom 4. Oktober registrierten erst eine geringe »Wahlbewegung«. Sie befürchteten, dass die Bevölkerung – außer den Sozialdemokraten – noch nicht die Chancen des neuen Wahlrechts erkannt hätte. Bis zum 8.10. hatten die Parteien ihre Kandidaten für die 91 Wahlkreise aufgestellt. Doch nur die SPD hatte für alle Wahlkreise einen Bewerber benannt, schon um ihr Wählerpotential voll in Erscheinung treten zu lassen. Ähnlich weit wollten die bisher dominierenden Konservativen, zusammen mit Mittelstandspartei und Bund der Landwirte, mobilisieren. Sie nominierten für 80 Wahlkreise Kandidaten. Nationalliberale und Freisinnige Volkspartei gingen ökonomischer vor. Sie konzentrierten ihre Kräfte auf die Wahlkreise, in denen sie sich Chancen für ein Mandat ausrechneten. Bei den Nationalliberalen waren das 68 Wahlkreise, beim Freisinn 34. So nominierte dieser zum Beispiel nur in drei der sieben Leipziger Wahlkreise eigene Kandidaten, in Dresden nur in einem von sieben.

Auch Hofmann intensivierte seine Aktivitäten in dieser Endphase des Wahlkampfes. Schon in der bisherigen Kampagne hatte er einen hohen Einsatz gezeigt. Wie weit das auch seinen Einfluss auf die Strategie des sächsischen Freisinns erhöhte, muss dahingestellt bleiben. Er war schließlich ein jüngerer »Parteibeamter«, der von der Politik lebte.

194 Leipziger Neueste Nachrichten, 19.10.1909. S. 1f.

Insofern war er abhängig von den älteren, führenden Mitgliedern der Partei, die aufgrund ihrer Berufe als Kaufmann, Fabrikant, Richter für die Politik leben konnten, in ihren Gemeinden gesellschaftlich verankert waren und – soweit sie schon Mandate hatten – beträchtlichen politischen Einfluss besaßen. Aber mit der Dauer seines Amtes und den landesweiten Erfahrungen dürfte auch sein Wort im Führungsgremium an Gewicht gewonnen haben. Um diese Zeit, vielleicht nach dem Abschluss des Wahlkampfes, dürfte ihm auch das »Bilderglas« mit den Porträts der Parteiführer als Anerkennung seiner Leistungen überreicht worden sein. Eine gewisse Ironie lag darin, dass im Zentrum der abgebilden Gruppe der 1906 verstorbene Eugen Richter war. Dessen »Diktatur« über die Partei habe ausgereicht, »die programmatische Forderung einer vorsichtigen sozialen Reformpolitik abzuwehren«, so der zeitgenössische Soziologe Ferdinand Tönnies.[195] Hofmanns Wahlkampf hingegen war geprägt von den sozialliberalen Ideen Friedrich Naumanns.

Nach Ausweis der gesammelten Zeitungsausschnitte konzentrierte er seine Aktivitäten einerseits auf die westlichen Wahlkreise von Erzgebirge und Vogtland. Dort unterstützte er wieder Dr. Dietel, Landrichter Brodauf, die Abgeordneten Bär und Günther. Und er trat zwischen dem 1.10. und 10.10. besonders für Oberlehrer Brückner im 45. ländlichen Wahlkreis ein; in den insgesamt etwa zehn kleineren Orten im Dreieck zwischen Marktneukirchen (9.497 E., 1913), Brambach (2.354 E.,1935) und Bad Elster (2.250 E., 1910). Auch Oskar Günther kam gelegentlich aus dem benachbarten Plauen zur Unterstützung hierher. Die einzige Episode, die Hofmann später einmal aus den Wahlkämpfen in solchen kleinen aber gewerbereichen Gemeinden erzählte, war ein Test seiner Trinkfestigkeit. Er habe vorn am Tisch neben dem Versammlungsleiter gesessen, etwas beiseite der beaufsichtigende Polizist. So präsent war damals die Obrigkeit! Auf dem Tisch habe ein Wasserglas für den Redner gestanden, aber mit Schnaps gefüllt. Er habe den Test wohl bestanden und im Laufe der etwa zwei bis drei Stunden, die solche Versammlungen dauerten, auch das Glas ohne intellektuelle Beeinträchtigung geleert.

Der andere Schwerpunkt, den Hofmann zwischen dem 12.10. und dem 17.10. im Wahlkampf setzte, war (ganz im Südosten Sachsens) in

[195] Ferdinand Tönnies, Die politischen Parteien im Deutschen Reich, in: Arno Bamme, Rolf Fechner, Hg., Ferdinand Tönnies, Gesamtausgabe, Bd.7, 1905–1906, Berlin 2009, S. 454.

den kleineren Städten und Dörfern um Zittau. In Hainewalde (2650 E., 1935), Spitzkunersdorf (2146 E., 1935) und Hörnitz (838 E., 1935) trat er für den Landwirt und Gemeindevorsteher Ringehan ein, in Strahlwalde und Reichenau (7130 E., 1935) für den Landwirt und Gemeindevorsteher Zeißig und in Seifhennersdorf (7973 E., 1935) für den aus Leipzig stammenden Prof. Dr. Rahn. Der freisinnige Stadtrat Schwager aus Zittau (37000 E., 1910) führte seinen Wahlkampf in der Stadt selbst weitgehend allein. Aber Hofmann hatte dort schon am 3. März 1909 bei »einer zahlreich besuchten Versammlung des Vereins der freisinnigen Volkspartei für Zittau und Umgebung« in »Helds Sozietät« einen Vortrag über die Reichsfinanzreform und das Pluralwahlrecht gehalten, der »mit starkem Beifall aufgenommen« wurde.[196] In der Endphase des Wahlkampfes konzentrierte er sich dann auf die Umgebung.

Gegenüber der mehr auf die allgemeine Politik gerichteten langen ersten Phase der Wahlkampagne wurden jetzt die speziellen sächsischen Themen in den Vordergrund gestellt, ohne dass der Blick auf die Reichspolitik unterblieb. Bei dem Auftritt in Hainewalde zusammen mit dem Gemeindevorsteher Ringehan kommentierte Hofmann die politische Gesamtlage. Dabei setzte er sich deutlich von den Konservativen und der SPD ab, vorsichtiger von den Nationalliberalen. Mit denen könnte man vielleicht noch bei den Stichwahlen zusammenarbeiten. Der Kandidat selbst nahm zu Fragen der sächsischen Verwaltungs- und Verfassungspolitik Stellung. Er forderte die Reform der Ersten Kammer des sächsischen Parlaments, in der vor allem der Großgrundbesitz privilegiert vertreten war. Er setzte sich ferner für die Übernahme des Reichstagswahlrechts für die Wahl zur Zweiten Kammer ein und forderte eine Reform der sächsischen Gemeindegesetzgebung mit Stärkung der Selbstverwaltungsrechte sowie Entlastung der »schwachen Schultern« bei den Gemeindesteuern.[197]

Bei der Wahlversammlung am 14.10. mit dem Gemeindevorsteher Eduard Zeißig in Reichenau, im Kretschamsaal, übernahm Hofmann das Hauptreferat zur sächsischen Innenpolitik.[198] In einem zweistündigen Vortrag stellte er die Forderungen der Freisinnigen Volkspartei dar: Entlastung der gemeindlichen Selbstverwaltung von den vielen »Verfügungen und Verordnungen von oben«. Ein besonderes Anliegen war ihm dabei die »brennende Frage der Volksschulreform«. Hier setzte er einen

[196] ZAS L. Hofmann: Zittauer Morgenzeitung vom 3.3.1909.
[197] ZAS L. Hofmann: Zittauer Morgenzeitung vom 14.10.1909.
[198] ZAS L. Hofmann: Reichenauer Nachrichten vom 16.10.1909.

ausgesprochen anti-kirchlichen Akzent, forderte, dass die geistliche Schulaufsicht durch eine fachmännische ersetzt würde, »Abschaffung alles religiösen Formelkrams« sowie die Einheitsschule; gemeint war wohl eine allgemeine, konfessionsneutrale Schule. Allerdings hatte, nach Einschätzung von Blaschke, das Gesetz über das Volksschulwesen von 1873 in Sachsen den Einfluss der Evangelischen Kirchenbehörden auf die Schule schon weitgehend zurückgedrängt, den »Säkularisierungsprozess weitergeführt und die Jugenderziehung zu einer rein staatlichen Aufgabe gemacht«.[199] Bei Hofmanns Rhetorik wirkte offenbar der Kulturkampf der 1870er-Jahre nach, der ja von der liberalen Bewegung, auch in Sachsen, mitgetragen wurde.[200] Der hatte sich zwar gegen »Rom« gerichtet, gegen die katholische Kirche, implizierte aber generell eine Trennung der Sphären von Religion und Staat, somit auch eine Abgrenzung zu der Evangelisch-Lutherischen Landeskirche.

Mit drei weiteren Forderungen zielte das von ihm vorgetragene liberale Programm darauf, die Situation verschiedener Gruppen zu verbessern. »Im Interesse des Handwerksstandes sei die Hebung des Fachschulwesens vonnöten, auch das Submissionswesen müsse geändert werden.« Die Staatsbeamten sollten das Koalitionsrecht erhalten. Die Position der Arbeiter im Bergbau des Erzgebirges sollte dadurch verbessert werden, dass ihnen berufliche Aufstiegschancen eröffnet werden: »Heranziehung von Arbeitern zur Gewerbeinspektion und Anstellung von solchen als Grubenkontrolleure.«[201]

In der folgenden Debatte setzte sich der sozialdemokratische Redakteur Schnettler und Kandidat für Zittau mit Hofmanns Vorschlägen teils detailliert, teils prinzipiell auseinander. Schnettler folgte offenbar Hofmanns Wahlkampagne im Zittauer Gebiet von Ort zu Ort, hatte ihn bereits in Weigsdorf und Strahlwalde herausgefordert. Der hielt ihm nun zu später Stunde etwas ungeduldig entgegen – es fiel das Wort »Quatsch« –, dass er ihn schon mehrmals widerlegt habe, er wolle das nicht noch einmal tun. Er sei der Ansicht, »dass man mit uferlosen Forderungen nicht vorwärtskomme, sondern es gelte auf dem Weg des Erreichbaren zu arbeiten«. Es war schließlich schon fast ein Uhr nachts, als die Versammlung beendet wurde.

199 Karlheinz Blaschke, Die Verwaltung in Sachsen und Thüringen, in: Kurt G. A. Jeserich, Hans Pohl, Georg Christoph von Unruh, Hg., Deutsche Verwaltungsgeschichte, Bd. 3, Das Deutsche Reich bis zum Ende der Monarchie, Stuttgart 1984, S. 787.

200 Huber, Verfassungsgeschichte, Bd. 4, S. 766.

201 ZAS L. Hofmann: Reichenauer Nachrichten vom 16.10.1909.

Als am 21.10.1909 die Wahllokale für die erste Runde schlossen, war die Wahlbeteiligung entgegen der Meinung mancher Skeptiker sehr hoch. Die Leipziger Neuesten Nachrichten schätzten sie auf 80 bis 90 %.[202] Die Sozialdemokraten hatten die neuen Chancen – trotz des Pluralwahlrechts – erkannt und die bürgerlichen Parteien wollten den glatten Durchmarsch der Sozialisten verhindern, was ihnen mit einer hohen Mobilisierung der eigenen Wähler auch gelang. Immerhin lag die SPD an der Spitze des vorläufigen Ergebnisses mit 16 Mandaten vor den Konservativen mit 14 und den Nationalliberalen mit vier. Das war schon ein großer Erfolg für die SPD, die im Landtag des Dreiklassenwahlrechts nur ein Mandat gehabt hatte. Für die Freisinnige Volkspartei war das Ergebnis des ersten Wahlgangs ganz enttäuschend, denn sie hatten noch gar keinen Kandidaten durchgebracht. Doch bei den Stichwahlen in den folgenden 14 Tagen erhielt sie acht Mandate. Die im ersten Wahlgang miteinander konkurrierenden bürgerlichen Parteien hielten zusammen, um die »Rote Flut« zu stoppen. Die Freisinnige Volkspartei allerdings mit der Einschränkung, dass sie ihren Ortsverbänden nicht vorschrieb, wen sie unterstützen wollten, wenn kein eigener Kandidat vorhanden war. Das weckte das Misstrauen der Leipziger Neuesten Nachrichten, ob sich da ein Flirt mit der SPD anbahne.[203]

1. Wahlgang am 21.10.1909[204]	**Stimmen der Parteien**	**Mandate nach Stichwahlen**[205]
Sozialdemokraten	492 522	25
Nationalliberale	336 541	28
Konservative / Bd. Landw. (mit Mittelstdv.)	281 804	28
Freisinnige Parteien	100 804	8
Reformpart./Mittelstandv.	55 502	
Freikonservative Partei	5605	2
Splittergruppen	1220	
Gesamt		91

[202] Leipz. N. Nachr. vom 23.10.1909.
[203] Leipz. N. Nachr. vom 24.10.1909.
[204] Karl Czok, Hg., Geschichte Sachsens, Weimar 1984, S. 418.
[205] Leipz. N. Nachrichten vom 5.11.1909.

Doch bei den Stichwahlen hatte der Freisinn acht Mandate erringen können gegenüber drei im vorhergehenden Landtag. Es waren zumeist die Wahlkreise im westlichen Sachsen, in denen auch Hofmann intensiv geworben hatte, wo die Kandidaten Günther, Bär, Dietel, Brodauf, Roch ins Parlament gewählt wurden.[206]

Der in Zittau gewählte Stadtrat Ernst Emil Schwager konnte bei der Stichwahl schon auf eine sehr gute Ausgangsposition im ersten Wahlgang bauen, die seine Verankerung in der Stadt bestätigte. Diese traditionsreiche Mittelstadt mit ca. 40 000 Einwohnern (1935) war neben ihrer vielfältigen Industrie auch von staatlichen Behörden und Bildungseinrichtungen geprägt. Schwager lag vor den Nationalliberalen (an zweiter Stelle) und den Sozialdemokraten (an dritter Stelle). Zittau war damals, wie Armin Behrendt in seiner Biografie des späteren Oberbürgermeisters der Stadt, Wilhelm Külz, feststellte, »seit vielen Jahren eine Hochburg des Linksliberalismus«.[207] Die Zittauer Morgenzeitung war Meinungsführerin. In seinen jüngeren Jahren als Stadtschreiber Zittaus 1901 stand Külz, beeinflusst von Friedrich Naumanns nationalsozialen Ideen, den Linksliberalen noch näher als später, als er 1912 Oberbürgermeister wurde. Nach 1945 wurde Külz Vorsitzender der Liberaldemokratischen Partei in der Ostzone. Hofmann hatte den Freisinn innerhalb der Stadt zwar in der ersten Phase unterstützt, sich dann aber auf das Umland konzentriert.

In Dresden, wo Otto Koch einen Wahlkreis errang, trat Hofmann wohl nicht auf. Die erfolgreiche Kandidatur von Johann Friedrich Roth im 13. städtischen Wahlkreis, im westlichen Sachsen, hatte Hofmann durch mehrere Auftritte intensiv vorbereitet: Dort half er in Penig einen Freisinnigen Volksverein erst zu gründen und in Burgstädt, den hier gerade gegründeten zu stabilisieren. Roth war übrigens 1912 die erste Wahl der Zittauer für das Amt des Oberbürgermeisters, wurde aber von der sächsischen Regierung nicht bestätigt.[208]

Wo Hofmanns Einsatz nicht zum Erfolg führte, war bei Brückner im Vogtland und bei den Kandidaten in den Wahlkreisen um Zittau herum: Ringehan, Zeißig und Rahn. Immerhin hatte er die Genugtuung, dass auch sein hartnäckiger Kontrahent in dieser Region, Schnettler, nicht in den Landtag kam. Die intensive, schwerpunktmäßig geführte

[206] Wikipedia 15.4.2015, Liste der Mitglieder des sächsischen Landtages 1909/10.
[207] Armin Behrendt, Wilhelm Külz, Aus dem Leben eines Suchenden, Berlin 1968, S. 43.
[208] Behrendt, Külz, S. 254.

Kampagne des Freisinns hatte dazu geführt, dass dieser nun mit acht Abgeordneten im Landtag vertreten war. Neben der SPD mit 25 Mandaten waren die Linksliberalen ebenfalls Gewinner der Wahl, wenn auch auf einem kleineren Niveau und im aufgegliederten Spektrum des bürgerlichen Lagers. Alle anderen Parteien hatten Verluste zu verzeichnen.

Für Ludwig Hofmann war dies auch ein persönlicher Erfolg. Es war für ihn der Einstieg in einen politischen Beruf. Zu seinem Beitrag dabei gehörte eine soziallıberale Prägung, die unter anderem durch Friedrich Naumann angeregt worden war, wie er in seinen Altersnotizen festhielt. Dieser war einer der politischen evangelischen Pfarrer, welche die Bedeutung der »sozialen Frage« erkannt hatten. Auf je andere Weise waren dies der konservativ-antisemitische Adolf Stöcker und der sozialdemokratische Paul Göhre. Naumann war mit Teilen seines 1903 aufgelösten Nationalsozialen Vereins zu den Liberalen der Freisinnigen Vereinigung gestoßen. Hofmann hatte im Wahlkampf Interessen der Arbeiter angesprochen und ihre Selbstorganisation nicht allein den Sozialdemokraten überlassen wollen. Die Kontakte zu den Hirsch-Dunkerschen Gewerkschaften hatte er schon mitgebracht und in Leipzig initiierte er die Gründung eines Freisinnigen Arbeitervereins. Und schließlich war es für ihn auch wichtig, dass er selbst durch die Wahlkampagne von Leipzig bis Zittau im Lande Sachsen einen hohen Bekanntheitsgrad erreicht hatte, der potentiell auch andere berufliche Möglichkeiten eröffnete.

13.2 Die Etablierung der Fortschrittlichen Volkspartei

In den ersten Monaten des Jahres 1910 trat im Spektrum der politischen Parteien in Deutschland eine bedeutsame Veränderung ein, die auch Hofmanns Aufgaben als Landessekretär der Freisinnigen Volkspartei in Sachsen betraf. Verschiedene linksliberale Parteien im ganzen Reich schlossen sich zur Fortschrittlichen Volkspartei zusammen, in die auch der Freisinn sich einordnete.

Am Anfang des 20. Jahrhunderts war der Liberalismus in Deutschland in ein breites Spektrum von Parteien aufgegliedert. Die beiden größten Formationen waren die Nationalliberale Partei und die Gruppe von drei linksliberalen Parteien. Sie unterschieden sich nach politischen Akzenten und regionalen Schwerpunkten. Obwohl die Freisinnige Volkspartei, die Freisinnige Vereinigung und die Demokratische

Volkspartei noch je für sich um Stimmen warben, gab es seit 1904/05 zunehmend Absprachen und Initiativen zu einer Vereinigung. Schrittmacher in diese Richtung war die Fraktionsgemeinschaft der drei Parteien im Reichstag im sogenannten Bülow-Block. Dies war eine Formation von konservativen und liberalen Parteien, welche von 1907 bis 1909 die Politik des Reichskanzlers von Bülow unterstützte. Am 5. März 1910 gründeten diese Linksliberalen zusammen die Fortschrittliche Volkspartei.[209] Nicht dabei war die Demokratische Vereinigung, deren führende Mitglieder sich 1908 von der Freisinnigen Volkspartei wegen deren Unterstützung des Bülow-Blocks getrennt hatten.

Hofmanns Aufgabe war es, diesen Zusammenschluss mit zu organisieren und die neue Parteiorganisation zu festigen. Er teilte sich die Arbeit wieder mit seinem Kollegen Ehrich von der früher selbständigen Freisinnigen Vereinigung.

In den Jahren 1910 bis 1912 ergaben sich die Aufgaben für die neue Partei in Sachsen aus den Wahlterminen für den Reichstag. Im Spätsommer 1910 fand eine Nachwahl im 20. Reichstagswahlkreis Zschopau-Marienberg statt. Und für den Januar 1912 wurden allgemeine Wahlen für das deutsche Parlament angesetzt. Auch hier können wir Hofmanns Aktivitäten aufgrund der Zeitungsausschnitt-Sammlung zunächst für das Jahr 1910 verfolgen.

Kalender der politischen Auftritte Hofmanns Januar bis Dezember 1910

31.12.1909	Bautzen Bei der offenen Versammlung der Antisemiten-Partei
19.1.1910	Leipzig Mitgliederversammlung d. Vereins d. Freis. VP Leipzig u. Umgebung
25.1.1910	Leipzig Versammlg. d. Freisinnigen. Arbeitervereins
29.1.1910	Oelsnitz Geschlossene Versammlung von Anhängern des Freisinns
13.2.1910	Wermsdorf Offene Versammlung d. Freis. Volkspartei
26.2.1910	Leipzig-Gohlis. Verslg. d. Vereins. Freis VP. Leipzig-Nord
28.2.1910	Mockritz-Jeßnitz Offene Versammlg. d. Freis. VP.

[209] Oskar Klein-Hattingen, Geschichte des deutschen Liberalismus, Berlin-Schöneberg 1912, S. 607–609.

12.3.1910	Eibau Offene Vers. d. Fortschrittlichen Volkspartei
13.3.1910	Oberoderwitz Öffentl. Wählervers. d. Fortschrittl. Volkspartei
14.3.1910	Leutersdorf Geschlossene Veranst. d. Fortschrittl. Volkspartei
15.3.1910	Großschönau Veranstaltung d. Fortschr. Volkspartei
16.3.1910	Neugersdorf Öffentl. Vortrag d. Parteisekretärs d. Fortschr. VP.
29.4.1910	Großweitzschen Versammlung d. Konservativen Partei
30.4.1910	Leipzig-Gohlis Mitgliedverslg. d. Vereins d. Fortsch. VP. Leipzig-Nord
3.5.1910	Auerbach/Vogtland Offene Versammlg. d. Fortsch. VP.
4.5.1910	Ellefeld Öffentl. Vers. d. Fortschr. Volkspartei
5.5.1910	Treuen Öffentl. Versammlung d. Fortschr. Volkspartei
5.6.1910	Waldheim Veranstaltg. d. Fortschr. Volkspartei
13.6.1910	Leipzig, Geschlossene Veranstaltg. d. Vereins d. Fortschr. VP
26.6.1910	Seiffen i. Erzgebirge Veranstaltg. der Fortschr. VP.
2.7.1910	Waldheim Öffentl. Vers. d. Fortschr. VP
9.7.1910	Olbernhau Geschlossene Verantaltg. d. Fortschr. VP
17.8.1910	Marienberg Öff. Verslg. d. SPD f. Göhre
8.9.1910	Leipzig Mitgliederverslg. d. Vereins d. Fortschr. VP. f. Leipzig
22.10.1910	Knautkleeberg Geschlossene Veranstltg von Anhängern d. Fortschr. VP
6.12.1910	Pockau Geschlossene Veranstaltg von Anhängern der Fortschr. VP
7.12.1910	Leipzig-Gohlis Veranstl. d. V. d. Fortsch. VP für den 13. Rtgs.-Wahlkreis
12.12.1910	Leipzig Veranstltg. d. Freisinnigen Arbeitervereins

Hofmanns Aufgabe war es zunächst, die Vereinigung zur Fortschrittlichen Volkspartei mit vorzubereiten, indem er vor dem Beschluss zwischen den zentralen Verhandlungen und den sächsischen Regionalorganisationen informierend vermittelte. Danach galt es die neue Parteiorganisation auszubauen, das neu vereinbarte Parteiprogramm in der Breite bekannt zu machen.

Am 19. Januar 1910 informiere er in einer »gut besuchten Versammlung die Mitglieder des Vereins der Freisinnigen Volkspartei für Leipzig und Umgebung« über die in Berlin stattgefundenen Verhandlungen des Zentralausschusses, des Steuerungsgremiums der neuen Partei.[210] Er hatte offenbar daran teilgenommen. Der Bericht wurde »mit außerordentlichem Beifall« aufgenommen. In Sachsen hatte man ja beim Landtagswahlkampf schon eng mit der Freisinnigen Vereinigung zusammengearbeitet und begrüßte nun den Schritt zur weiteren Verbreiterung der linksliberalen Plattform. In der folgenden »lebhaften Debatte« wurden die Konsequenzen diskutiert, vielleicht auch einige abgrenzende Bemerkungen gegenüber Friedrich Naumanns »nationalsozialen Elementen« gemachte, die über die Freisinnige Vereinigung in die neue Partei kommen sollten. Dies stieß bei Einigen in der Freisinnigen Volkspartei auf Vorbehalte.[211] Aber in »allen wesentlichen Punkten« war man mit den Beschlüssen des Zentralausschusses einverstanden.

Einige Tage später referierte Hofmann in einer »gut besuchten« Versammlung des Freisinnigen Arbeitervereins zu Leipzig über das Einigungsprogramm der freisinnigen Parteien. Der von ihm in der Wahlkampagne zum Landtag gegründete Verein hatte sich also gehalten. Die drei Vorsitzenden waren ein Kaufmann (Paul Viehweger), ein Hutmacher (Otto Simon) und ein Kellermeister (Paul Rexze).[212] In der Phase der Formierung der neuen linksliberalen Partei bekam der Verein jetzt die Funktion, die nichtsozialistischen Arbeiter in diesen Prozess mit einzubinden. Die Mitglieder stimmten »dem Einigungsprogramm«, das vom Viererausschuss, dem Koordinationsgremium der Fraktionsgemeinschaft im Reichstag, entworfen worden war, zu. Aber sie knüpften daran eigene Forderungen: Man erwarte »von der neuen Partei, dass sie mit allem Nachdruck für den weiteren Ausbau der im Interesse des ganzen Volkes liegenden Sozialgesetzgebung, für die Abschaffung der hohen Lebensmittelzölle und für staatsbürgerliche Gleichberechtigung eintreten wird. Arbeiterfragen sollten durch Abgeordnete aus dem Arbeiterstande in den Parlamenten vertreten werden. Diese Vertreter sollten mit einem beim Zentralvorstand zu bildenden Ausschuss in steter Fühlung bleiben«[213]. Man wollte mitreden. Hier deutet sich eine Emanzipation der freisinnigen Arbeiter von der bürgerlichen Führung an. Eine linksliberale »Volkspartei« war nicht ohne Gleichberechtigung in der Repräsentanz zu haben.

[210] ZAS L. Hofmann: Leipziger Abendzeitung vom 20.1.1910.
[211] Klein-Hattingen, Geschichte, S. 607.
[212] Leipziger Neueste Nachrichten vom 17.10.1909, S. 26.
[213] ZAS L. Hofmann: Oschatzer Tageblatt vom 27.1.1910.

Hofmann unterstützte diese Tendenz, wie der Verlauf einer weiteren Versammlung des Freisinnigen Arbeitervereins gegen Ende des Jahres zeigte. Er hielt dort am 12. Dezember 1910 einen Vortrag über verschiedene Probleme der Reichspolitik, wobei er auch über das Projekt der Arbeitskammern sprach. Nach jahrelangen kontroversen Debatten hatte 1906 der Reichsstaatssekretär für Inneres, Posadowsky, einen entsprechenden Gesetzesvorschlag in den Reichstag eingebracht.[214] Arbeitskammern sollten der Befriedung von Konflikten in der Wirtschaft durch Vermittlung und durch Gutachten dienen. Sie sollten sich aus gewählten Arbeitgebern und Arbeitnehmern zusammensetzen. So weit so gut. Im Beratungsprozess tauchte aber die Forderung auf, dass auch Arbeitersekretäre, die ja keine angestellten Arbeiter waren, das passive Wahlrecht erhalten sollten. Für die Unternehmer waren sie Betriebsfremde und für die Regierung politisch verdächtig, Hofmann fand das aber »vernünftig«, doch die Regierung stemme sich dagegen. Die Versammlung des Freisinnigen Arbeitervereins beschloss einen Antrag, dass die Fortschrittliche Volkspartei dem Gesetz über die Arbeitskammern nur zustimmen sollte, wenn die Wählbarkeit der Arbeitersekretäre darin enthalten sei.[215]

Im ersten Halbjahr 1910 veranstaltete die Freisinnige, dann die Fortschrittliche Volkspartei eine ganze Reihe von Versammlungen in regionalen Schwerpunkten. Im Februar fanden zwei Veranstaltungen in Wermsdorf (3637 E., 1935) und Mockritz-Jessnitz (603 E., 1935) statt, kleinere Orte in ländlichen Gebieten zwischen Oschatz und Döbeln, die der Bund der Landwirte als seine politische Domäne betrachtete. In der Versammlung in Wermsdorf am 13.2. hielt deren Initiator, Postassistent Hundt, zuerst eine Rede über »Freisinn und Mittelstand«, auf die dann Hofmanns Vortrag zum Thema »Der entschiedene Liberalismus im Kampf für die Volkswohlfahrt« folgte. Er kritisierte unter anderem scharf die bevorzugte Stellung von Großgrundbesitz und Adel in Heer und Verwaltung sowie deren eigensüchtige Politik im Reichstag. Auch hob er die Politik der Landtagsfraktion unter Führung von Oskar Günther hervor und forderte, die Arbeiter als gleichberechtigte Bürger anzuerkennen.[216]

Die Versammlung dauerte mit heftigen Debatten in dem mit 500 Per-

214 Bernhard Harms, Arbeitskammer, in: Handwb. d. Staatswiss., Bd. 1, 1909, S. 1058–1065.

215 ZAS L. Hofmann: Oschatzer Tageblatt vom 15.12.1910.

216 Vgl. Bericht darüber in Anhang 2.

sonen überfüllten Saal des Gasthofs zum Goldenen Hirsch von 16.00 bis 21.00 Uhr. Der Bund der Landwirte hatte aus der weiteren Umgebung seinen Anhang mobilisiert und prominente Redner aufgeboten. Nach Ende der Versammlung versuchte er noch seine Dominanz durch ein Hoch auf den Bund der Landwirte unter Beweis zu stellen, was Hofmann aber schlagfertig mit einem »Hoch auf die Freisinnige Volkspartei beantwortete, das eine mindestens ebenso kräftige Resonanz in der Versammlung fand wie das vorausgehende.« (Oschatzer Tageblatt, 20.2.) In der regionalen Presse fand dieses spektakuläre Ereignis noch tagelang einen kontroversen Widerhall.[217] Auch wurde gegen den Widerstand der massenhaft erschienenen Anhänger des Bundes der Landwirte eine Ortsgruppe des Freisinns mit 30 Mitgliedern gegründet. Eine Versammlung in dem Dorf Mockritz-Jeßnitz, bei Döbeln, in der Hofmann 14 Tage später über »Staat und Bürger« sprach, verlief dann offenbar ruhig. Der Vorsitzende, Rahmenfabrikant Tittmann, konnte die Versammlung unangefochten mit einem Hoch auf den »entschiedenen Liberalismus« schließen.

Der nächste regionale Schwerpunkt war im März die Oberlausitz von Löbau bis Zittau. Zwischen Samstag dem 12.3. und Mittwoch den 16.3. hielt Hofmann jeweils in fünf Orten einen Vortrag: Eibau, Oberoderwitz, Leutersdorf, Großschönau und Neugersdorf.[218] In dieser kleinen Stadt (11 595 E., 1910) war er während des Wahlkampfs im Vorjahr schon zwei Mal gewesen, in den anderen Orten noch nicht. Alle außer Oberoderwitz hatten schon einen freisinnigen Verein. Die »Schwestervereine« in Eibau und Neugersdorf unterstützten die Vereinsgründung in Oberoderwitz, die im Anschluss an »die gut besuchte Volksversammlung« stattfand. Die Vorträge, die Hofmann hier hielt, hatten alle Grundsatzcharakter und orientierten sich am »Programm der geeinten Linksliberalen«. Die Parteigründung war ja gerade eine Woche vorher erfolgt und Hofmann berichtete eingangs jeweils über den Gründungsvorgang. Er variierte Titel und Inhalte etwas. Aber es ging um die Unterschiede zwischen Konservativen und Liberalen sowohl im Grundsatz wie praktischer Politik. Ein wiederkehrendes Thema war dabei die Forderung nach Reform der Ersten Kammer des sächsischen Landtags, die durch königliche Ernennungen eine Hoch-

[217] ZAS L. Hofmann: Oschatzer Tageblatt vom 18.2. und 20.2.1910, Wermsdorfer Wochenblatt vom 16.2., Auerbacher Z. vom 14.2., Sächs. Volksblatt vom 16.2., Oberlausitzer Volksbote vom 17.2., Leipziger Neueste Nachrichten vom 26.2.

[218] ZAS L. Hofmann: Oberlausitzer Dorfzeitung vom 15.3.1910, Zittauer Morgenzeitung vom 15., 16., 17. und 18.3.1910.

burg von Adel und Konservativen war, ferner die jeweilige Haltung zur Finanzreform, Kritik an der Bürokratie und um Polizeiwillkür. Er positionierte die Partei von Freiheit, Recht und Wohlfahrt zwischen dem stagnierenden Konservativismus und dem revolutionären Sozialismus als Kraft der Mitte, der maßvollen Reform.

Im Mai 1910 konzentrierte Hofmann seine Tätigkeit auf Orte im sächsischen Vogtland. In den ersten Maitagen sprach er in Ellefeld, Auerbach und Treuen.[219] In Auerbach (19 595 E., 1935), dem Zentrum der gleichnamigen Amtshauptmannschaft, gab es bereits einen »fortschrittlichen« Verein, ebenso wie in Treuen (8773 E., 1935). In Ellefeld (5440 E., 1935) hatten die Misserfolge bei der letzten Landtagswahl die noch unorganisierten Anhänger des Freisinns dazu veranlasst, »der Gründung eines freisinnigen Vereins näher zu treten.« Hofmanns Rede sollte dazu den Auftakt geben und in der Tat traten nach seinem mit »lautem Beifall« aufgenommenen Vortrag sogleich 30 Zuhörer ein. Auch hier legte er dem zweistündigen Vortrag das Programm der neuen Fortschrittlichen Volkspartei zugrunde, sprach über den »Kampf für den modernen Staat.« Daneben setzte er sich aber auch mit Vorwürfen der Nationalliberalen Partei auseinander. Diese hatte den Linksliberalen »Antinationalität« vorgeworfen, weil sie in Heeresfragen oppositionell agiert hatten. Hofmann wies darauf hin, dass selbst die Regierung ihrer Forderung gefolgt sei, die Dienstzeit von drei auf zwei Jahre zu senken.

Auch im zehnten sächsischen Reichstagswahlkreis Döbeln-Waldheim wurden Anhänger der Fortschrittlichen Volkspartei aktiv. Am 5.6. hielt auf ihre Einladung hin Hofmann in Waldheim einen Vortrag, wo es dann zur Gründung einer Ortsgruppe kam.[220] Auch in Leisnig und Hartha zeigte man Interesse an der neuen Partei des »entschiedenen Liberalismus«. In Döbeln gab es schon einen Verein der Freisinnigen Volkspartei, bei dem Hofmann während des Wahlkampfes zum Landtag einen Vortrag gehalten hatte. Einen Monat später, am 3. Juli, hielt der Landtagsabgeordnete Landgerichtsrat Brodauf in Waldheim vor 120 Zuhörern einen Vortrag über »Konservativ oder liberal«.

In diesen Monaten wurden Hofmann auch zwei Mal Reden für angesehene Mitglieder der Fortschrittlichen Volkspartei im Verband

[219] ZAS L. Hofmann: Leipziger Tageblatt vom 7.5.1910, Auerbacher Zeitung vom 4. und 3.5.1910.

[220] ZAS L. Hofmann, Leipziger Tageblatt vom 5.6.1910, 3.7.90, Leipziger Abendzeitung vom 3.7.1910, Oberlausitzer Volksbote vom 7.7.1910.

Leipzig übertragen. Das eine Mal war es ein Nachruf auf Georg Engler, das andere Mal die Ehrung des »noch immer kämpferischen Seniors der Partei«, Albert Träger.

Der Lehrer Georg Engler war Mitglied im Verein der Freisinnigen Volkspartei Leipzig Nord (Gohlis) gewesen. Dort hatte er im zweiten Leipziger Wahlkreis im Herbst 1909 für den Landtag kandidiert. Alle Teilorganisationen des Freisinns wie sein Bezirksverein, der Leipziger Gesamtverein, der Freisinnige Arbeiterverein und auch der Liberale Verein mit dessen Sekretär Ernst Ehrich hatten ihn unterstützt.[221] Doch konnte er den Wahlkreis nicht gewinnen. Ende April 1910 verstarb er und Hofmann, der ihn ja aus dem Wahlkampf gut kannte, hielt am 30. April eine offensichtlich bewegende Gedenkrede, die bei den Anwesenden einen tiefgehenden Eindruck hervorrief.[222]

Am Abend des 13. Juni 1910 veranstaltete der Verein der Fortschrittlichen Volkspartei für Leipzig und Umgebung im Börsenrestaurant ein Fest, einen Kommers zu Ehren von Albert Träger.[223] Es war schon ein Beweis des Vertrauens in die Fähigkeiten Ludwig Hofmanns, dass man ihm die Rede zum 80. Geburtstag eines so prominenten Politikers übertrug, eine Rede über Politik und Poesie; denn Träger war eben auch ein bekannter Dichter, Autor von Sozialskizzen, von Gedichten zu den kriegerischen Ereignissen von 1870 und 1871 sowie vor allem von empfindungsvoller und nachdenklicher Lyrik. In den Anthologien aus Hofmanns Besitz aus dem späten 19. Jahrhundert finden sich mehrere Beispiele dafür.

Träger war in Mitteldeutschland aufgewachsen, hatte in Naumburg das Gymnasium besucht und von 1848 bis 1851 in Halle und Leipzig Rechts- und Staatswissenschaften studiert, war also durch das unmittelbare Erlebnis der Revolution von 1848/49 geprägt.[224] Von 1862 bis 1891 war er in Kölleda und dann Nordhausen als Rechtsanwalt tätig gewesen, danach in Berlin. Für die Freisinnige Volkspartei war er 1874 bis 1878, 1881 bis 1887 und 1890 bis 1910 im Reichstag. Noch in den Jahren 1908 und 1910 hatte er sich im Parlament mehrfach gegen das »plutokratische Wahlrecht« in Preußen ausgesprochen. Das war eines der Kampfthemen dieser Jahre, bei dem Linksliberale und Sozialdemokraten parallel argumentierten. Seine literarische Fähigkeit ließ ihn dabei

[221] Leipziger Neueste Nachrichten vom 17.10.1909, S. 26.
[222] ZAS L. Hofmann: Leipziger Tageblatt vom 3.5.1910.
[223] ZAS L. Hofmann: Leipziger Tageblatt vom 15.6.1910.
[224] Albert Träger, in: Wikipedia 15.7.2015.

mehrfach zu ironisch zugespitzten Formulierungen greifen: Die Wahrung der Reichseinheit erfordere auch in den Ländern die Einführung des gleichen Wahlrechts wie zum Reichstag. Deshalb erweise der Preußische Ministerpräsident von Bethmann-Holllweg, der dieses ablehne, dem Reichskanzler, auch Bethmann-Holweg, einen »üblen Dienst«.[225] Beim Prozess der Vereinigung der linksliberalen Parteien hatte er zwischen der misstrauischen Führung der Freisinnigen Volkspartei um Otto Wiemer und der Gruppe um Friedrich Naumann vermittelt.

Hofmann feierte Träger als »freisinnigen Dichter, [...] vor allem aber als wahrhaft liberaler Politiker stets ein begeisterter Verfechter des Einheits- und Freiheitsgedankens in Deutschland«.[226] Diese Traditionen hatten Hofmann seit seinen Burschenschaftstagen beeinflusst und er konnte hier aus vollem Herzen die Haltung des Jubilars würdigen. Nach seiner Ansprache folgten Erinnerungen von Weggenossen Trägers aus früheren Tagen. »Musikalische und deklamatorische Vorträge« der Dichtungen Albert Trägers betonten den festlichen Charakter des Abends.

13.3 Eine Reichstagsnachwahl – Konfrontation mit Paul Göhre

Inzwischen hatte aber ein anderes Ereignis die Aufmerksamkeit der Führung des sächsischen »Fortschritt« auf den 20. Reichstagswahlkreis Zschopau-Marienberg gezogen. Dort war ein Mandat freigeworden und es stand eine Nachwahl an. In einigen Orten initiierten die Anhänger der Fortschrittlichen Volkspartei Versammlungen, um die Situation zu besprechen. Vor allem hielt man Ausschau nach einem »entschieden liberal gesinnten Kandidaten«.[227] Hofmann hielt am 27.6.1910 in Seiffen im Erzgebirge und am 10. Juli in Olbernhau Vorträge, um die Mobilisierung der Anhänger zu unterstützen. Er sprach über das Programm der Partei und die politische Lage im 20. Reichstagswahlkreis. Die sah für die Linksliberalen eigentlich günstig aus. Nach den statistischen Daten von 1903 betrug der Anteil der in Industrie und Handel Tätigen 72,3 %. Es war ein gewerbereicher Wahlkreis mit Städten

225 Klein-Hattingen, Geschichte, Bd. 2, S. 587.

226 ZAS L. Hofmann: Leipziger Tageblatt vom 15.6.1910.

227 ZAS L. Hofmann: Oschatzer Tageblatt vom 29.10.1910, Treuen Nachrichten vom 29.10.1910.

mittlerer Größe. Aber in den benachbarten Reichstagswahlkreisen Annaberg lag dieser Prozentsatz mit 81,5 % und in Auerbach mit 80,6 % deutlich höher. Die potentiellen SPD-Wähler waren noch nicht ganz so zahlreich. Diese Partei hatte in den Wahlen von 1904 (49,7 %) und 1907 (43,1 %) noch knapp oder deutlich die Mehrheit verfehlt.[228] So sah das auch die SPD, die 1910 zum Beispiel die zweite namengebende Stadt des Wahlkreises, Marienberg, »als ihr Sorgenkind« bezeichnete.[229] Die Freisinnige Volkspartei konnte also mit einem zugkräftigen Kandidaten und einem geschickt geführten Wahlkampf das Mandat gewinnen.

Für die SPD drehte sich aber die Aussicht ins Positive, als sie mit Paul Göhre einen weithin bekannten Politiker mit ausgeprägtem sozialpolitischem Profil aufstellte. Er war 1864 in Sachsen, in Wurzen, geboren und hatte evangelische Theologie und Nationalökonomie studiert. Als junger Pfarrgehilfe interessierte er sich intensiv für die Lebensverhältnisse der Arbeiter, ihren mühsamen Elfstundentag und auch ihre Distanz zum religiösen Angebot der christlichen Kirchen. Größte Aufmerksamkeit und geradezu Berühmtheit erlangte Göhre, als er 1891 seine Erfahrungen während »drei Monaten als Fabrikarbeiter und Handwerksbursche« in einer Broschüre veröffentlichte.[230] Er hatte 1890 im Öldunst der Werkzeugabteilung einer Maschinenfabrik in Chemnitz gearbeitet. Der Wahlkreis, für den er jetzt kandidierte, grenzte unmittelbar an diese Stadt. Ein Bürger hatte freiwillig den harten Alltag des Proletariats auf sich genommen und die inzwischen vielen Bürgern unbekannte Welt des Vierten Standes bekannt gemacht.

Es war nicht nur ein Akt der Aufklärung, sondern, in den Worten von Theodor Heuss – ein jüngerer Zeitgenosse von Göhre und später erster Präsident der Bundesrepublik Deutschland – »eine Tat von geschichtlich-symbolischem Wert«.[231] So wurde es damals vielfach empfunden. Heuss selbst war um 1900 »Naumannianer«, hatte den Pfarrer und Politiker Friedrich Naumann 1903 als Student in Berlin direkt beim Wahlkampf unterstützt und beobachtete als angehender Journalist engagiert die Vorgänge im christlich-sozialen Lager.

Nach seiner Schrift von 1891 engagierte sich Göhre in den damals neugegründeten sozialen Organisationen im Umkreis der Evangelischen Kirche, war Sekretär des Evangelischen Sozialen Kongresses,

[228] Gerhard A. Ritter, Wahlrecht und Wählerschaft, S. 65–67.
[229] ZAS L. Hofmann: Volksstimme vom 18.8.1910.
[230] Pikart Eberhard, Paul Göhre, in: Neue Deutsche Biographie 6 (1964), S. 513–515 (Onlinefassung).
[231] Theodor Heuss, Naumann, S. 96.

gründete evangelische Arbeitervereine, wurde 1897 zweiter Vorsitzender des Nationalsozialen Vereins von Friedrich Naumann. Die größere Konsequenz in der Vertretung der Interessen der Arbeiterschaft sah Göhre aber bei der SPD, der er im Jahre 1900 beitrat. Wieder ein Aufsehen erregender Schritt. Seine Beziehungen zur Parteiführung der SPD waren damals keineswegs reibungslos, um es milde zu sagen. Aber 1910 trat er für den vakanten Wahlkreis Zschopau-Marienberg an und hier begegnete ihm Hofmann.

Die SPD hatte Göhre zum 17. August 1910 nach Marienberg zu einer offenen Wählerversammlung eingeladen. Die Neugier auf den bekannten Politiker war in allen Bevölkerungskreisen enorm groß. Der Saal im »Weissen Ross« war – dank einer großzügigen Polizei – mit etwa 800 Personen vollkommen überfüllt. Weitere etwa 200 standen in den Zugängen und vor den Fenstern auf der Straße. »Selbst die Bäume auf der Straße hatten einige, die Göhre nicht bloß hören, sondern auch sehen wollten.«[232] Er war ein Mann des Volkes, von dem man wusste, dass er selbst in der Fabrik gearbeitet hatte und sich in einer erst kürzlich erschienenen Schrift auch mit den schwierigen Lebensverhältnissen der Heimarbeiter hier im Erzgebirge beschäftigt hatte.[233]

Göhres fast zweistündige Rede bestand zunächst aus einer heftigen Kritik an den mangelhaften Ergebnissen der bisherigen Sozialpolitik. Die mit »starken Farben« beschriebenen Zustände von »Not und Elend im Volke« wurden zu einem moralisch-religiös getönten »Sündenregister« der bürgerlichen Parteien.[234] Hier äußerte sich seine von Heuss bemerkte »Reizbarkeit gegen bürgerliche Selbstzufriedenheit«.[235] Denn natürlich gab es einen gewissen Stolz auf die staatlich organisierten und auch international beachteten Bismarck'schen Versicherungen der Arbeiter gegen Alter, Invalidität und Krankheit, die gerade zu dieser Zeit auf die Angestellten ausgedehnt werden sollten. So zog zum Beispiel im Jahre 1908 der damalige britische Staatssekretär Winston Churchill aus den Berichten englischer Beobachter über das schon erfolgreich laufende deutsche Versicherungssystem die Folgerung: Schon aus Konkurrenzgründen solle man Ähnliches in Großbritannien einführen: »Germany is organized not only for war, but for peace.«[236] Wie

232 ZAS L. Hofmann: Volksstimme vom 18. und 19.8.1910.
233 Paul Göhre, Heimarbeit im Erzgebirge und ihre Wirkungen, Chemnitz 1906.
234 ZAS L. Hofmann: Erzgebirgische Nachrichten vom 18.8.1910.
235 Heuss, Naumann, S. 96.
236 Peter Hennock, British Social Reform and German Precedents, Oxford 1987, S. 169.

auch ein gewisses Selbstbewusstsein gerade auch im liberalen Bürgertum über die aus der Gesellschaft heraus – vor allem in den Kommunen – erzielten allgemein zivilisatorischen Verbesserungen mit sozialen Folgen: Auch diese Maßnahmen wurden aufmerksam in England zur Kenntnis genommen.[237] So zum Beispiel die hygienische Sanierung der Städte durch Wasserwerke und Abwasserleitungen, der Bau neuer Pavillon-Krankenhäuser, die Errichtung von Schwimmhallen, auch mit Wannenbädern als Kompensation für die fehlenden Badezimmer in den vielen überfüllten Kleinwohnungen, was alles zusammen zur Verminderung von Krankheiten und Senkung der Sterblichkeitsraten beitragen sollte, die Etablierung von Arbeitsvermittlungen – teils kommunal, teils zusammen mit Gewerkschaften –, Einrichtungen der Säuglings-, Kinder- und Jugendfürsorge – teils rein kommunal, teils mit bürgerlichen Vereinen oder Kirchen.[238] Die Bände der deutschen Städteausstellung in Dresden von 1903 dokumentieren, was gerade auch in Sachsen, in Leipzig, Dresden, Chemnitz, Plauen und Zwickau geleistet worden war.[239] In all diesen Bereichen musste damals noch mehr getan werden, vor allem in einem qualitativ verbesserten Wohnungsbau, um die negativen Begleiterscheinungen von großem Bevölkerungswachstum, Urbanisierung und Industrialisierung zu mildern. Auch war das Niveau dieser Maßnahmen zwischen armen und reichen Städten, armen und reichen Stadtvierteln unterschiedlich. Aber es hatte in den vorausgegangenen 40 Jahren des Kaiserreiches neben der wirtschaftlichen auch eine hohe sozialpolitische Dynamik gegeben, wozu der politische Druck der Arbeiterbewegung beigetragen hatte.

In dem an die Kritik anschließenden Teil von Göhres Rede trug dieser Vorschläge zur Heeresreform wie auch zu anderen Themen vor, die – wie die Erzgebirgischen Nachrichten meinten – »ebenso gut ein liberaler Kandidat hätte machen können«. Sie hoben auch hervor, dass er mit »seiner fließenden Beredsamkeit Eindruck zu machen verstehe, besonders dann, wenn er ideale Bilder« entrolle.

Dieser maßvolle Reformansatz Göhres war keine auf den speziellen Anlass entwickelte Taktik, sondern entsprach seiner Grundposition als »Revisionist« im Spektrum der SPD. Daher auch sein gespanntes Ver-

[237] W. H. Dawson, Municipal Life and Government in Germany, London 1914.

[238] Andrea Bergler, Von Armenpflegern und Fürsorgeschwestern. Kommunale Wohlfahrtspflege und Geschlechterpolitik in Berlin und Charlottenburg (Beiträge zur Stadtgeschichte und Urbanisierungsforschung, Bd. 13) Stuttgart 2011.

[239] Wuttke, Die deutschen Städte.

hältnis zur SPD-Führung um Bebel.[240] Und die »Volksstimme« berichtete auch lieber über die Umstände der »mächtigsten politische Kundgebung« in Marienberg, als über den Inhalt seiner Rede. Diese Position machte es aber auch für Hofmann und die Fortschrittspartei schwer, in der Konkurrenz um das Reichstagsmandat dagegenzuhalten.

Die Fortschrittspartei hatte offenbar keinen »zugkräftigen« Gegenkandidaten zu Göhre gefunden. Deshalb schickte sie ihren Landessekretär in die Versammlung. In den vergangenen Monaten war Hofmann schon zwei Mal ganz erfolgreich bei gegnerischen Versammlungen aufgetreten, einmal am 31.12.1909 bei der Antisemiten-Partei in Bautzen gegenüber dem Reichstagsabgeordneten Gräfe, der durch den Reichstagsabgeordneten Zimmermann vom Bund der Landwirte unterstützt wurde.[241] Dann am 29.4.1910 in Großweitzschen, wo er gegen den Generalsekretär Kuntze von der Konservativen Partei antrat.[242] Hier in Marienberg war die Situation aber schwieriger. Hofmann hatte sich mit detailliertem Material vorbereitet, um die »Widersprüche« bei der SPD zwischen Theorie und Praxis aufzuzeigen. Er suchte diese bei der Haltung der Partei zu Problemen der Handwerker und der Kleinbauern aufzuzeigen, bei ihrer Stellungnahme zur Erbschaftssteuer im Reichstag, bei den Löhnen für die Beschäftigten in den Konsumvereinen. Zu seinem Pech hatte Göhre gerade ein materialreiches Buch über die Konsumvereine geschrieben. Hofmann verwies auch auf Beispiele inkonsequenter Haltung zur Frauenbewegung und auf unterschiedliche Bewertung von Tarifverträgen zwischen der Partei der Arbeiter und den Gewerkschaften. Dieses »Klein-Klein« in der Argumentation fiel schon rein rhetorisch gegenüber den großzügigen Gemälden Göhres vom Elend der Gegenwart und dem hoffnungsvollen Bild der Zukunft ab. In einer Großveranstaltung, die auf Bewunderung eines beispielhaften Repräsentanten der Interessen des Proletariats gestimmt war, wollte man sich nicht mit »kleinlicher« Kritik an Grundpositionen der Arbeiterbewegung auseinandersetzen. Hofmann störte, war in der Position des Außenseiters und die SPD-Zeitung hielt ihm vor, dass ihm außerdem die Liebenswürdigkeit seines Kollegen Ehrich fehle.

Göhre widersprach Hofmann dann »Schlag auf Schlag«, wobei er herablassend bedauerte, dass die von jenem angebahnte Diskussion

240 Pikart, Göhre, S. 513ff.

241 ZAS L. Hofmann: Zittauer Morgenzeitung vom 1.1.1910.

242 ZAS L. Hofmann: Neue Nachrichten f. Döbeln vom 30.4.1910, Döbelner Anzeiger vom 1.5.1910.

»nicht auf gleicher Höhe« stehe wie andernorts. Er deutete aber auch an, dass er an sich die Fortschrittliche Volkspartei als Partner wünsche. Die Situation war so, dass SPD und Fortschrittspartei in vielen Punkten übereinstimmten. Sowohl bei der Schaffung des neuen Vereinsgesetzes von 1908 wie bei der Agitation gegen das preußische und sächsische

Abb. 26 Paul Göhre (1864–1928).

Wahlrecht argumentierten sie parallel. Auch Hofmann wollte Ansprüchen der Arbeiter Geltung verschaffen und auch er kritisierte die staatsbezogene Haltung der evangelischen Kirche, wollte genauso wie Göhre deren Einfluss auf die Volksschule mindern. Aber Göhre zog die radikaleren Konsequenzen, verließ das Pfarramt und initiierte eine Bewegung zum Kirchenaustritt.

Und schließlich ging es hier nicht um Bündnisse, sondern um Konkurrenz. Nur eine Partei konnte den Wahlkreis Zschopau-Marienberg erobern. Hofmann musste dann auch noch zur Kenntnis nehmen, dass selbst die bürgerlich-konservativen »Erzgebirgischen Nachrichten« zugaben, dass er »Herren Göhre in keiner Weise gewachsen« gewesen sei. Was die »Volksstimme« mit Genuss und ausführlich zitierte. Die Wahl ging dann auch für die Fortschrittliche Volkspartei verloren und Göhre vertrat den Wahlkreis dann bis 1918.

In einer Versammlung der Fortschrittlichen Volkspartei für Leipzig und Umgebung am 7. September referierten die beiden Parteisekretäre Hofmann und Ehrich über die verlorene Wahl. Hofmann wies darauf hin, dass in einem dreiseitigen Wahlkampf zwischen Sozialdemokraten, der antisemitischen Reformpartei, die von den Konservativen unterstützt wurde, und der Fortschrittlichen Volkspartei dieser wenigstens die Mobilisierung des eigenen Wählerpotentials gelungen war. In den folgenden Monaten bemühte man sich die eigene Parteiorganisation weiter auszubauen. Hofmann unterstützte am 22.10. in Knautkleeberg bei Leipzig und am 6.12. in Pockau bei Marienberg die Gründung von Ortsvereinen des Fortschritts. Dabei kam zunehmend die nächste allgemeine Reichstagswahl in den Blick, deren Termin dann auf Januar 1912 festgesetzt wurde. In Berlin trat der Zentralausschuss der Partei zusammen und besprach die Frontstellungen des zu erwartenden Wahlkampfes. Hofmann berichtete darüber in einer Versammlung der Fortschrittlichen Volkspartei für den 13. Reichstagswahlkreis, die am 7. Dezember 1910 in Leipzig-Gohlis stattfand. Man erwartete, dass die Auseinandersetzungen »außerordentlich scharf« sein würden.[243] Gegenüber den Konservativen und den Sozialdemokraten sollte eine deutliche Abgrenzung erfolgen. Die Fortschrittliche Volkspartei wolle »den freiheitlichen Ausbau unseres Verfassungsstaates«. Ziel der Sozialdemokraten sei der »Kommunismus«, durch den »die persönliche Freiheit des einzelnen Staatsbürgers völlig vernichtet werde.« Mit den

[243] ZAS L. Hofmann: Bericht in einer nicht gekennzeichneten Zeitung (Leipziger Tageblatt?).

Nationalliberalen wolle man eine »einheitliche Front« bilden. Aber, wie der Abgeordnete Wiemer gesagt habe, »man werde sich hüten, dass aus dem Leder der Fortschrittlichen Volkspartei (nicht) Riemen für die Nationalliberalen geschnitten würden.« So waren die Parolen vor dem eigentlichen Wahlkampf, in dessen Verlauf sich dann aber auch andere Konstellationen ergaben.

13.4 Die Reichstagswahl 1912 – Ein verkürzter Wahlkampf

In der Sammlung von Zeitungsausschnitten, die Hofmanns Aktivitäten im Wahlkampf zur Reichstagswahl 1912 dokumentieren, gibt es eine auffallende Lücke. Am 28. Januar 1911 berichtete das Zwickauer Tageblatt über die Jahresversammlung des »Vereins der Fortschrittlichen Volkspartei zu Zwickau und im 18. sächsischen Reichstagswahlkreis«. Hier hielt Hofmann einen ausführlich referierten Vortrag über »finanz- und wirtschaftspolitische Fragen«. Die nächsten dokumentierten öffentlichen Auftritte fanden erst am 14. Januar 1912 in mehreren Orten des 23. sächsischen Reichstagswahlkreises statt, wo der Landesvorsitzende Oskar Günther für die Stichwahl kandidierte.[244]

Hofmann hatte im Februar 1911 einen Unfall erlitten, einen Autounfall, wie er in seinen Alters-Notizen vermerkte. Oskar Günther hatte dies mit lebhaftem Bedauern am 27. Februar auf einer Versammlung von Vorstand und Landesausschuss in Dresden mitgeteilt.[245] Auf Vorschlag von Graf-Leipzig sandte man ihm ein Telegramm mit Genesungswünschen.

Man kann vermuten, dass der Unfall mit dem Automobil erfolgt, das dem Büro der Partei für die landesweiten Auftritte der führenden Politiker zur Verfügung stand. Anders wären die zahlreichen Wahlreden Hofmanns in entlegenen Orten, häufig mehrere an einem Tag, kaum zu bewältigen gewesen. In seinem Nachlass befindet sich eine Postkarte mit dem Foto eines Wagens, wesentlich leichter gebaut als moderne Autos, mit Chauffeur. Vielleicht stammte der Wagen aus einer Leipziger Fabrik, die sich vom Bau von Fahrrädern oder Pferdekutschen auf die Produktion von Automobilen umgestellt hatte.[246] Man kann auch an-

[244] ZAS L. Hofmann: Zettel zu »öffentlichen Wählerbesprechungen« in Kobitzwalde, Rössnitz, Rodau usw.

[245] ZAS L. Hofmann: Leipziger Tageblatt vom 27.2.1911.

[246] Schwarz, Leipzig II, S. 397.

nehmen, dass es dieses Auto war oder ein Wagen dieses Typs, der in den Unfall verwickelt war.

Dieser Unfall hatte sich in den Anfangsjahren des motorisierten Individualverkehrs ereignet, als sowohl Fahrer wie die anderen Verkehrsteilnehmer noch nicht so stark mit diesem Verkehrsmittel vertraut waren. Einige Fahrzeug-Typen erreichten immerhin schon 90 km pro Stunde. Im Polizeibezirk Berlin hatte es 1912 gerade einmal 7400 Autos gegeben, davon zahlreiche Elektromobile (1914: 500). Allerdings war in den USA und England das Auto schon weiter verbreitet und damit auch die Unfallhäufigkeit. Der Städtebauer Hermann Jansen registriert, dass es 1912 »in London, der Lehrmeisterin des modernen Verkehrs«, infolge des Autoverkehrs 20 137 Verletzte gegeben hätte sowie 537 Tote.[247] Er plante deshalb wegen der dramatischen Veränderung der Verkehrslage durch das neue Automobil die Entflechtung der verschiedenen Arten des Straßenverkehrs. So schlug Jansen die Einführung von Sonderwegen für Autos vor, »auf denen sie sich austoben können«.[248]

In Leipzig waren im Mai 1898 die ersten Automobile zu sehen. Die fünf »Motorwagen« kamen aus Berlin im Rahmen einer sportlichen Fernfahrt.[249] Neben Privatautos wurden ab 1906 in Leipzig auch Kraftdroschken sowie Transportautos für Feuerwehr, Post und einzelne Firmen zugelassen. Wegen der Zunahme unterschiedlicher Verkehrsmittel gab es 1907 auch eine Verkehrsordnung.

Außer der Fortschrittlichen Volkspartei hatten natürlich auch die anderen Parteien schon Autos und die Leipziger Neuesten Nachrichten berichteten in einem Stimmungsbild vom Wahltag 1912 in Leipzig über deren unmittelbaren Einsatz für den Wahlkampf. Nachdem sie die »bemerkenswerte Ruhe und Bedächtigkeit der Plakatträger« und die »fabelhafte Emsigkeit der Zettelverteiler« hervorgehoben haben, fahren sie fort:

»Dann die Parteiautomobile, die durch die Straßen flitzen, auf den Vorder- und Rücksitzen mit großen Plakaten versehen, die den Kandi-

247 Hermann Jansen, Die Großstadt der Neuzeit, Konstantinopel 1917, S. 15.

248 Wolfgang Hofmann, Der Verkehr beim Wettbewerb Groß-Berlin 1908/10. Am Beispiel von Hermann Jansens Beitrag in: Horst Matzerath, Hg., Stadt und Verkehr im Industriezeitalter (Städteforschung A/41), Köln 1996, S. 224–229. Abgedruckt auch in: Wolfgang Hofmann, Bürgerschaftliche Repräsentanz und kommunale Daseinsvorsorge. (Beiträge zur Stadtgeschichte und Urbanisierungsforschung, Bd. 14), Stuttgart 2012, S. 277ff.

249 Schwarz, Leipzig II, S. 396.

Abb. 27 Hofmann 1911, nach dem Autounfall.

Abb. 28 Auto der FVP mit Chauffeur.

datennamen der Welt verkünden. Sie holen Wahlsäumige herbei.«[250] Die »Flitzer« hatten allerdings zu beachten, dass sie laut Verkehrsordnung an Kreuzungen auf 15 Stundenkilometer verlangsamen sollten.[251]

In Dresden hatte übrigens der von Stresemann aufgebaute Parteiapparat der Nationalliberalen bei dieser Wahl 1912 insgesamt 2800 Helfer und 120 Autos zum Einsatz gebracht. Diese waren vom neugegründeten Dresdener Automobilclub zur Verfügung gestellt worden.[252]

Bei der Jahreshauptversammlung der FVP in Zwickau unter Vorsitz des Landtagsabgeordneten Bär Ende Januar 1911 wurden zunächst organisatorische Fragen behandelt. Dann ging man zur Vorbereitung des Reichstagswahlkampfes über und strebte die Erneuerung des Bündnisses von 1907 mit den Nationalliberalen an. Landessekretär Hofmann, der die Diskussion begleitete, befürwortete den Beschluss, wieder den nationalliberalen Kandidaten Ingenieur Leupold zu unterstützen, »denn es sei ein Unding, wenn sich innerhalb eines industriellen Wahlkreises liberale Kandidaten gegenseitig bekämpfen«. Er brauchte gar nicht auszuführen, wem eine solche Zersplitterung nützen würde.[253]

Zu Anfang seines Vortrages über »finanz- und wirtschaftspolitische Fragen« benannte er die SPD als die Partei, die von der verfehlten Finanzreform des Jahres 1909 profitiere. Der Historiker Hans Ulrich Wehler charakterisierte diese Reichsfinanzreform später dahingehend, dass sich hier der »heilige Egoismus« der Agrarier »krass durchgesetzt habe«.[254] Hofmann erkannte als Zeitgenosse, dass die Sozialdemokraten damit ein »großartiges Agitationsmittel« erhalten hatten. In einem historisch weit gespannten Bogen näherte er sich dann dem Zielpunkt seines Vortrages: dem Kampf gegen die von Bismarck 1878/79 begonnene Politik der Schutzzölle, vor allem in der Agrarwirtschaft. Diese habe einerseits zu einer Bereicherung der Großagrarier geführt, andererseits zu einer Verteuerung der Lebenshaltungskosten von Arbeitern und Angestellten und damit – über die gestiegenen Lohnkosten – zu einer Belastung des Mittelstandes. Auch außenpolitisch müsse es das Ziel sein, durch friedliche Verträge zu friedlichen Handelsverhältnissen zu kommen.

Mit der Erinnerung an die 1871 vollzogene Einigung der Deutschen – kurz vorher war am 18. Januar 1911 gerade des 40. Jahresta-

250 Leipziger Neueste Nachrichten, 2. Beilage, 13.1.1912.
251 Schwarz, Leipzig II, S. 397.
252 Pohl, Stresemann, S. 169.
253 ZAS L. Hofmann, Zwickauer Tageblatt und Anzeiger vom 28.1.1911.
254 Hans Ulrich Wehler, Das deutsche Kaiserreich 1871–1918, Göttingen 1975, S. 103.

ges der Reichsgründung gedacht worden – setzte Hofmann zur Kritik an den verfassungspolitischen Folgen dieser Abkehr von den liberalen Grundsätzen der Politik an. Die Einführung der Schutzzölle habe zu einer Spaltung der Gesellschaft in agrarische Produzenten und in städtische Konsumenten geführt. Darüber hinaus habe ein allgemeines »ungeheures Wettrennen« eingesetzt, um an die »Staatsfutterkrippe« zu kommen, wie schon »der orthodox-konservative Professor Treitschke« seinerzeit vorausgesagt habe. Der dadurch ausgelöste Kampf der »Interessengruppen« habe dazu geführt, dass sich jetzt »ein zerrissenes Volk« zeige. Er sprach damit die Politik von Verbänden wie des Bundes der Landwirte und des Zentralverbandes der Industrie an, die teils über das Parlament, teils über direkte Kontakte zur Verwaltung ihre Interessen durchsetzten.[255]

Dieser Vortrag Hofmanns in Zwickau war wahrscheinlich der letzte vor der ersten Runde der Reichstagswahl am 12. Januar 1912. Bei der Konferenz des Landesverbandes in Dresden am 27. Februar war er wegen des Autounfalls nicht mehr dabei. Dort wurde die schon Ende 1910 eingeschlagene Strategie von Verabredungen mit den Nationalliberalen in den einzelnen Wahlkreisen Sachsens bestätigt. Vermutlich konnte Hofmann irgendwann im Innendienst der Geschäftsstelle seine Tätigkeit für die Fortschrittliche Volkspartei wiederaufnehmen. Erst in der akuten Phase des Wahlkampfes vor dem 12. Januar trat er wieder öffentlich auf. Die Ausgangslage war für die beiden liberalen Parteien im Hinblick auf die Reichstagswahl von 1907 nicht schlecht. Damals waren in den 23 sächsischen Wahlkreisen sechs Mandate an die Nationalliberalen gegangen und zwei an die Freisinnige Volkspartei, nämlich Zittau und Plauen. Doch der Führung der Linksliberalen war bewusst, dass die allgemeine politische Lage sich für sie verschlechtert hatte. Ein deutliches Indiz dafür war, dass die Sozialdemokraten ihre Parteiorganisation erheblich ausgebaut hatten. So war zwischen 1903 und 1912 deren Mitgliedschaft im Wahlkreis Plauen von 1196 auf 6841 gestiegen, im Wahlkreis Zittau von 871 auf 1877 und im Wahlkreis Leipzig Stadt von 1630 auf 4212.[256]

[255] Gerhard Schulz, Die Entstehung und Formen von Interessengruppen in Deutschland seit Beginn der Industrialisierung, in: Politische Vierteljahresschrift Nr. 2, 1961, S. 124–154.

[256] Gerhard A. Ritter, Das Wahlrecht und die Wählerschaft der Sozialdemokratie im Königreich Sachsen 1867–1914, in: Gerhard A. Ritter, unter Mitarbeit von Elisabeth-Müller-Luckner, Hg., Der Aufstieg der deutschen Arbeiterbewegung München, 1990, S. 65–68.

Für die 23 sächsischen Wahlkreise hatten die liberalen Parteien insgesamt 17 Abkommen geschlossen: In neun sollten Nationalliberale kandidieren, in acht Vertreter der Fortschrittlichen Volkspartei.[257]

Der Wahlkreis Zittau (1. Wahlkreis), der 1907 das zweite sächsische Mandat für die Linksliberalen gebracht hatte, ging gleich im ersten Wahlgang für die Fortschrittliche Volkspartei verloren. Dort setzte sich die SPD knapp mit 50,6 % durch. Im 22. Wahlkreis Auerbach siegte auf Anhieb Paul Lensch. Im Wahlkreis Zschoppau (20. Wahlkreis) wiederholte Paul Göhre seinen Erfolg von 1910. Gustav Stresemann verlor im ersten Wahlgang das Mandat, das er 1907 in Annaberg (21. Wahlkreis) als nationalliberaler Kandidat gewonnen hatte. Hier hatte sich die Zahl der sozialdemokratischen Mitglieder allein zwischen 1907 und 1912 mehr als verdoppelt, von 1161 auf 2517.[258] Wie sein Sohn Wolfgang berichtete, hatte ihn der Verlust des Wahlkreises, in dem er politische Freunde gefunden hatte und mit dem er sich identifizierte, ebenso getroffen wie die aggressive Polemik des Wahlkampfes.[259] Zwei Jahre später gewann er jedoch in Aurich bei einer Nachwahl wieder ein Reichstagsmandat.

Plauen, wo Oskar Günther für die FVP kandidierte und Leipzig-Stadt, wo der nationalliberale Junck angetreten war, brachten im ersten Wahlgang noch kein endgültiges Ergebnis. Besonders umstritten würde Leipzig Stadt (Wahlkreis 12) sein, da Justizrat Dr. Johannes Junck das Mandat für die Stadt mit einem starken Wirtschaftsbürgertum schon seit 1907 im Reichstag vertreten hatte. Er war 1861 in Leipzig geboren, hatte sich nach dem Jurastudium als Rechtsanwalt in der Stadt niedergelassen. Seit 1899 hatte er die anwaltliche Zulassung am Reichsgericht. Auch gehörte er der Stadtverordnetenversammlung an. Politisch rechnete man ihn zum linken Flügel der nationalliberalen Partei. Das kam auch im Weltkrieg zum Ausdruck, wo er sich »gegen territoriale Erweiterungen im Osten wie im Westen« aussprach.[260] Er war in der Stadt gut vernetzt.

Allerdings hatte die SPD mit ihrem radikalen Sprachrohr, der »Volkszeitung«, die Stadt auch zu einer Hochburg der sozialistischen Bewegung gemacht. Die bürgerlichen Parteien und Zeitungen, voran die

257 Leipz. N. Nachrichten, 2. Januar 1912, S. 2.
258 G. A. Ritter, Wahlrecht, S. 65.
259 Wolfgang Stresemann, Mein Vater Gustav Stresemann, 1979, S. 81.
260 Bernd Haunfelder, Die liberalen Abgeordneten des Deutschen Reichstages 1871–1918, 2004, S. 219.

Leipziger Neuesten Nachrichten, mobilisierten gegen die »staatsfeindliche und vaterlandslose« Partei und hefteten deren Kandidaten, Cohen (Frankfurt am Main), den Makel des »Zugereisten« an. Auch warnten die Antisemiten vor der »roten Judenrepublik«. Die Werbung für den »nationalen« Kandidaten Junck hatte nur die Schwäche, dass die vereinten rechten Kräfte aus Wirtschaftlicher Vereinigung, Antisemiten und Konservativen mit dem Marinepfarrer a. D. Wangemann einen noch »nationaleren« Kandidaten ins Rennen schickten. Mit wenigstens einem Teil von dessen 3424 Stimmen hätte Junck sich mit seinen 18 190 Stimmen schon im ersten Wahlgang durchsetzen können. Die SPD mit 17 525 Stimmen konnte sich im zweiten Wahlgang am 21.1. nur noch auf 18 898 Stimmen steigern, so dass Junck in dem weiter polarisierten Wahlkampf deutlich mit 21 587 Stimmen gewinnen konnte. Er blieb aber der einzige nationalliberale Abgeordnete für Sachsen in dieser Auseinandersetzung, die zu einem Erdrutschsieg der SPD im Parlament geführt hatte.

Deutlich schwieriger hatte es für die Fortschrittliche Volkspartei im 23. Wahlkreis Plauen-Oelsnitz- Klingenthal beim ersten Wahlgang am 12. Januar ausgesehen. Oskar Günther war dort der prominenteste Kandidat. Er war Landesvorsitzender der Partei und hatte 1907 das Reichstagsmandat in der Stichwahl mit 24 491 Stimmen vor den Sozialdemokraten mit 15 497 errungen.[261] Aber der Ortsverein der Nationalliberalen hatte sich nicht an das Wahlabkommen beider Landesverbände gehalten und hatte mit Graser einen Gegenkandidaten zu Günther aufgestellt. Dieser hatte mit 10050 Stimmen nur 10 % weniger als Günther mit 11 870 Stimmen erhalten. Und die Stimmenzahl für den Sozialdemokraten Jäckel von 20857 im ersten Wahlgang zeigte, wie stark die SPD gegenüber 1907 aufgeholt hatte.[262]

So setzte Günther – nun wieder mit Unterstützung von Hofmann – alles daran, aus dem Feld der Nationalliberalen so viele Stimmen wie möglich zu gewinnen und die 15 % Nichtwähler des ersten Wahlgangs zu seinen Gunsten zu mobilisieren.[263] Dazu ging man auf die Dörfer. Am Sonntag den 14.1. – eine Woche vor der Stichwahl – hielt Hofmann zwischen 10:30 und 20:30 Uhr in sechs Orten »öffentliche Wählerbesprechungen« zugunsten von Oskar Günther ab. Diese fanden in Or-

[261] Leipziger Neueste Nachrichten vom 1.1.1912, S. 2.
[262] Ritter, Wahlrecht und Wählerschaft, S. 65.
[263] Eine undatierte Einladung zu einem Vortrag Hofmanns zugunsten von Günther in einem nicht genannten Ort (nur der Gasthof Landwüst wird erwähnt) hat offenbar vor der Stichwahl stattgefunden.

ten wie Kobitzwalde mit 276 Einwohnern (1935) und Rößnitz mit 273 Einwohnern (1935) statt sowie Rodau mit 443 Einwohnern (1935) und Rodersdorf mit 401 Einwohnern (1935), auch in Tobertitz mit 309 Einwohnern (1935) und Kloschwitz mit 322 Einwohnern (1935).[264]

Da beide Parteien heftig um die bisherigen 6000 Nichtwähler warben, stieg die Wahlbeteiligung von 85,3 % auf 90,5 %. Aber das Potential der SPD an den mehrheitlich zur Arbeiterschaft gehörenden 6000 Nichtwählern war größer. Sie konnte ihren Anteil um 20 % auf 24 012 Stimmen steigern. Auch schwankte das bürgerliche Lager in der Unterstützung des linksliberalen Oskar Günther.[265] Die Konservativen hatten zunächst die Parole ausgegeben, sich der Stimme zu enthalten. So verlor Günther das Reichstagsmandat und die Fortschrittliche Volkspartei ihren letzten Reichstagswahlkreis in Sachsen.

Das war für den sächsischen Fortschritt insofern bitter, als die engagierte Arbeit ihrer Politiker vor allem auch der Landessekretäre Hofmann und Ehrich durchaus sichtbare Ergebnisse gebracht hatte: Gegenüber der Reichstagswahl von 1907 konnte die Partei beim ersten Wahlgang ihren Anteil von 5,2 % der Stimmen auf 8,7 % steigern. Bei der Stichwahl, wo sie ja nicht überall kandidierte, von 5,5 % auf 8,0 %.[266] Der durch den Zusammenschluss von Freisinn und Liberaler Vereinigung herbeigeführte Aufschwung, der sich in der Gründung zahlreicher neuer Ortsvereine äußerte, hatte die Partei durchaus gestärkt und ihr Echo in der Öffentlichkeit gefördert. Aber die fortschreitende Industrialisierung Sachsens war bei den Wahlen unter den Bedingungen des Mehrheitswahlrechts vor allem der SPD zugute gekommen. Das musste den Liberalen zu denken geben, vor allem den Linksliberalen. Diese hatten sich bei der Kampagne zur Landtagswahl von 1909 unter dem demokratischen Gedanken des gleichen Wertes aller Stimmen für die Übernahme des Reichstagswahlrechts nach Sachsen eingesetzt. Da dem liberalen Bürgertum Sachsens jetzt die parlamentarische Vertretung in Berlin fast völlig fehlte, tendierte es stärker dazu, seine Interessen über die Wirtschaftsverbände zur Geltung zu bringen, so wie es

264 Meyers Orts- und Verkehrslexikon des Deutschen Reiches, 6. Auflage, Leipzig 1935.

265 Leipziger Neueste Nachrichten vom 22.1.1912, S. 1.

266 Alfred Milatz, Die linksliberalen Parteien und Gruppen in den Reichstagswahlen 1871–1912, in: Otto Büsch, Monika Wölk, Wolfgang Wölk, Wählerbewegung in der deutschen Geschichte, (Einzelveröffentlichungen der Historischen Kommission zu Berlin, Bd. 20) Berlin 1978, S. 336.

Stresemann bei dem Verband sächsischer Industrieller mit einer offensiven Pressearbeit angefangen hatte.

13.5 Aktivitäten des Landessekretariats 1912–1913

Kalender der politischen Auftritte Hofmanns April 1912 bis April 1913

23.4.– 7.4.1912	Falkenstein Versammlg. d. Vereins d. FVP mit Vortrag Hofmann
	Ellefeld Versammlung d. Vereins d. FVP mit Vortrag Hofmann
	Rempesgrün Versammlg. d. Vereins d. FVP mit Vortrag Hofmann
	Wilkau Versammlung d. Vereins d. FVP mit Vortrag Hofmann
3.5.1912	Rodewisch Öffentl. Versammlg. d. FVP im 22. Reichstagswahlkr. mit Vortrag Hofmann
11.6.1912	Lengenfeld Öffentl. Versammlg. d. Kreisvereins d. FVP für den 22. Reichstagswahlkr. mit Vortrag Hofmann
10.9.1912	Dresden Mitgliederversammlung d. Vereins d. FVP für Dresden und Umgebung mit Wahl von Delegierten f. den Mannheimer Parteitag und Vortrag Hofmann
17.10.1912	Kamenz Versammlung d. Vereins. d. FVP mit Vortrag Hofmann
23.10.1912	Steinigtwolmsdorf Öffentl. Versammlg. d. V. der FVP Vortrag Hofmann
26.11.1912	Beerheide. Öffentliche Versammlung d. Kreisvereins d. FVP – Vortrag Hofmann
Dez. 1912	Rodewisch Öff. Versgl. des neugegründeten Vereins der FVP – Vortrag Hofmann
4.12.1912	Ellefeld Verslg. d. Kreisvereins der FVP in Anwesenheit Hofmanns – Vortrag Brodauf
25.1.1913	Dresden Mitgliederversammlg. d. V. d. FVP -Vortrag Hofmann
1.2.1913	Weinböhla Versammlg d. Kreisvereins d. FVP – Vortrag Hofmann

4.4.1913 Chemnitz Monatsversgl. des V. der FVP – Vortrag Hofmann

Die öffentlichen Auftritte Hofmanns nach den Reichstagswahlen setzten mit einer Serie von Veranstaltungen im 22. Reichstagswahlkreis um Auerbach zwischen dem 23. April und dem 11. Juni 1912 ein. Es war übrigens der Wahlkreis von Paul Lensch. Dort trat Hofmann in sechs Orten auf. Systematisch sollten hier die in Falkenstein und Ellefeld schon vorhandenen Ortsvereine gestärkt und in Rempesgrün, Wilkau und Rodewisch die Gründungen neuer Vereine gefördert werden. So traten z.B. in Rodewisch nach seinem Vortrag »ca. 50 Herren der Fortschrittlichen Volkspartei bei«.[267] Auch nach Öffnung der politischen Versammlungen und Vereine für Frauen durch das 1908 mit liberaler Handschrift erlassene Vereinsgesetz war Politik – vor allem bei den bürgerlichen Parteien – noch weithin Männersache.

Die knappen Zeitungsberichte geben keine Informationen über interne Analysen des Wahlausganges vom Januar wieder, den Paul Lensch, der Chefredakteur der Leipziger Volkszeitung, mit 55,9 % für die SPD entschieden hatte. Es ist aber zu vermuten, dass das gründlich diskutiert wurde, denn 1907 hatte noch ein Nationalliberaler (Merkel) den Wahlkreis gewonnen. Eine solche Diskussion wurde nur in einem ausführlichen Bericht für den Wahlkreis Meißen erwähnt. Hofmann sprach dort am 29. Januar 1913 in Weinböhla in einer Versammlung der FVP das Thema an. Er dankte den Wählern, die im Wahlkreis mit 6222 Stimmen für den Kandidaten der Partei, Pfarrer Kruppe, votiert hatten und äußerte sich zu den »merkwürdigen Erfahrungen«, die der Wahlkreis in den letzten 20 Jahren mit den verschiedenen Kandidaten und Abgeordneten der Reformpartei (Antisemiten) gemacht habe.[268] Deren Kandidat war diesmal mit 9331 Stimmen einem Sozialdemokraten deutlich unterlegen (16695).

Die Kampagne für die Stärkung der Parteiorganisation im 22. Wahlkreis endete am 11. Juni in Lengenfeld. Es kamen zunächst die Delegierten aus den Vereinen Auerbach, Falkenstein, Treuen, Wilkau, Rempesgrün und Ellefeld zu einer Besprechung über Organisationsfragen zusammen.

Dann hielt Hofmann in einer öffentlichen Versammlung eine Rede

[267] ZAS L. Hofmann: Vogtländische Nachrichten vom 25. Juni 1912.

[268] ZAS L. Hofmann: Weinböhlaer Zeitung vom 1.2.1913.

zu den politischen Tagesproblemen.[269] Eine erhöhte Bedeutung bekam diese durch die Anwesenheit der Repräsentanten des Reichstagswahlkreises. Er ging dabei in diesem ausführlichen Überblick besonders auf die Stellung der Fortschrittlichen Volkspartei zur Landesverteidigung ein. Der Reichstag hatte am 21. Mai 1912 mit Zustimmung der Fortschrittspartei eine moderate Erhöhung der Heeresstärke mit beschlossen.[270] Auch in Sachsen sollte ein neues Infanterieregiment aufgestellt werden. Diese Maßnahme wollte auf die zunehmenden internationalen Spannungen und die sichtbar werdende isolierte Position Deutschlands im Kreis der großen europäischen Mächte zwischen England, Frankreich und Russland reagieren. Gerade war im Frühjahr 1912 der Versuch der Absprache zum Flottenbau zwischen England und Deutschland vor allem an dessen ehrgeizigen und starren Plänen gescheitert. Hofmann und die FVP, die sich in den letzten Jahren vor allem mit innenpolitischen Reformen und Wirtschaftsfragen beschäftigt hatten, mussten sich nun um die Gefahren der außenpolitischen Situation kümmern. Er begründete denn auch mit »der mächtigen wirtschaftlichen Entwicklung Deutschlands«, dass dieses einen »kräftigen Schutz zu Lande und zu Wasser brauche«, womit die Flottenpolitik gleich mit gerechtfertigt war.[271] Es war offenbar die aggressive Konkurrenz anderer Mächte, die man fürchtete und die man auf wirtschaftliche Rivalität zurückführte. Man hatte dabei vor allem England im Blick.

Damit war Hofmann gar nicht so weit entfernt vom außenpolitischen Ansatz seines früheren Studienkollegen und jetzigen politischen Konkurrenten Lensch. Dieser zog auf dem Chemnitzer Parteitag der SPD im September 1912 daraus wesentlich andere und radikalere Folgerungen, nämlich zur Überwindung des Kapitalismus an sich. Entgegen der Mehrheit seiner Partei sah er das Wettrüsten als zwar unangenehmen, aber notwendigen Durchgangsweg zum Sozialismus.[272] Hofmann sah in der Erhöhung der Rüstungsausgaben die notwendigen Mittel zur Erhaltung einer – durchaus reformbedürftigen – nationalen Gesellschaftsordnung, Lensch als Instrument zu einer Zuspitzung der internationalen Krise, in deren Verlauf die gegenwärtige Gesellschaftsordnung zusammenbrechen müsste. Die FVP hatte bei der Heeresvorlage, so Hofmann, nur einen finanztechnischen Einwand geltend gemacht;

[269] ZAS L. Hofmann, Vogtländ. Nachrichten vom 12.6.1912.

[270] Ernst Rudolf Huber, Deutsche Verfassungssgeschichte, Bd. 4, Stuttgart 1969, S. 557f.

[271] ZAS L. Hofmann, Vogtländische Nachrichten vom 12.6.1912.

[272] Herzfeld, Lensch, S. 101f.

die Bezahlung der Aufstellung neuer Divisionen aus den Überschüssen der Finanzreform sorge nicht für gesunde Finanzverhältnisse. Vorrang müsse die Tilgung der Reichsschulden haben.

Um dieselbe Zeit beschäftigten Hofmann und die Führung der sächsischen Fortschrittspartei zwei gegen die Partei gerichtete Pressekampagnen. Die eine beruhte auf Klatsch aus dem Landtag und griff den Abgeordneten Brodauf persönlich an. Die andere verleumdete (indirekt) die gesamte Fortschrittspartei in einem weiteren politischen Rahmen. Es ging um Elsass-Lothringen.

Die Anschuldigungen gegen Brodauf wies das Landessekretariat in einer Mitteilung an die Presse als unbewiesen zurück. Zur Widerlegung eines Artikels im konservativen Chemnitzer Tageblatt, in dem behauptet wurde, die Elsass-Lothringische Fortschrittspartei erwäge eine »Wiederabtretung Elsass-Lothringens an Frankreich«, gab man eine detaillierte Stellungnahme mit dem Nachweis einer Fälschung heraus.[273] Die Chemnitzer Zeitung hatte diese Behauptung, ebenso wie der Vogtländische Anzeiger, von einem anderen Blatt, der »Post«, übernommen. Mit der Bekanntmachung und hetzerischen Kommentierung eines angeblichen politischen Skandals (»landesverräterisches Gebaren«) wollten die konservativen Zeitungen auch Zweifel an der nationalen Zuverlässigkeit der sächsischen Fortschrittspartei wecken. Und das zu einer Zeit, als sich die von Beginn der Annektierung an gespannte Lage in den Reichslanden gerade etwas beruhigt hatte. Mit der neuen Verfassung von 1911 war Elsass-Lothringen dem von den loyalen politischen Kräften angestrebten Status eines normalen Bundeslandes nähergekommen. Es hatte endlich eine gewählte Landesvertretung erhalten.[274]

Aus seinen beiden Studienjahren in Straßburg 1897/98 kannte Hofmann die Lage dort in Stadt und Land gut. Nach fast 30 Jahren der Annektierung hatten damals noch eine ganze Anzahl frankophiler Studenten sowie Bürger mit einem elsässischen Sonderbewusstsein zumindest gegen die »Reichsdeutschen« Vorbehalte gehabt. Ihm war auch die Empfindlichkeit der Elsässer bekannt, wenn sie mit dem Spottnamen »Wackes« – eigentlich »Strolche« – belegt wurden. Häufig mokierten sich die Vertreter des Hochdeutschen auch über elsässische Spracheigentümlichkeiten. Die 200 Jahre Zugehörigkeit zu Frankreich hatten im Alltag häufig zur Vermischung alemannischer und franzö-

273 ZAS L. Hofmann: Zwickauer Tageblatt vom 21.6.1912.
274 Huber, Verfassungsgeschichte, Bd. 4, S. 473.

sischer Wörter geführt. Hofmann erinnerte sich an einen Beispielsatz aus einem humorvollen Gedicht, in dem die Kickele (Hühner) aus dem jardin (Garten) gejagt werden sollten, denn »sie verkratzten toutes les Reube (alle Rüben)«. Deshalb arbeitete er in der aufklärenden Stellungnahme des Landessekretariats mit einem Zitat aus dem Programm der Elsässer Parteifreunde sorgfältig die tatsächliche, abgewogene Haltung der FVP angesichts der prekären politischen Lage in den Reichslanden heraus:

»Als Partei der Versöhnung kämpfen wir gegen jene Sonderbündler, die zum Schaden unseres Landes den inneren Anschluss an das Deutsche Reich aufhalten wollen, und wenden uns ebenso gegen die Chauvinisten, die diesen Anschluss ohne Verständnis für unsere Lage erzwingen wollen.«[275]

Die Elsässer Fortschrittspartei wollte den »Anschluss«, aber unter Berücksichtigung der regionalen Besonderheiten. Wie Recht die Partei mit ihrem behutsamen Kurs hatte, zeigte sich ein Jahr später bei der sogenannten Zabern-Affäre. In dieser im nordwestlichen Elsass gelegenen Garnison-Stadt hatte im November 1913 sich ein allzu forscher Leutnant auf dem Kasernenhof vor seinen Soldaten in rüder Arroganz über die »Wackes« geäußert.[276] Eigentlich war den Offizieren der Gebrauch dieses Wortes verboten, weil man um dessen Brisanz wusste. Daraus entwickelte sich sogleich ein Aufruhr in der Stadt: Zusammenstöße mit dem Militär und Empörung im gesamten Elsass. Als Streit um die Rolle von Militär und Zivilgesellschaft erreichte der Konflikt auch die Ebene des Reichstages und führte dort zu einer Verfassungskrise. Für die Bemühungen um die Integration von Elsass-Lothringen in das Deutsche Reich »bedeutete die Zabern-Affäre vom November 1913 einen kaum wieder aufzuholenden Rückschlag«.[277] In Frankreich dürfte der Vorfall die Hoffnungen verstärkt haben, die 1870 verlorenen Gebiete wiederzuerlangen. Ein knappes Jahr später befand man sich schon mitten im großen Krieg, der in Europa alles veränderte, und an dessen Ende Elsass-Lothringen wieder zu Frankreich gehörte.

Nach den Sommerferien wandte sich Hofmann in seinen Vorträgen auf Parteiversammlungen finanz- und wirtschaftspolitischen Fragen zu. Die Zielsetzung war es, Wege zur Entlastung der Konsumenten, des

[275] ZAS L. Hofmann Nachrichen f. Treuen vom 21.6.1912.
[276] Huber, Verfassungsgeschichte, Bd. 4, S. 583f.
[277] Huber, Verfassungsgeschichte, Bd. 4, S. 477.

»kleinen Mannes«, aufzuzeigen als »Aufgabe des entschiedenen Liberalismus.« Aus dem Erdrutschsieg der SPD bei den Reichstagswahlen – Anstieg von 43 auf 110 Mandate – zog die FVP die Folgerung, die sozialliberale Politik zu verstärken. In der Tagung des Vereins der FVP für Dresden und Umgebung am 10. September hielt er einen Vortrag über direkte Reichssteuern.[278] Die Einführung einer Reichserbschaftssteuer sollte das Reich von dem Zwang befreien, sich vor allem über Abgaben auf den Konsum zu finanzieren, wie Fahrkarten- und Zündholzsteuer sowie Zölle. Da er diese Ausführungen vor dem Hintergrund der allgemeinen Teuerung, vor allem der Fleischpreise, ansprach, konzentrierte sich die Debatte dann vor allem auf die Agrarzölle. Das war das aktuellere und in der Öffentlichkeit der Städte wirksamere Thema. So schrieb zum Beispiel der Deutsche Städtetag im Herbst 1912 einen Brief an den Reichskanzler in dieser Angelegenheit und erreichte, dass vier Vertreter der Städte in eine Reichskommission für den Vieh- und Fleischhandel aufgenommen wurden.[279] Die Versammlung beschloss dann eine Resolution in der man nicht die Reichssteuer forderte, sondern die gesamte Agrarpolitik kritisierte, von den »hochschutzzöllnerischen Absperrungsmaßnahmen« gegen die Einfuhr von Vieh, Fleisch und Futtermittel bis zur Forderung nach der »bäuerlichen Kolonisation durch Aufteilung des Großgrundbesitzes in Bauerngüter«. Dies war ein direkter Angriff auf die wirtschaftliche Grundlage der Agrarlobby, des Bundes der Landwirte.

Des Weiteren wurde Hofmann von der Dresdener Versammlung beauftragt, eine »volkstümliche Parteizeitung« für Sachsen vorzubereiten, mit vierzehntägigem Erscheinen. Auch bereitete man den Parteitag der Fortschrittspartei in Mannheim durch Wahl der Delegierten vor.

In seinem Vortrag am 24. Oktober in Steinigtwolmsdorf bei Bautzen konzentrierte sich Hofmann auf das agrarpolitische Thema. Er stellte dabei die bisherigen Aktivitäten der Fortschrittspartei heraus und betonte die positive Rolle der kleinen und mittleren Landwirte für »die preiswerte, ausreichende Versorgung des deutschen Volkes mit dem wichtigen Nahrungsmittel, dem Fleisch«.[280] Dass es hierbei um ein hochwertiges Nahrungsmittel ging, zeigte, wie sich die allgemeine Ernährungslage im vergangenen Jahrhundert gebessert hatte.

[278] ZAS L. Hofmann, Dresdener Ztg. vom 12.9.1912. Drei andere sächsische Blätter berichteten ebenfalls darüber.

[279] Otto Ziebill, Geschichte des Deutschen Städtetages, Stuttgart 1955, S. 207.

[280] ZAS L. Hofmann, Freisinnige Zeitg. vom 24.10.1912.

Es ging nicht mehr um Brot, wie in der Französischen Revolution von 1789. Doch konnte diese Situation rasch abstürzen. Fünf Jahre später im Ersten Weltkrieg machte 1916/17 die Bezeichnung »Kohlrübenwinter« deutlich, auf welches Nahrungsmittel sich die Ernährung des deutschen Volkes vor allem reduziert hatte. Und der Kölner Oberbürgermeister Konrad Adenauer erhielt damals von seinen Mitbürgern den Spitznamen »Graupenauer« dafür, dass er die Stadt wenigstens mit diesem Getreideprodukt versorgte.

Danach wandte Hofmann sich wieder dem 22. Reichstagswahlkreis im Vogtland zu, um den dort im Frühjahr begonnenen Aufbau der Parteiorganisation zu vertiefen. In Beerheide kam es zur Gründung einer Ortsgruppe der FVP. In Rodewisch fand die erste öffentliche Versammlung des im Mai gegründeten Ortsvereins statt. Hier fand er es notwendig, auf die »haltlosen Ausstreuungen und gänzlich unzutreffenden Behauptungen der Gegner« der Fortschrittspartei einzugehen, mit denen sich das Landessekretariat im Sommer auseinandergesetzt hatte.[281] Diese Aktivitäten fügten sich in das Gesamtkonzept der Partei ein, die den Schwung des Neuanfangs einer vereinten Partei des Linksliberalismus nutzte. Bis Ende 1912 war die Fortschrittspartei in Deutschland auf 1680 Ortsvereine gewachsen.[282]

Zwischendurch hatte er noch am 16. Oktober 1912 in Kamenz, einer Mittelstadt im östlichen Sachsen, auch Zentrum einer Amtshauptmannschaft, einen Vortrag über neueste Entwicklungen in der Sozialgesetzgebung gehalten: »Wesen und Bedeutung des neuen Reichsgesetzes der Pensions- und Hinterbliebenenversicherung der Privatangestellten«.[283] Diese trockene versicherungstechnische Beschreibung betraf ein Gesetz von erheblicher sozialpolitischer Bedeutung, das zudem eine Arbeitnehmergruppe interessierte und betraf, welche die Fortschrittspartei besonders umwarb: die stetig anwachsende Gruppe der Angestellten. Zwischen 1882 und 1907 hatte deren Zahl reichsweit von 307000 auf 1 297000 zugenommen, hatte sich also vervierfacht. Ihr Anteil an den Berufstätigen war von 1,9 % auf 5,2 % gestiegen.[284] Nach der Etablierung der Bismarck'schen Sozialversicherungen für die Arbeiterschaft in den 1880er-Jahren hatte jetzt der Reichstag die Gründung der Versicherungsanstalt für die Angestellten

281 ZAS L. Hofmann: Nachrichten für Treuen, Dezember 1912.
282 Huber, Verfassungsgeschichte, Bd. 4, S. 91.
283 ZAS L. Hofmann: Bischofswerdauer Nachrichten vom 17.10.1912.
284 Hohorst, Kocka, Ritter, Sozialgesch. Arbeitsbuch S. 67ff.

beschlossen. Der Vortrag fand in einer »gutbesuchten Versammlung« statt, denn das Gesetz dazu war ja nicht im politisch luftleeren Raum entstanden. Die verschiedenen Interessenverbände der Angestellten hatten dazu Stellungnahmen abgegeben, was dadurch geregelt werden sollte und ob es durch eine selbständige Anstalt oder durch den Ausbau der Arbeiterversicherung geschehen sollte. Zum Beispiel hatte der Deutsche Technikerverband, eine der Vertretungen der im Prozess der Industrialisierung stark gewachsenen Zahl der angestellten Techniker, 1910 auf seiner Verbandstagung in Stuttgart eine Entschließung zur Reichsversicherungsordnung und zur Angestelltenversicherung angenommen.[285] Die Aufmerksamkeit der durch das Gesetz Betroffenen war also durch öffentliche Diskussionen und die Tätigkeit ihrer Interessenverbände auf den Gesetzgebungsprozess gerichtet worden. Nun wollte man wissen, was die Neuregelung gebracht hat.

Einleitend wies der Vorsitzende unter anderem auf das erfreuliche Wachstum der Mitgliederzahl hin und dann erläuterte Hofmann den wesentlichen Inhalt und die Entstehung des Gesetzes. Er schloss seinen zweistündigen Vortrag mit »einer kritischen Betrachtung« von dessen Ergebnissen. Obwohl über den Vortrag nur in der Lokalpresse berichtet wurde, dürfte Hofmanns öffentliche sachverständige Beschäftigung mit dem Thema für ihn bald positive Folgen gehabt haben. Im Laufe des nächsten Jahres ging er in leitender Stellung zu dem oben erwähnten Verband der Technischen Angestellten.

Anfang 1913 trat aber ein anderes Thema in den Vordergrund. In den drei Vorträgen, die Hofmann zwischen Januar und April in Versammlungen der Fortschrittspartei hielt, behandelte er immer wieder die Bemühungen um eine Reform der Ersten Kammer des sächsischen Landtages. Die Vorträge wurden in Dresden, Weinböhla bei Meissen und Chemnitz gehalten. An sich traten die sächsischen Linksliberalen seit längerem für eine Umgestaltung der Ersten Kammer ein, wie Hofmann betonte.[286] Das neue Wahlgesetz von 1909 hatte sie aber unverändert mit ihren Privilegierungen von Großgrundbesitz und Konservativer Partei belassen. Aber im Dezember 1912 hatte das Ende einer politischen Auseinandersetzung, die das Parlament und die Öffentlichkeit heftig bewegte, die Reformfrage aktuell gemacht. Das nach der Einschätzung Hofmanns »wichtigste Gesetz« der laufenden Legislaturperiode, das

[285] Vorstand des Bundes der technischen Angestellten und Beamten, Hg., 25 Jahre Technikergewerkschaft. 10 Jahre BUTAB, Berlin 1929, S. 66.

[286] ZAS Hofmann, Allegmeine Zeitung Chemnitz vom 4.4.1913.

Volksschulgesetz, war »nicht zustande gekommen, da die Mehrheit der 2. Kammer, bestehend aus Nationalliberalen, Fortschrittlicher Volkspartei und Sozialdemokraten dem Gesetz in der Fassung nicht zustimmen konnte, die ihm die 1. Kammer gegeben hatte«.[287] Es zeigte sich hier, punktuell und vorübergehend, die von Friedrich Naumann gewünschte »Front von Bassermann bis Bebel«, der Führer der Nationalliberalen und der Sozialdemokraten im Reichstag. In Sachsen hatte sie immerhin schon so weit gereicht, dass ein Sozialdemokrat, Frässdorf, 1910 mit den Stimmen der liberalen Parteien zum Vizepräsidenten der 2. Kammer gewählt werden konnte.[288] Die Fortschrittspartei hatte – unter Respektierung des Religionsunterrichtes – auf ihren kultur- und sozialpolitischen »Grundforderungen« beharrt, welche die Säkularisierung der Volksschule vollenden sollten: »konfessionslose Volksschule, der Schulgeldfreiheit, der völligen Beseitigung der geistlichen Schulaufsicht, dem Wegfall des Bekenntnisses der Lehrer«.[289] In der evangelisch-lutherischen Volksschule Sachsens war bis dahin für die Lehrer ein Eid auf das evangelische Glaubensbekenntnis der Augsburger Konfession von 1530 erforderlich. Und in Umkehr dieser Verpflichtung sah das Gesangbuch der Evangelisch-Lutherischen Landeskirche Sachsens die Begrüßung eines neuen Lehrers mit einem Dankeslied an Gott vor.

»Wir nehmen hier von deiner Hand den Lehrer, den du uns gesandt.«[290]

Die Anforderung an die Lehrer war offenbar in den Fürstenstaaten und Reichsstädten nach der Reformation des 16. Jahrhunderts eingeführt worden, um im Zeitalter der Konfessionsstreitigkeiten die Vermittlung des jeweils »rechten Glaubens« zu sichern und zum Beispiel vor der Verbreitung von »Irrlehren« zu schützen. Die im sächsischen Gesangbuch von 1883 abgedruckten 21 Artikel der Augsburger Konfession warnen neben den Lehren der Arianer aus der Antike und den »Mahometisten« ausdrücklich vor den Wiedertäufern.[291]

In diesem Zusammenhang war auch die geistliche Schulaufsicht entstanden. Für Ludwig Hofmann waren das alles sehr fernliegende Bräuche, denn er war in der Tradition der Musterschule in Frankfurt

[287] ZAS L. Hofmann: Weinböhlaer Zeitung vom 1.2.1913.

[288] Huber, Verfassungsgeschichte, Bd. 4, S. 410f.

[289] ZAS L. Hofmann: Weinböhlaer Zeitung vom 1.2.1913.

[290] Gesangbuch für die evangelisch-lutherische Landeskirche des Königreichs Sachsen, hgg. von dem evangelisch-lutherischen Landeskonsistorium im Jahre 1883, Leipzig und Dresden, Nr. 541, S. 353.

[291] Gesangbuch, Artikel 1 und 9, S. 530ff.

am Main aufgewachsen, die um 1800 auch zur Überwindung der konfessionellen Einseitigkeiten gegründet worden war.[292] Deshalb vertrat er diese Grundsätze der Partei mit großer eigener Überzeugung. Doch noch bei der Entstehung der Verfassung der Weimarer Republik im Jahre 1919 war das Verhältnis von Staat und Kirche heftig umstritten.

Das Konzept der 1. Kammer schien Hofmann ähnlich überholt wie die noch bestehende Einbindung der Volksschule in die kirchliche Struktur der evangelischen Landeskirche. Im Verfassungssystem Sachsens sei die 1. Kammer ein »Hort des Stillstandes«, wie sich nicht nur beim gescheiterten Volksschulgesetzt, sondern auch beim Vermögensgesetz, beim neuen Beamtengesetzt und bei der Hinzuziehung der Arbeiter zur Gewerbeinspektion gezeigt habe.[293] Der Grund liege in der gesellschaftlich falschen Zusammensetzung, die tatsächlich noch auf der »Verfassung vom Jahre 1830 aufgebaut« sei.[294] Auf der Grundlage unter anderem einer Artikelserie von Curt Thümler im Leipziger Tageblatt von 1896 über die »Geschichte des sächsischen Landtages« hatte Hofmann sich gründlich über die Entstehung der 1. Kammer und die auf sie bezogenen Reforminitiativen informiert.[295] Die Hauptursache für deren aktuell überholte Zusammensetzung sah er in der Entwicklung Sachsens vom Agrarstaat zur Zeit der Gründung der 1. Kammer zum gegenwärtigen Industriestaat mit all den gesellschaftlichen Konsequenzen. Er hob hervor, dass sich in der Kammer 25 Großgrundbesitzer oder Rittergutsbesitzer befänden, unter 46 Mitgliedern insgesamt. Es seien weder die Industriellen angemessen vertreten, noch hätten überhaupt »der gewerbliche und bäuerliche Mittelstand ebenso Beamtenschaft und Arbeiterschaft eine Vertretung, auch nicht die Privatbeamten und die Lehrerschaft«.[296] Die Auffassung, dass der führende sächsische Wirtschaftszweig in der ersten Kammer unzureichend vertreten sei, teilte er übrigens mit seinem Studienfreund Gustav Stresemann. Als Syndikus des Verbandes sächsischer Industrieller

292 Vgl. oben, Kap.3. Auch Wolfgang Hofmann, Zwei Schulen, zwei Städte. Frankfurt am Main und Spandau, in: Informationen zur Modernen Stadtgeschichte IMS), 2/2015, S. 17–29.

293 ZAS L. Hofmann: Allgemeine Zeitung Chemnitz vom 4.4.1913.

294 ZAS L. Hofmann: Dresdner Neue Nachrichten vom 25.1.1913.

295 ZAS L. Hofmann: Curt Thümler, Zur Gesch. d. Sächs.Landtages, in: Leipziger-Tageblatt vom 30.3, 4.4., 7.4., 13.4., 27.4.1896.

296 ZAS L. Hofmann: Weinböhlaer Zeitung vom 1.2.1913, Allgemeine Zeitung Chemnitz vom 4.4.1913.

(1902–1918) trieb dieser seinen Verband an, »die Forderung nach einer Vertretung der Industrie in der Ständekammer zu stellen«.[297]

Die Behauptung von der fehlenden Beamtenschaft stimmte nicht ganz, denn in der 1. Kammer saßen auch acht führende Kommunalbeamte, die Oberbürgermeister der größeren Städte Sachsens, und Gustav Otto Beutler, Dresdens Oberbürgermeister, war Vizepräsident der Kammer. Das hieß, die Zusammensetzung der 1. Kammer ging nicht nur auf das aktuelle Machtkalkül der alten Eliten zurück, sondern auch auf das Verfassungsverständnis von einer Ständevertretung aus der Zeit von 1830. In ihr hatte 1909 / 10 auch die Universität Leipzig einen Sitz sowie fünf Vertreter der evangelischen Geistlichkeit, wie der Oberhofprediger und der Superintendent für Leipzig; auch das sächsische Königshaus war mit Prinz Johann Georg vertreten. Davon war Hofmanns Verständnis der 1. Kammer ganz verschieden. Eigentlich wollten die Linksliberalen, ähnlich wie die Sozialdemokraten, eine einzige Kammer, gewählt nach den Grundsätzen des Reichstagswahlrechts. Da das aber in der Monarchie nicht möglich war, wollte man wenigstens eine reformierte Versammlung als Vertretung der aktuell wichtigen Berufsgruppen. Dazu hoffte man auch schließlich die Zustimmung der Sozialdemokraten zu gewinnen, deren »völlig verneinenden Standpunkt« – nur die Abschaffung der 1. Kammer – Hofmann kritisierte. Angesichts der Bedeutung dieser Kammer des Landtags für die Konservativen als letzte Bastion ihres Einflusses war mit einer so durchgreifenden Reform nicht zu rechnen, sie kam auch nicht bis zum Ende der Monarchie zustande. Aber in der Perspektive vom Frühjahr 1913 lag für die Liberalen die Hoffnung auf einen Kompromiss, »um frisches Leben in die Erste Kammer zu bringen«.[298]

Mit diesem Einsatz für eine Verfassungsreform in Sachsen endeten die dokumentierten Auftritte Hofmanns für die Fortschrittspartei. Er war landesweit bekannt geworden. Und seine sachliche Kompetenz hatte er durch das breite Spektrum von Themen aus Finanz-, Wirtschafts-, Sozial- und Kulturpolitik erweitert. Die Richtung, die er in Übereinstimmung mit dem Programm der Partei vertrat, war ein Liberalismus mit sozialem Akzent, der sich nicht nur an den alten und neuen Mittelstand richtete, sondern auch an die Arbeiter, vor allem an die Facharbeiter. Gelegentlich betonte er die gesellschaftlichen Rechte von Frauen und sie wurden 1909 in seinen Wahlplakaten ausdrücklich

[297] Antonina Vallentin, Stresemann, Leipzig 1930, S. 18f.
[298] ZAS L. Hofmann: Dresdener Nachrichten, 25.1.1913.

zur Versammlung eingeladen. Dieser demokratische Akzent dürfte sowohl aus dem politischen Klima seiner Heimatstadt Frankfurt kommen wie aus dem selbstverständlichen sozialen Umgang in Leipzig. In der Carolinenstraße lebte er neun Jahre lang mitten unter den Leuten des unteren Mittelstandes und der Arbeiterschaft. Diese Position machte auch die Konkurrenz zur SPD aus, deren revolutionäre Tonlage und Ziele er deutlich ablehnte.

14. Beim Deutschen Techniker-Verband (D. T. V.)

Die Angestellten-Organisation, in die Ludwig Hofmann am 1. September 1913 eintrat, war einer der Regionalverbände des Deutschen Techniker-Verbandes (D. T. V.) für das Königreich Sachsen. Am 4. April 1913 hatte Hofmann in Chemnitz die letzte dokumentierte Rede für die Fortschrittliche Volkspartei gehalten. Am 6. Juni wählte ihn der Gesamtvorstand des Technik-Verbandes auf einer Tagung in Leipzig einstimmig zum Leiter der Geschäftsstelle Leipzig, einem der wichtigen Stützpunkte der Organisation.[299] Den Vorschlag hatte wohl Herr Kahn gemacht, Vertreter für Leipzig im Gesamtvorstand. Dass man einen in Sachsen bekannten und organisationserfahrenen Politiker der linksliberalen Partei für diese Aufgabe gewonnen hatte, sah man im Verband sicher als Gewinn an. Als Interessenvertretung der technischen Angestellten wollte man politisch neutral sein. Aber man ermunterte die Verbandsmitglieder zur politischen Aktivität, um für die Anliegen des D. T. V. bei Parteien und politischen Gremien zu werben. Sachsen war in der Organisation in Bezirke aufgegliedert und Hofmann erhielt später neben Leipzig auch für Dresden die koordinierende Funktion.[300] Die Grundlage dafür wurde schon bei der Tagung in Leipzig gelegt, als beschlossen wurde, dass mitgliederstarke, benachbarte Bezirksverwaltungen eine Arbeitsgemeinschaft mit einer eigenen Geschäftsstelle bilden könnten. So sah er sich in seinen Erinnerungen, ähnlich wie vorher bei der Fortschrittspartei, als »Landessekretär« für Sachsen.

Der Deutsche Techniker-Verband war 1884 auf einer Tagung in Leipzig gegründet worden.[301] Die Initiative dazu war von einem Verein Berliner Techniker ausgegangen, die von Leipziger Vereinen aufgenommen wurde. Man wollte durch Zusammenschluss das Ansehen der Techniker in der Gesellschaft stärken sowie ihre soziale und wirtschaftliche Situation verbessern.

Im Zuge der Industrialisierung des 19. Jahrhunderts hatte sich zwischen Arbeitern und Ingenieuren eine Gruppe von technologischen Spezialisten herausgebildet, die für die Arbeitsabläufe in Maschinenfabriken, Gas- und Elektrizitätswerken, bei den Eisenbahnen und

[299] Deutsche Techniker Zeitung, Jg. 1913, H. 25, S. 278.
[300] L. Hofmann, Notizen I.
[301] 25 Jahre Technikergewerkschaft, S. 16.

auf Baustellen unverzichtbar waren. Dies zeigte sich zum Beispiel sehr drastisch, als 1911 das Reichsmarineamt einigen Gruppen dieser Techniker kündigte, um sie in einen schlechteren Arbeitsvertrag zu drängen. Diese nahmen geschlossen die neuen Verträge nicht an und das Amt musste einlenken, um nicht den Bau der Hochseeflotte, das Prestigeprojekt von Kaiser Wilhelm II. und Admiral Tirpitz, zu verzögern.[302] Aber diese Schicht der Techniker hatten zunächst keinen richtigen Status und an ihrem Arbeitsplatz waren sie üblicherweise sozial isoliert. Das kommt in etwa im Bild des Technikers zum Ausdruck, der mit der genormten Uhr neben der Werkbank des Arbeiters steht, um die Zeit für die Fertigstellung eines Werkstücks festzustellen. Seit der Einführung der »Wissenschaftlichen Betriebsführung« ging es um die Ermittlung des Stücklohns. Auch fehlte ihnen anfangs noch die den praktischen Anforderungen entsprechende Ausbildung. Diese wurde dann von Gewerbe-Instituten und technischen Fachschulen mit entsprechendem Examen angeboten. Aber sie mussten dann immer noch gegen den Ruf ankämpfen, nur »höhere Handwerker« zu sein.

Ein wesentlicher Antrieb zur Gründung des Verbandes war das Reichskrankenkassengesetz von 1883, das Arbeitnehmer verpflichtete, sich einer Krankenkasse anzuschließen. Eine erste Handlung der Tagung in Leipzig 1884 bestand darin, für ihre Berufe eine eigene reichsweite »Hilfskrankenkasse für Architekten, Ingenieure und Techniker« zu gründen. Diese wurde noch im gleichen Jahr behördlich anerkannt. Damit hoben sich die Techniker von den Ortskrankenkassen ab, wo vor allem Arbeiter versichert waren und berücksichtigten zugleich die überörtliche Mobilität ihrer Mitglieder. Schon dadurch profilierte sich der Berufsstand. Mit der Herausgabe einer auf Dauer erfolgreichen eigenen Zeitung, der »Deutschen Techniker-Zeitung«, wurden sie in der Öffentlichkeit von dieser ersten Versammlung an deutlich wahrgenommen und festigten den Verband durch Informationsaustausch nach innen. Bei der Leipziger Gründungstagung waren 21 Vereine vertreten und man hatte 500 Mitglieder. Bis zum Jahre 1912 wuchs die Zahl auf 27 858 Angehörige des Verbandes.[303]

Die weitere Tätigkeit des Verbandes zielte drauf ab, die Situation der Mitglieder durch Staatshilfe und Selbsthilfe zu verbessern. An kollektive Auseinandersetzungen mit den Arbeitgebern nach Art einer Gewerkschaft wurde lange Zeit nicht gedacht. Schließlich gehörten auch

[302] 25 Jahre Technikergewerkschaft, S. 67.
[303] 25 Jahre Technikergewerkschaft, S. 69

Techniker als Unternehmer dem Berufsverband an. Vom Staat erhoffte und forderte man gesetzliche Regelungen zur Verbesserung der sozialen und beruflichen Situation. So wurde etwa 1892 die Kündigungsfrist auf sechs Wochen zum Ende des Quartals durch eine Novelle zur Reichsgewerbeordnung festgesetzt und damit wurden willkürliche, kurzfristig ausgesprochene Kündigungen abgeschafft. Auch gehörte die Errichtung der Reichsversicherungsanstalt für Angestellte 1912 zu solchen staatlichen Maßnahmen. Bei anderen Anliegen wie dem Patentschutz für Erfindungen der Techniker oder der Abschaffung der Konkurrenzklausel in den Arbeitsverträgen war man im Kaiserreich weniger erfolgreich.[304] Das Wechseln eines Technikers zur unmittelbaren Konkurrenz des Arbeitgebers oder Gründung einer eigenen konkurrierenden Firma konnte im Arbeitsvertrag verboten oder zumindest erschwert werden. Auch eine staatliche Arbeitslosenversicherung strebte man an, die dann erst in der Weimarer Republik gegründet wurde.

Der andere Zweig der Aktivitäten des Deutschen Techniker-Verbandes war die kollektive Selbsthilfe der Mitglieder. Dies entsprach besonders den gesellschaftlichen Vorstellungen der bürgerlichen Mittelschichten, wurde auch von den liberalen Parteien gefördert. Ludwig Hofmann hatte sich in seinen Reden ebenfalls dafür ausgesprochen, was auch gewerkschaftliche Aktivitäten einschloss. So führte der Verband 1890 eine Sterbekasse ein und 1894 eine Pensions- und Witwenkasse. Dies wurde über erhöhte Mitgliedsbeiträge finanziert. Und 1906 wurde beschlossen, Mitgliedern Rechtsschutz »in Streitigkeiten aus dem Dienstverhältnis, aus Eintreten für die Standesbewegung und aus der Patent- und Versicherungsgesetzgebung« zu gewähren.[305] Zur Absicherung der beruflichen Tätigkeit wurden Stellenvermittlungen betrieben sowie stellenlosen Kollegen Unterstützungen gewährt, was zu erheblichen finanziellen Belastungen führte. Der Gesamtvorstand beschloss deshalb 1913 in Leipzig eine schärfere Prüfung der Anträge auf Stellenlosen-Unterstützung sowie Kontrolle »über das betreffende Mitglied«.[306] Das heißt, der Verband betrieb ein eigenes Sozialprogramm mit der unvermeidlichen Konsequenz, dass Kollegen zu Klienten wurden. Dieses wurde teils auf der zentralen Ebene in Berlin, teils in den Bezirksstellen verwaltet.

[304] 25 Jahre Technikergewerkschaft, S. 74.
[305] 25 Jahre Technikergewerkschaft, S. 55.
[306] Deutsche Techniker Zeitung 1913, H.2, S. 278.

Als Hofmann 1913 sein Amt antrat, bestand der Verband bereits fast 30 Jahre und hatte einige innere Entwicklungen durchgemacht. Mit der Zunahme der Aufgaben und der Mitglieder musste die Arbeit im Verband professionalisiert werden. Die lebendige Basis blieben die Zusammenkünfte in den lokalen Techniker-Vereinen und bei den großen Wanderversammlungen des Gesamtverbandes reihum in den großen Städten Deutschlands. Aber neben einfachen Bürokräften gab es seit 1904 einen besoldeten Verbandsdirektor, dem ab 1908 Oberbeamte beigegeben wurden. Ähnlich verlief es in den Bezirksstellen, wo gewählte ehrenamtliche Leitungen und besoldete Kräfte die Verwaltungsarbeit leisteten.

Ferner hatten die unterschiedlichen Arbeitsgebiete der Techniker dazu geführt, dass sich innerhalb des Verbandes Gruppen mit gemeinsamen Berufsproblemen organisierten, wie die Gemeinde-Techniker oder die Maschinen- und Elektrotechniker, auch Bautechniker.

Das Selbstverständnis des D.T.V. wurde ab 1904 durch die Gründung des Bundes der technisch-industriellen Beamten (Butib) herausgefordert. Dabei meinte Beamte im Sprachgebrauch der Zeit vor allem Angestellte. Dieser Verband nahm nur Techniker im Anstellungsverhältnis auf, keine selbständigen Techniker als Unternehmer wie der D.T.V. Der Butib war strikt gewerkschaftlich orientiert und stellte von Beginn an eine starke Konkurrenz für den D.T.V. dar. Dies führte dazu, dass auch im Deutschen Techniker-Verband die Tendenz zur Gewerkschaft anstieg, wie sie zum Beispiel E. Richard Schubert vom Leipziger Verein vertrat, der 1906 in den Gesamtvorstand gewählt wurde und 1908 die Stelle eines Oberbeamten in der Zentrale erhielt. Er leitete einige Jahre die Zeitschrift des D.T.V. Im Verband setzte sich in den beiden der Leipziger Tagung von 1913 vorausgehenden Versammlungen schrittweise das Verständnis als Gewerkschaft durch, damit man die Interessen der Mitglieder direkter gegenüber den Arbeitgebern vertreten konnte. Dabei gestand man den beamteten Mitgliedern im Staats- oder Kommunaldienst zu, dass sie sich nicht an Streiks beteiligen müssten. Zwischen D.T.V. und Butib schwankte aber bis 1919 das Verhältnis zwischen gereizter Konkurrenz, Plänen zur Vereinigung und fallweiser Zusammenarbeit.

Nachdem Hofmann am Sonnabend dem 7. Juni die Zustimmung des Gesamtvorstandes erhalten hatte, konnte er sich in den folgenden drei Tagen unter Vermittlung seiner Leipziger Kollegen in den Veranstaltungen der Wanderversammlung umsehen.

Unsere Wanderversammlung Leipzig 1913

vom 7. bis 10. Juni

aus Anlaß der Internationalen Bau-Ausstellung.

Zu dieser Wanderversammlung, die vom Verbandstage und vom Gesamtvorstand beschlossen wurde, hat die Bezirksverwaltung Leipzig, die schon seit langer Hand für diese Verbandsveranstaltung Vorbereitungen trifft,

das vorläufige Programm aufgestellt.

Sonnabend, den 7. Juni

Empfang der auswärtigen Teilnehmer und Besichtigung der I. B.-A. unter sachkundiger Führung.

Abends 8 Uhr: Damengesellschaftsabend mit künstlerischen Darbietungen in der Großen Festhalle der I. B.-A.

Abends 8 Uhr: Auf Wunsch vieler Kollegen außerhalb Leipzigs in Erinnerung an frühere Zeiten wird der 31. Herrenabend der Leipziger Technikerschaft abgehalten.

Sonntag, den 8. Juni

Vormittags 10 Uhr: Begrüßung unseres Verbandsmitgliedes, des Herrn Kammerrats Clemens Thieme, als Gründer des D.T.-V. im Ruhmes- und Ehrenmale des seiner Anregung entsprungenen Völkerschlachtdenkmals. Anschließend Besichtigung des fast vollendeten Völkerschlachtdenkmals.

Vormittags 11½ Uhr: Eröffnung der Wanderversammlung des D. T.-V. im großen Kongreßsaale der I. B.-A.

Vorträge: Techniker als Gewerbe-, Fach- u. Fortbildungsschullehrer
Die Tätigkeit des Technikers in der Wohnungsfürsorge.

Nachmittags 2 Uhr: Gemeinsames Essen in der Festhalle der I. B.-A.

Nachmittag: Besichtigung der Ausstellung

Abends: Verschiedene vergnügliche Veranstaltungen innerhalb der Ausstellung.

Montag, den 9. Juni

Vormittags 9 Uhr: Gruppenführungen mit Sondervorführungen in der Ausstellung.

Nachmittags 5 Uhr: Besichtigung Leipziger Weinkeller.

Abends: Zwangloser Besuch guter Bräus und historisch bedeutsamer Gastwirtschaften.

Dienstag, den 10. Juni

Vormittags 9 Uhr: Besichtigung hervorragender öffentlicher Gebäude im Reichs-, im Staats- und im Städtischen Dienst, eines Luftschiffhafens und eines Luftfahrzeugwerkes, sowie zahlreicher Museen, Sammlungen, industrieller und technischer Werke.

Nachmittags 3 Uhr: Gruppenführungen in der Ausstellung.

Abends 7 Uhr: Abschiedsschoppen in einer Gosenwirtschaft.

Unsere Kollegen im Reiche und deren Damen und Angehörige bitten wir herzlichst, aus Anlaß der Wanderversammlung des D. T.-V in großer Zahl unserer lieben Stadt Leipzig die Ehre des Besuches zu geben. – Damit in gastfreundlicher Weise für gute Beherbergung gesorgt werden kann, bitten wir höflich um möglichst umgehende Entschließung und Anmeldung zur Teilnahme an den Leipziger Verbandsfesttagen, damit die von allen begrüßte Veranstaltung würdig verläuft. – Anmeldungen und Anfragen sind an Kollegen, Baumeister Otto Sommer, Leipzig-Schleußig, Paußnitzstraße 5, zu richten.

Die Technikerschaft Leipzigs:

Bezirks- und Zweigverwaltung Leipzig des Deutschen Techniker-Verbandes. Verein der städtischen Gemeindebeamten Leipzigs. Leipziger Bautechniker-Verein. Leipziger Techniker-Verein. Vereinigung für Ingenieure, Maschinen- und Elektrotechniker, Leipzig.

Abb. 29 Einladung zur Wanderversammlung des DTV in Leipzig 1913.

Die Bezirksverwaltung Leipzig und die am Ort ansässigen fünf Teilvereine des Techniker-Verbandes hatten zwei große Ereignisse in die Organisation der Tagung eingebaut: zum einen die Internationale Bauausstellung, die sowohl vorzeigbare Objekte bot wie auch große Räumlichkeiten, die als Kongresssaal und als Festhalle genutzt werden konnten. Außerdem war das Völkerschlacht-Denkmal fast fertiggestellt und in diesem »Ruhmes- und Ehrenmal« würdigte man einen der Gründer des D.T.V. sowie Anreger dieses Denkmals, Kammerrat Clemens Thieme. Es gab Fachvorträge und geführte Besichtigungen »hervorragender öffentlicher Gebäude im Reichs-, im Staats- und im Städtischen Dienst, eines Luftschiffhafens und eines Luftfahrzeugwerkes.«[307] Neben Reichsgericht und neuem Rathaus dürften dabei vor allem bei den Bautechnikern die neuen großen Hallen und das Monument des Eisens in der Internationalen Bau-Ausstellung Interesse gefunden haben.

[307] Deutsche Techniker Zeitung 1913, H.16., S. 192. Programm der Wanderversammlung Leipzig 1913.

Zum gesellschaftlichen Programm gehörte ein »Damengesellschaftsabend« und ein Herrenabend, abendliche Besuche von Weinkellern, »guter Bräus« und Gosenwirtschaften. Also viele Gelegenheiten alte Kollegen zu treffen und mit neuen bekannt zu werden. Hofmann war offenbar im Verband bald gut vernetzt. Am 3. Mai 1914 schickten ihm sieben Mitglieder der Bezirksverwaltung in Mainz an seine Berufsadresse am Thomasring 18 (heute Dittrichring) »beste Grüße«.[308] Vermutlich hatte man sich in Leipzig kennengelernt. Leipzig war in diesem Jahr 1913 auch als Kongressstadt auf dem Höhepunkt seiner Entwicklung.

Ludwig Hofmanns am 1. September begonnene Tätigkeit vollzog sich nur ein Dreivierteljahr in den normalen Bahnen der Verbandsarbeit, Zeit sich einzuarbeiten. Dann stellte der Erste Weltkrieg neue Aufgaben.

Doch bevor diese Ereignisse eintraten, fand zu Pfingsten 1914, vom 31. Mai bis 1. Juni, eine Tagung des D.T.V. statt, auf die Ludwig Hofmann aus zwei Gründen mit großem Interesse vorausblickte: Einmal war es die erste richtige Arbeitssitzung des Verbandes, an der er als Delegierter teilnahm, und zum anderen musste der einladende Ort seine Neugier erwecken. Es war Metz in Lothringen, am Oberlauf der Mosel. Die Stadt und Festung war seit 1870 Teil des Deutschen Reichs. Seit seiner Kindheit wusste er sie durch den Fluss mit der ihm vertrauten Region an der mittleren Mosel, dort Mülheim, der Geburtsort seiner Mutter, verbunden.

Metz war schon in französischer Zeit eine starke Festung und auch 1914 war sie weiträumig umgeben von Befestigungsanlagen und Kasernen, in denen 17 deutsche Regimenter aus Preußen, Bayern und aus Sachsen stationiert waren.

Im Krieg von 1870/71 war Metz Mittelpunkt von Schlachten, die auf beiden Seiten große Verluste an Menschenleben hervorgebracht hatten. Die Ortsnamen Gravelotte, Vionville, Mars-la-Tour, St. Privat waren in die Schulbücher des Kaiserreiches eingegangen. Es waren Mythen von heroischen Kämpfen deutscher Infanterie-Regimenter und Kavallerie-Divisionen, hinter deren Erzählung nach 40 Jahren die Grausamkeit des Todes auf beiden Seiten verblasst war. Der oben erwähnte Leipzig-Roman von F.A. Beyerlein aus dem Jahre 1902 blickte hingegen mit realistischer Sicht auf die individuellen Erlebnisse eines seiner »Hel-

[308] Postkarten-Album I, Karte aus Oppenheim vom 3.5.1914 an Herrn Hofmann, D.T.V., Leipzig, Thomasring 18.

den« in diesem Feldzug zurück. Im Jahre 1914 war die Besichtigung der Schlachtfelder um Metz empfohlener Teil des Beiprogramms der Tagung.

Von dieser Kongressreise Ludwig Hofmanns sind in der Familien-Erzählung die Erinnerungen an Besichtigungen historischer Stätten, an die unvergesslich gute lothringische Küche sowie an Brüsseler Spitzen, ein Geschenk an seine Frau, erhalten. Sozusagen die touristischen Seiten einer Dienstreise. Über das, was dort verhandelt und beschlossen wurde, und auch über die Atmosphäre können wir aus den Berichten der Deutschen Techniker-Zeitung erfahren

Am Vorabend der Tagung, am 29. Mai, wurde man von der Stadt Metz mit einem Bierabend im Stadthaus begrüßt. In »drangvoll fürchterlicher Enge« hörten die vielen angereisten Techniker, die Repräsentanten der Stadtverwaltung, die Vertreter von staatlicher Bezirksverwaltung und Garnison – besonders einige höherrangige Ingenieur-Offiziere – die Begrüßungsansprachen. Dabei kam in den Worten des Leiters der Metzer Zweigstelle des D. T. V., Mühlenkamp, zum Ausdruck, warum sich diese und die Stadt so intensiv bemüht hatten, Tagungsort eines größeren deutschen Verbandes zu sein: Man fühlte sich in den Reichslanden von den Zeitungen in »Altdeutschland« unterbewertet. Man wollte die Gäste dafür gewinnen, »ein anderes Bild [...] von dem oft vielgescholtenen Lande« zu geben.[309] Es sollte deutlich werden, »dass die Leute hierzulande genauso ehrlich und aufrichtig sind, wie anderswo«. In diesem starken Appell kam das Gefühl zum Ausdruck, dass Elsass-Lothringen immer noch als nicht so ganz zugehörig betrachtet wurde. Und die gerade ein halbes Jahr (im November 1913) zurückliegende Zabern-Affäre hatte dieses Gefühl sowohl in den Reichslanden wie in »Altdeutschland« aktualisiert. Es waren die Probleme, mit denen sich Hofmann 1912 als Parteisekretär in Sachsen hatte befassen müssen.

Im Unterschied zu der für alle Mitglieder offenen Wanderversammlung in Leipzig war die Tagung in Metz vor allem – aber nicht nur – eine Arbeitstagung von Gesamtvorstand und den Delegierten der Bezirke. Bei festlichen Veranstaltungen sollte der innere Verbund der Verbandselite gefestigt werden und eine Festrede sollte über den Jahresbericht hinaus Orientierung geben. Es gab zunächst eine interne Sitzung des Vorstandes unter Leitung des Vorsitzenden Paul Reifland, in der die prekäre Finanzlage des Verbandes erörtert wurde. Man sprach vor allem darüber, wie man den Eingang der nur unzureichend gezahlten

[309] Der Metzer Verbandstag, in: Deutsche Techniker Zeitung, Heft 23, 6.6.914, S. 265.

Mitgliedsbeiträge sichern konnte. Dann hielt der Landtagsabgeordnete von Metz, Donnevert, in einer Festsitzung einen Vortrag, in dem er die soziale Entwicklung während des Industrialisierunsprozesses in Deutschland mit der Würdigung der Einzelpersönlichkeit bei Kant und Goethe verband. Die Techniker hätten mit ihren besonderen, persönlichen Qualifikationen den gesellschaftlichen Fortschritt mit herbeigeführt. Sie selbst seien auf diesem Weg aber zu »Arbeitnehmern, abhängigen Dienern der Großbetriebe« geworden. Der Massenbetrieb beschädige die Persönlichkeitsrechte auch des Technikers, schränke seine Freiheit ein, lasse es an Würdigung seiner ganz persönlichen Leistung durch geringe Besoldung, die Konkurrenzklausel und die geringe Anerkennung seiner Erfindungen fehlen. Daraus leitete der Redner die Aufgaben des Verbandes zur Verbesserung der Lage der Techniker ab.

Diese Aufgaben wurden dann in Ausschüssen und Plenarsitzungen durchgearbeitet. Spezialvorträge behandelten verschiedene sozialpolitische Themen, mündeten in Anträgen und Resolutionen. Man sprach sich gegen die sogenannten »wirtschaftsfriedlichen« Arbeitnehmervereine aus, die »Gelben«. Diese positionierten sich gegen gewerkschaftliche Kampfmaßnahmen und waren vor allem in Großbetrieben eine Konkurrenz für den D.T.V. Man fasste Entschließungen gegen die Diskriminierung »alternder Techniker«, was etwa mit dem 40. Lebensjahr anfing. Sie wurden bei Behörden nicht mehr eingestellt oder häufiger entlassen. Man kritisierte die indirekte Senkung der Gehälter von Technikern, indem man deren Arbeitszeit verlängerte und sprach sich für ein einheitliches Angestellten- und Beamtenrecht aus.

Ein gesellschaftliches Thema von allgemeiner Bedeutung, das offenbar viele Techniker beschäftigte, wurde ebenfalls in Metz verhandelt: die zunehmende Tätigkeit von Frauen im Berufsfeld der technischen Angestellten. Frauen als Arbeiterinnen hatten den Prozess der Industrialisierung von Anfang an begleitet. Jetzt traten sie – offenbar ohne die gleichen behördlich sanktionierten Ausbildungsgänge wie die männlichen Techniker – als Beschäftigte in den Unternehmen auf. Sie gingen damit den diplomierten Ingenieurinnen voraus, die erst seit 1908 in Preußen überhaupt zum Studium an den Technischen Hochschulen zugelassen wurden.[310]

310 Barbara Duden, Hans Ebert, Die Anfänge des Frauenstudiums an der Technischen Hochschule Berlin, in: Reinhard Rürup, Hg., Wissenschaft und Gesellschaft. Beiträge zur Geschichte der Technischen Universität Berlin 1879–1979, Bd. 1, Berlin 1979, S. 406.

Der Zustrom von männlichen Bewerbern in diesen Beruf wurde innerhalb des Verbandes schon als zu groß angesehen, habe zur Verschlechterung der Anstellungsbedingungen und des Besoldungsgefüges geführt. Jetzt trat eine neue Gruppe konkurrierender Mitbewerberinnen auf. Die Entschließung zu diesem Thema benannte diesen Vorgang auch als »eine ernste Gefahr für die wirtschaftliche und soziale Stellung der technischen Angestellten«.[311] Es ging keineswegs um einen prinzipiellen Ausschluss von Frauen. Der Verband erkannte durchaus die »wirtschaftliche und soziale Notwendigkeit« an, dass sich Frauen auch diesem Berufsfeld zuwandten. Auch erkannte man, welche Entwicklungen das gefördert hatten: Die »weitergehende Arbeitsteilung« habe dazu geführt, dass die bisherigen »Anforderungen in Ausbildung und Betätigungen« des Technikerberufs »an die körperliche Leistungsfähigkeit« sich »zu Gunsten der Frau« verändert habe. Das habe ihnen den Zugang zu Berufen eröffnet, die ihnen bisher aus objektiven Gründen verschlossen waren. Das wesentliche Problem für die männlichen Techniker lag offenbar darin, dass Arbeitgeber weniger umfassend ausgebildete Frauen zu geringeren Gehältern für die Bearbeitung von Teilen ihres Arbeitsfelds einstellten.

Der Verband forderte deshalb, dass »unter der Voraussetzung gleicher Vorbildung in gleichartigen Stellungen für weibliche technische Angestellte dieselben Arbeitsbedingungen gelten sollten wie für männliche«.[312] Deshalb sollten auch Frauen an den staatlichen und staatlich anerkannten Fachschulen zum Unterricht zugelassen werden. Konsequenterweise öffnete sich der Verband jetzt auch für die Frauen, bot an, sie »als gleichwertige Mitglieder« in die Organisation aufzunehmen.

Ob sich Hofmann damals in die Diskussion der neu im Beruf erscheinenden Technikerinnen eingeschaltet hatte, geht aus den summarischen Berichten nicht hervor. Die Folgerungen, die der Verband daraus gezogen hatte – eine Gleichstellung im Beruf und im Verband –, lagen aber durchaus auf der Linie, die er als Parteisekretär vertreten hatte. Er hatte die Entlastung berufstätiger Ehefrauen durch Kinderkrippen befürwortet, hatte sich für die gleichberechtigte Aufnahme von Frauen in die Beiräte der Ortskrankenkassen ausgesprochen und Frauen eingeladen, zu seinen Versammlungen zu kommen, das heißt am Prozess der politischen Willensbildung teilzunehmen.

[311] Deutsche Techniker Zeitung, 1914, Heft 23, S. 274.
[312] Deutsche Techniker Zeitung, 1914, H.2, S. 274.

Insgesamt machte ihn die Teilnahme an der Tagung umfassend mit den Problemen seines neuen Arbeitsfeldes bekannt und vermittelte ihm die im Verband geltenden Maßstäbe. Nach Ende des Kongresses blieb er noch einen Tag länger in Metz. Er wollte daraufhin wohl auch die Verwandten an der Mosel besuchen, wie eine Karte vermuten lässt, die er am 3. Juni aus Trier an seine Frau schrieb.

15. Im Weltkrieg

Der Erste Weltkrieg begann am 28. Juli 1914 mit einer Kriegserklärung Österreich-Ungarns an Serbien. Dem folgte die Mobilisierung der Truppen Russlands gegen Österreich und Deutschland und damit wurden die europäischen Bündnissysteme aktiviert. Deutschland erklärte sowohl Russland am 1. August sowie Frankreich – dem Verbündeten Russlands – am 3. August den Krieg. Der unprovozierte Einmarsch Deutschlands in das neutrale Belgien am 4. August führte die Kriegserklärung des bis dahin noch schwankenden englischen Kabinetts an Deutschland herbei.

Ludwig Hofmann war Anfang August mit seiner Familie auf einer Wanderung in den benachbarten Thüringer Bergen unterwegs. Da hören sie aus den kleinen Städten Trommelschlag. Er wusste, was das bedeutete: die Erklärung des Kriegszustandes mit zahlreichen Einschränkungen des zivilen Lebens. Als professioneller Zeitungsleser und politischer Beobachter hatte er den Anstieg der Spannungen seit dem 28. Juni verfolgt. Damals war der im serbischen Kriegsministerium vorbereitete Mordanschlag auf den zukünftigen österreichischen Kaiser durchgeführt worden, auf die monarchische Staatsspitze, die den Vielvölkerstaat des Habsburgerreichs zusammenhielt. Damit war ein kriegerischer Zusammenstoß beider Länder fast unvermeidbar geworden und die Frage war nur gewesen, ob ein Krieg auf diese beiden Länder zu begrenzen war. Die Diplomatie hatte sich spät und halbherzig bemüht, den großen Konflikt zu vermeiden. Hofmann hatte auch direkt beobachten können, wie die SPD versucht hatte, durch eine große Mobilisierung der Arbeiterschaft den Krieg zu verhindern. In Deutschland hatten zwischen dem 26. und dem 30. Juli in 183 Städten von Aachen bis Zittau große Antikriegs-Demonstrationen mit hohen Teilnehmerzahlen stattgefunden, allein in Leipzig waren es auf zehn Versammlungen ca. 100 000 Teilnehmer, in Chemnitz 8000, in Dresden 35 000, auch in kleineren sächsischen Städten wie Reichenbach 2000 und in Zittau 1000.[313] In 105 weiteren Städten Deutschlands wie Plauen und Riesa fanden in diesen Tagen ebenfalls stark besuchte Antikriegsversammlungen statt, ohne dass es genaue Zahlen gibt. Sie konnten je-

[313] Wolfgang Kruse, Krieg und nationale Integration. Eine Neuinterpretation des sozialdemokratischen Burgfriedensschlusses 1914/15, Essen 1993, S. 31–36. (Zugleich phil. Diss., TU Berlin 1990)

doch nicht den Beginn des Krieges verhindern. Ebenso vergeblich war eine Zusammenkunft der sozialistischen Parteien Europas in Brüssel am 28. und 29. Juli.

Ludwig Hofmann erinnerte sich noch Jahrzehnte später an den Ort und Moment, wo der befürchtete Krieg für ihn Wirklichkeit wurde. Aus der selbst erlebten Geschichte kennt man, wie eine verhängnisvolle Nachricht und der Orte von deren Wahrnehmung sich im Gedächtnis verbinden, etwa die Rundfunkmeldung vom 22. Juni 1941 über den deutschen Angriff auf die Sowjetunion oder die Nachricht am 9. September 2001 über den terroristischen Angriff der Flugzeuge auf die beiden Bürotürme in New York.

Hofmann konnte in diesen Tagen auch in seinem Wohnumfeld beobachten, wie der Krieg die militärische Organisation in Gang setzte. Einige Straßen westlich von seiner Wohnung in der Beaumontstraße (Heinrich Buddestraße) war zwischen 1895 und 1897 um die heutige Olbrichtstraße (Heerstraße) ein großer Komplex von Kasernen zusammen mit Bauten der Militärverwaltung entstanden, wie Divisionsgericht mit Militärgefängnis, Garnisonsverwaltung, Proviant- und Bekleidungsamt.[314] Diese Massierung von manchmal bis zu 8000 Soldaten prägte das Leben in dem bis dahin weitgehend zivilen Leipzig mit, besonders im nördlichen Bereich. Zwischen 1869 und 1897 hatte nur das Infanterieregiment 107 in der Pleißenburg Quartier. Damit dieser zentrale Standort vom sächsischen Militärfiskus für den Bau des neuen Rathauses freigegeben wurde, musste die Stadt den Bau der Kasernen finanzieren. Jetzt nahmen Offiziere in den Miethäuern der Umgebung nördlich der Bahnlinie Wohnung, wie im Haus, in dem Hofmanns wohnten. Gasthäuser entstanden in der Umgebung der Kasernen, Fotografen ließen sich dort nieder. Militärkapellen spielten in der Stadt bei verschiedenen Anlässen.

Am 2. und 3. August 1914 rückten die dort stationierten Infanterie-Regimenter 106 und 107 in den Krieg aus, ferner das Artillerie-Regiment 77, das Ulanen-Regiment 18, das Trainbattallion 19 und die Maschinengewehr-Abteilung 8. Mitte August auch das Reserve-Infanterie-Regiment 107.[315] Das alles vollzog sich vermutlich über die Bahngleise, die bis in das Kasernengelände reichten Aber die umgebenden Straßen dürften voll von Vorbereitungen aller Art gewesen sein. Insge-

[314] Dieter Kürschner, Gohlis – Standort des Militärs, in: das online-stadtteilmagazin für leipzig-gohlis, 9.12.2015, S. 3.
[315] Kürschner, Gohlis, S. 8.

samt hat Sachsen mit seinen ca. fünf Millionen Einwohnern während der vier Jahre des Krieges ungefähr 750000 Mann eingezogen.[316]

Da sich am 2. August für Deutschland bereits ein Zweifrontenkrieg abzeichnete, fasste der Geschäftsführende Vorstand des D.T.V. schon an diesem Tage Beschlüsse zur Politik des Verbandes für die Zeit des Krieges. Sie sollten einerseits der Unterstützung der Verbandsmitglieder und ihrer Familien gelten, andererseits aber auch die finanzielle Handlungsfähigkeit des Verbandes sichern, die ohnehin etwas labil war.[317] Der Zusammenhang ergab sich aus den hohen Zahlen der zum Kriegsdienst einberufenen Mitglieder des Verbandes. Von ca. 27000 waren Mitte August bereits über 10000 eingezogen. Damit war zu erwarten, dass die Mitgliedsbeiträge rapide zurückgingen, dass aber die Ausgaben steigen würden. Die erste Frage war, wie weit die Familien der eingezogenen Techniker abgesichert waren. Nach dem Stand von August/September 1914 wurde das von den einzelnen Arbeitgebern sehr unterschiedlich geregelt. Die Angehörigen von Beamten von Reich, Staat und Kommunen konnten mit der Weiterzahlung der Gehälter rechnen. Bei den mit Privatdienstvertrag Beschäftigten an öffentlichen Institutionen wie Hochbauämtern oder Eisenbahnen war das unsicher oder sogar durch Verwaltungsverfügungen ausgeschlossen. Hier galt der Vertrag mit dem Eintritt ins Heer als aufgelöst, ohne einen Anspruch auf Gehaltsfortzahlung.[318] Bei den privaten Arbeitgebern gab es ebenfalls Unterschiede in der Fortzahlung von Gehältern an einberufene Angestellte. Mannesmann wollte den Familien das volle Gehalt zahlen, den Unverheirateten wenigstens 25%. Karl Zeiß, Jena, der Ehefrau 4/16 des Gehalts, für jedes Kind ein weiteres Sechzehntel.[319] Bei kleineren Firmen waren die Möglichkeiten zur Weiterzahlung von Gehältern für einberufene Techniker meist von vorneherein begrenzt. Hier sprang als erstes die staatliche Unterstützung ein, allerdings mit Sätzen, die sehr gering waren. In Heften der Techniker-Zeitung von 1914/15 wurden Techniker je nach Qualifikation für Gehälter von 150 bis 300 Mark im Monat gesucht. Die Unterstützungssätze des Staates lagen zu Anfang pro Monat zwischen 9 und 12 Mark für die Ehefrau, für jedes Kind unter 15 Jahren bei 6 Mark; bei Bedürftigkeit! Wenn Städte einen erhöhten Satz zuzahlten – Leipzig stand mit dem dreifa-

316 Günter Naumann, Sächsische Geschichte in Daten, Berlin 1991, S. 241.
317 Deutsche Techniker Zeitung, Jg. 1914, Heft 32, S. 374 und Heft 33/34, S. 386.
318 Deutsche Techniker Zeitung, Jg. 1914, H. 41/42.
319 Deutsche Techniker Zeitung, Jg. 1914, H.33/34, S. 390.

chen Betrag an der Spitze –, dann zeigt das nur, als wie groß die Differenz zwischen dem bisherigen Einkommensniveau und der staatlichen Hilfe erkannt wurde. Auch wenn die staatliche Unterstützung mit der im Krieg einsetzenden Inflation stieg, so war sie wegen ihrer geringen Höhe doch immer eine deutliche Aufforderung, sich einen bezahlten Arbeitsplatz zu suchen. Hier wollte der Techniker-Verband einspringen. Er hatte auch die bald zu erwartenden Begräbniskosten für gefallene Mitglieder und die Versorgung von Witwen und Waisen der Kollegen sowie die Unterstützung von Verwundeten im Blick.

Deshalb gründete er bereits am 2. August 1914 einen Kriegsfonds, den er mit 5000 Mark aus dem Vermögen des Vereins ausstattete. Zugleich verpflichteten sich die geschäftsführenden Vorstandsmitglieder, die leitenden Beamten und das Büropersonal der Verwaltungszentrale, 5 % ihres Gehaltes jeden Monat – so lange der Krieg währe – in diesen Fonds zu zahlen. Alle anderen noch im Beruf stehenden Kollegen wurden aufgerufen, das gleiche zu tun. Das meinte vor allem das Personal der Zweigverwaltungen. Und da sah die Situation schwierig aus. Ende August standen bereits in vielen dieser Bezirksverwaltungen »sämtliche Vorstandsmitglieder unter den Waffen«. Der administrative Unterbau des Verbandes drohte wegzubrechen.

Ludwig Hofmann blieb zunächst in seiner Position in Leipzig und musste ebenfalls die Reduktionen im Gehalt mittragen. Er war bereits 37 Jahre alt, als der Krieg begann, hatte auch vorher weder in Preußen noch in Sachsen an militärischen Ausbildungen teilgenommen. Erst als immer mehr jüngere Männer durch Tod und Verwundungen ausfielen, wurde er im August 1915 zum Militär eingezogen. So hatte er mit anderen verbliebenen Angestellten und Ehrenamtlichen des D.T.V. die Umstellung auf die Arbeit unter Kriegsbedingungen durchzuführen. Der Verband ging davon aus, dass – ähnlich wie zwischen Parteien und Regierung – jetzt ein »Burgfriede« im sozialen Bereich herrschte, dass Probleme im Bereich der Beschäftigten einvernehmlich zwischen Arbeitgebern und Arbeitnehmern gelöst würden. Seinerseits wollte man sich auf die Lösung sozialer Probleme durch Vermittlung in Konflikten, durch Information der Mitglieder und deren Familien, zum Beispiel über Mietprobleme, sowie durch direkte Hilfen konzentrieren. Dazu diente der Kriegsfonds, und Hofmann spendete im August – wie andere Beamte und Angestellte des Verbandes auch – 5 % seines Gehaltes. Ganze Zweigverwaltungen sowie einzelne Mitglieder trugen zum Fonds bei und wurden in der Zeitung der Techniker namentlich aufgeführt. Im September führte die Finanznot des D.T.V. aber dazu, dass das Gehalt der Beamten und Angestellten – im Einverständnis – sogar um 20 % reduziert wurde.[320] Den Familien der zum Kriegsdienst eingezogenen Beamten des D. T. V. sollten aus dem Fonds zwei Drittel des Gehalts weitergezahlt werden.

Um die Verbandsfinanzen ins Gleichgewicht zu bringen, stellte man bestimmte Leistungen ein wie die Unterstützung bei Arbeitslosigkeit, verstärkte aber die Stellenvermittlung. Auch vergab der D. T. V. keine Darlehen mehr. Neben den Aufrufen zu Spenden wurde gebeten, Mitgliedsbeiträge im Voraus zu überweisen und man wandte sich dabei auch an die Ehefrauen der eingezogenen Mitglieder, die das Gehalt ihres Mannes weiter bezogen.

Die Notwendigkeit der solidarischen Hilfe wurde den Lesern der Zeitschrift des Verbandes direkt vor Augen geführt. Ab September wurden die Listen mit gefallenen Kollegen unter der Überschrift »Ehrentafel-Heldentod« veröffentlicht: zunächst nur wenige, dann Listen von jeweils etwa 30. Es waren die Kämpfe in Frankreich und Belgien mit Orten wie Reims und St. Quentin, von der Marneschlacht, die dort auftauchten, sowie Maubeuge und Antwerpen, auch Orte in Lothringen.

Unter den Anforderungen des Krieges veränderte sich Deutschland, wie schon das Beispiel einer Angestelltengewerkschaft zeigt. Neue Nöte traten auf, neue Hilfen wurden organisiert. Dabei wurde auch deutlich, dass das Land mit der Bismarck'schen Sozial- und Krankenversicherung sowie deren Weiterentwicklung die Kernelemente des Sozialstaates entwickelt hatte. Aber viel hing auch von den Institutionen der Zivilgesellschaft ab, zu denen Gewerkschaften als Solidargemeinschaften gehörten, nicht nur im Konflikt am Arbeitsplatz. Dazu gehörten nach einem verbreiteten Verständnis der Zeit auch die Gemeinden, die noch in der Weimarer Verfassung unter den Organisationen des »Gemeinschaftslebens« neben Familien und Vereinen aufgeführt wurden. Gesamtgesellschaftlich hat diese sozialen Veränderungen Jürgen Kocka in seinem Buch zur »Deutschen Sozialgeschichte 1914–1918« dargestellt.[321]

Dazu gehörte aber auch eine Mobilisierung der kulturpolitischen Propaganda, die gerade auch die Einheit von Volk und Heer gegenüber

[320] Deutsche Techniker Zeitung, 1914, H. 35 / 36, S. 395 und 398.

[321] Jürgen Kocka, Klassengesellschaft im Kriege. Deutsche Sozialgeschichte 1914–1918, 2. Auflage, Frankfurt a. Main 1988. Vgl. dazu auch neuerdings die sozialgeschichtlich angelegte Geschichte des Ersten Weltkriegs von Wolfgang Kruse, Darmstadt 2014.

der ausländischen Kritik am »deutschen Militarismus« rechtfertigen sollte. Sie hatte im großen Stil mit einer Denkschrift begonnen, die (verdeckt) vom Reichsmarineamt inspiriert worden und Anfang Oktober 1914 herausgekommen war.[322] Es hatten 93 bekannte Personen des kulturellen und wissenschaftlichen Lebens unterzeichnet. Aus der Fortsetzung dieser Initiativen, der »Erklärung der Hochschullehrer des Deutschen Reiches« vom 23. Oktober 1914, konnte Ludwig Hofmann – mit der leisen Verwunderung des Ungedienten – entnehmen, dass auch seine akademischen Lehrer dieses Hohelied auf die gesellschaftliche Bedeutung des Heeres, insbesondere für die staatsbürgerliche Erziehung, mit unterschrieben hatten: die Chemiker Max Le Blanc und Wilhelm Ostwald, die Historiker Erich Brandenburg und Karl Lamprecht, die Volkswirtschaftler Karl Bücher, Wilhelm Eduard Biermann und Wilhelm Stieda. Es war die ganze große philosophische Fakultät einer sächsischen Hochschule. Es konnte und wollte sich wohl niemand von diesem Bekenntnis – auch zum Geist des Preußentums – ausschließen.[323] Eine ganze Reihe Professoren kamen auch aus Preußen, und dessen führende Rolle bei der Vereinigung Deutschlands wurde gerade im Bürgertum anerkannt.

Dabei waren die Erfahrungen Sachsens mit dem preußischen Staat in den zurückliegenden 150 Jahren weithin negativ gewesen. Im Siebenjährigen Krieg und noch im Deutschen Krieg von 1866 hatte Sachsen auf der anderen, der österreichischen Seite, gestanden. Im Jahr 1815 hatte es als Verbündeter Napoleons die nördliche Hälfte seines Territoriums an Preußen verloren. Jedes Mal war Leipzig von dessen Truppen besetzt worden. Erst bei der Gründung des Deutschen Reiches 1871 trat Sachsen vereint mit Preußen auf. Im Gedächtnis des Volkes waren aber die vorherigen Kränkungen in einem Spruch aufbewahrt worden: Ludwigs Hofmanns Sohn Johannes kannte ihn. Er war schließlich in Leipzig aufgewachsen:

Warum ist hinter Dresden die Elbe so gelbe?
Sie ärgert sich zu Schande, weil se muss aus dem Lande,
Denn gleich hinter Meissen
Pfui Spinne, liegt Preißen.

Bis 1815 war die Elbe noch bis zur Luther-Stadt Wittenberg durch

322 Piper, Nacht, S. 215ff.
323 Erklärung der Hochschullehrer, aus: Wikisource 17.3.2015.

sächsisches Gebiet geflossen. Die umfassenden Veränderungen im Krieg hatten auch Auswirkungen, die vor allem in den Städten verarbeitet wurden. Zwar wurde das Territorium Deutschlands nur in einigen Grenzgebieten von direkten Kampfhandlungen betroffen, wie vor allem Ostpreußen und auch Lothringen. Einige Städte wie Freiburg im Breisgau erlitten Luftangriffe.[324] Aber Städte mussten für die verschiedenen Anforderungen sofort Räume zur Verfügung stellen, die nur durch Umnutzungen vorhandener Gebäude beschafft werden konnten.

Die sächsischen Truppen waren zu Beginn des Krieges in ihrer Gesamtheit als 3. Deutsche Armee an der Westfront eingesetzt worden. Gleich zu Beginn des Krieges erlitt sie in der Marneschlacht vom 5. bis 12. September schwere Verluste mit 12400 Gefallenen.[325] In Leipzig traf am 29. September 1914 der erste Transport mit 290 Schwerverwundeten ein, der in das Krankenhaus St. Georg kam. Weitere Verwundete wurden in Baracken auf dem Kasernengelände, in Privatkliniken, Schwesternheimen und Burschenschaftshäusern untergebracht, auch in Schulen, wie der Oberrealschule am Nordplatz.[326]

Schon in den ersten Monaten des Krieges musste Leipzig aber auch Quartiere für neu aufgestellte Einheiten bereitstellen: bis zum 11. November 1914 für 1425 Offiziere, 58687 Mannschaften, 3051 Pferde sowie 222 Zimmer. Die Kosten dafür musste die Stadt selbst tragen.[327]

Die hohen Verluste gerade in den ersten Monaten des Krieges führten dazu, dass nach und nach Ersatz-Bataillone aufgestellt wurden. In Leipzig bestanden diese Einheiten aus drei Gruppen: jüngere Jahrgänge, die für den Einsatz an der Front ausgebildet wurden, Soldaten, die mit mittleren oder leichten Verwundungen vom Kriegseinsatz zurückgekommen waren sowie ältere Jahrgänge, die nur noch bedingt für den Fronteinsatz fähig waren und aus den Gruppen der Landwehr- und Landsturmpflichtigen genommen wurden. Auch hier genügten die bisherigen Gebäude nicht und man musste improvisieren.[328]

Am 26. August 1915 wurde auch Ludwig Hofmann zum Kriegsdienst einberufen. Einige Wochen vorher hatten ihm Kollegen, die kürzlich ins Infanterieregiment 183 zur Maschinengewehr-Kompanie

324 Roger Chickering, Freiburg im Ersten Weltkrieg. Totaler Krieg und städtischer Alltag 1914–1918, Paderborn 2009.

325 Günter Naumann, Sächsische Geschichte, S. 241.

326 Kürschner, Gohlis, S. 9.

327 Dieter Kürschner, Leipzig als Garnisonstadt 1866–1945 / 49, hg. von Ulrich von Hehl und Sebastian Schaar, Leipzig 2015, S. 202.

328 Kürschner, Gohlis, S. 9f.

eingezogen waren, schon »aus Feindesland« Grüße geschickt: eine Postkarte mit Zeppelin (Militärluftkreuzer) und Doppeldecker-Flugzeugen mit Kriegsabzeichen.[329] Aus seinem Militärpass sowie seinen späteren Notizen erfährt man die wesentlichen Daten seiner militärischen Laufbahn im Heimatheer. Er war damals 38 Jahre alt und galt als Landsturmpflichtiger. Bisher hatte er keine Erfahrungen aus dem Wehrdienst, da er durch sein Studium freigestellt worden war. Die nur etwa sechs Wochen dauernde Ausbildung erfolgte in einem Rekruten-Depot des 1. Ersatz-Bataillon des Infanterie-Regiments 107. Dessen Kaserne lag am Stadtrand, nördlich des Tauchaer Weges (Max Liebermannstr.), dort wo sich heute die General-Olbricht-Kaserne befindet. Am 11. November wurde er einer neuen Einheit zugeteilt, der 2. Kompanie des Landsturm-Bataillon XIX/3. Andere Einheiten des Landsturms mit nichtgedienten und gedienten Reservisten im Alter von 17 bis 45 Jahren waren schon 1914 mobilisiert worden: Die Landsturm-Bataillone Leipzig XIX/1, XIX/2 und XIX/5. Sie kamen sogleich in die Gebiete hinter der sich immer noch bewegenden Westfront und wurden für den Stellungsbau und Etappen-Inspektionen eingesetzt.[330] Hofmanns Bataillon XIX/3 blieb aber dauerhaft in Leipzig.

Seine neue Formation wurde in einem Gasthaus in Gohlis, wie er sagt, unweit seiner Wohnung untergebracht, dem Gosenschlösschen. Möglicherweise war es das gleichnamige Restaurant in dem benachbarten Eutritzsch, das man auf Gaeblers Karte von Leipzig von 1901 an der Delitzscher Straße bei der Seitengase sieht. Ähnlich wurde auch mit anderen neu aufgestellten Einheiten verfahren, die in etwa 25 Gasthöfen unterkamen. Eine Kompanie des Ersatz-Bataillons des Regiments 106 kam in den Neuen Gasthof Gohlis, andere in die Bezirksschulen der Stadtteile Lindenau und Gohlis. Der Unterricht für die Kinder musste anderswo stattfinden.[331] Im Süden der Stadt wurden Soldaten in den Gaststätten »Goldene Krone«, »Eiskeller« und »Friedrichshallen« untergebracht.[332] Im Zentrum wurde auch das Restaurant »Eldorado«, wo sich Hofmanns Burschenschaft regelmäßig getroffen hatte, als Massenquartier für die Soldaten genutzt.

329 Die Feldpostkarte vom 21.6.1915 kam von Otto Scheffler und Willy Schumann an seine Privatadresse.

330 Kürschner, Leipzig, S. 198.

331 Kürschner, Gohlis, S. 109.

332 Gerhard Puchta, Der Arbeiter und Soldatenrat in Leipzig vom November 1918 bis vor dem 2. Rätekongress Anfang April 1919, in: Wiss. Zeitschr. d. Karl-Marx-Universität Leipzig, 7. Jg. 1957/58, S. 263.

Nachdem Hofmann eingekleidet worden war, ließ er ein Foto bei dem Atelier Adolf Sander in der Gohliser Straße 53 anfertigen; vom Fotografen in imponierender Haltung arrangiert, den rechten Arm in die Seite gestemmt, wie man es oft auf Bildern des obersten Kriegsherren Kaiser Wilhelm sieht. Auf der Schulterklappe die Nummer seiner Einheit, Regiment 107.

Ein anderes Bild aus dieser Zeit zeigt ihn vor einem Schilderhaus, allerdings ohne Gewehr, also nicht im Dienst. Diese Bilder waren unter anderem für seine Eltern in Göttingen bestimmt. Diese schickten am 31.12.1915 dem Landsturmmann auf einer Karte mit Reichsflagge und Reichskriegsflagge einen patriotischen Gruß zum neuen Jahr. Das Gedicht darauf verband nationale Verteidigungsbereitschaft mit einem bürgerschaftlichen Selbstbewusstsein.

Dem Banner treu,
das im Gefechte
Durch Nacht und Sturm
uns weht voran
Dem Volk der Freiheit
und der Rechte
Getreu bis auf den
letzten Mann

Das war natürlich eine vorgedruckte Formel. Aber sie war unter vielen anderen Motiven von Hermann Hofmann ausgewählt worden, um auszudrücken, dass man etwas zu verlieren hatte.

Dieses angerufene Selbstbild eines »Volkes von Freiheit und Rechten« entsprach nun ganz und gar nicht dem Bild, das in anderen Staaten von Deutschland bestand, das als ein Land von Militarismus unter einem autokratischen Herrscher, (vergleichbar mit dem russischen Zar) angesehen wurde.[333] Kaiser Wilhelm II. hatte in seinen öffentlichen Selbstinszenierungen einiges zu diesem Bild beigetragen. Doch die Fraktion der SPD hatte am 4. August 1914 ihre Zustimmung zu den Kriegskrediten gerade damit begründet, dass Deutschland – bei aller Kritik am Regierungs- und Gesellschaftssystem – eben nicht unter einer Herrschaft wie dem »russischen Despotismus« lebe und man das auch verhindern wolle.

[333] Paul Lensch, Die deutsche Sozialdemokratie und der Weltkrieg, Berlin 1915, S. 56–60.

Abb. 30 Hofmann in Uniform im Foto-Atelier 1915.

Hofmann wurde in seiner Einheit zunächst zum Wachtdienst für Gefangene eingesetzt. Die deutschen Truppen hatten während des gesamten Krieges an allen Fronten etwa 2,5 Millionen Gefangene gemacht. Diese sollten nach dem Völkerrecht, der Haager Landkriegsordnung, »genauso untergebracht, versorgt und disziplinarisch behandelt werden wie die eigenen Soldaten«.[334] Mit gewissen Einschränkungen wurde das in Deutschland versucht. Die Ernährung wurde allerdings im Lauf des Krieges ein sich verschärfendes Problem, besonders im Kohlrübenwinter 1916/17. Diese fortschreitende Mangelernährung der deutschen Zivilbevölkerung wurde zum Maßstab der Ernährung der Kriegsgefangenen genommen. Bei Franzosen und Engländern konnte dies teilweise durch Hilfslieferungen aus deren Heimatländern, die das Rote Kreuz vermittelte, kompensiert werden. Bei Russen und Rumänen war dies kaum möglich, sodass deren Sterblichkeitsraten in Gefangenschaft höher waren. Auch hing die Versorgung davon ab, wo die Gefangenen zur Arbeit eingesetzt wurden. Etwa zwei Drittel der in Deutschland Gefangenen wurden Landwirtschafbetrieben zugeteilt. Damit verbessere sich ihre Ernährung.

Schwieriger war die Versorgung der in der Industrie Eingesetzten. Im Bereich der Städte mussten Lager eingerichtet und die Versorgung aus dem allgemeinen Aufkommen an Lebensmitteln organisiert werden. Hier war Hofmann für eine relativ kurze Zeit als Wachsoldat tätig. Im Februar und März 1916 begleitete er zwei Gruppen von Ge-

[334] Wolfgang Kruse, Der Erste Weltkrieg, 2. Auflage, Darmstadt 2014, S. 67.

fangenen zu Arbeit und am Ort der Beschäftigung. Das waren einmal 24 Franzosen, die beim Sand- und Kieswerk Naunhof eingesetzt wurden. Ferner hatte eine Gruppe von 18 Franzosen und einem Russen bei der Firma Krauss und Angen zu arbeiten. Wo sie untergebracht waren, geht aus seinen Notizen nicht hervor. In ihren Quartieren hatten die Gefangenen eine gewisse Freizügigkeit. Das Generalkommando in Leipzig registrierte mit ausgesprochenem Misstrauen die zahlreichen Liebesverhältnisse vor allem zwischen französischen Gefangenen und deutschen Frauen. Man fürchtete Geheimnisverrat und Spionage.[335] Als Wachsoldat, der seine Gruppen wieder vollständig ins Lager zurückführen musste, hatte Hofmann sich an deren Zahlen noch etwa 20 Jahre später erinnern können.

Nach dieser relativ kurzen Zeit machte man sich Hofmanns organisatorische Erfahrungen zunutze. Er wurde in den Innendienst versetzt, in das Büro des Bataillons, so vermerkt er in seinen Erinnerungs-Notizen.[336] Unter anderem verwaltete er dort die Krankenblätter seiner Einheit. Am 1. September 1916 wurde er zum Feldwebel befördert und verblieb in diesem Rang bis zum Ende des Krieges. Nach dem Beginn der Revolution in Leipzig am 8. November 1918 wurde er vom Bataillon in den Arbeiter- und Soldatenrat gewählt.

Ludwig Hofmann war in Sachsen und Leipzig ein bekannter Politiker der Fortschrittspartei gewesen, die entschieden für Reformen des Staates eintrat. Aber Revolution war für ihre Mitglieder vor allem eine historische Erinnerung an 1848/49. Auch war Hofmann beruflich mit einer bürgerlichen Gewerkschaft verbunden, die bis zum Kriegsbeginn sich erst schrittweise der direkten Aktion des Streiks als Mittel zur Durchsetzung ihrer Forderungen angenähert hatte. Wenn Hofmann im November 1918 in den Leipziger Arbeiter- und Soldatenrat gewählt wurde, dann mussten drei Voraussetzungen gegeben sein: Es musste eine revolutionäre Situation eingetreten sein, die seine militärische Einheit zur Mitwirkung veranlasst hatte, er musste in seinem Bataillon ein politisches Profil gewonnen haben, dass man ihm ein revolutionäres Amt zutraute, und er musste selbst eine Entwicklung durchgemacht haben, die ihn zum überzeugten Vertreter eines politischen Umsturzes machte. Er selbst sagte später in seinen Erinnerungs-Notizen: »Die Erfahrungen der Kriegszeit führten zum Sozialismus.« Was auch immer das für die konkrete Situation bedeutete. Denn die Szene der Vertreter

[335] Kürschner, Leipzig als Garnisonstadt, S. 212.

[336] L. Hofmann, Erinnerungsnotizen I.

des Sozialismus war damals in Deutschland weit aufgefächert. Nach der Spaltung der Sozialdemokratischen Partei im Jahre 1917 reichte sie von den Mehrheitssozialisten mit Friedrich Ebert, der einen geordneten Übergang zu einer sozial gerechten Gesellschaft durch Demokratisierung bevorzugte, über die Unabhängige Sozialdemokratische Partei, die eigentlich aus zwei Parteien bestand – nur durch eine konsequente Friedenspolitik zusammengehalten, wie der Zeitgenosse, Historiker und linke Politiker Arthur Rosenberg sagte –, bis zur revolutionären Spartakusgruppe um Karl Liebknecht und Rosa Luxemburg. In Leipzig war damals die USPD dominant, aber eigentlich auch selbst nicht auf einen Regimewechsel vorbereitet.

Jürgen Kocka hat in seiner Studie über die Klassengesellschaft im Ersten Weltkrieg darauf hingewiesen, dass in der Angestelltenschaft ein zwar begrenzter, aber »immer klarer hervortretender Links-Rutsch« stattfand.[337] Dieser äußerte sich unter anderem auch in Streiks von Angestellten. Die Frage ist also auch in einer allgemeinen Perspektive, welche Erfahrungen haben Hofmann, der aus einem solchen Milieu kam, damals zu einer Hinwendung zu sozialistischen Positionen gebracht? Oder welche könnten es gewesen sein, denn dazu liegen keine näheren Äußerungen von ihm vor.

Zunächst dürfte es die Krise in der Versorgung der Bevölkerung mit den lebensnotwendigen Gütern gewesen sein, die das Vertrauen in die Fähigkeiten der Regierungen und Verwaltungen untergrub, diese Probleme hinreichend und vor allem auch gerecht zu lösen. Er selbst und seine Familie erlebten die Folgen der Mangelwirtschaft direkt mit. Auch konnte er beobachten, wie die reduzierte Versorgung im Frühjahr 1916 in Leipzig zu einem politischen Problem wurde und die Bevölkerung zum Protest und zur Selbsthilfe schritt. »In der Woche vom 13. bis 20. Mai 1916 kam es zu schweren Unruhen in Leipzig, den sogenannten Hunger- oder Butterkrawallen.«[338] Die Rationen von Kartoffeln – neben Brot das wichtigste Grundnahrungsmittel – waren um ein Viertel reduziert worden und die auf Karten zustehenden Rationen an Fett wurden oft nicht geliefert. Den Geschäftsinhabern warf man Wucher vor. In den Arbeiterbezirken Lindenau und Plagwitz kam es zu Unruhen und Geschäftsplünderungen. Diese Tumulte griffen auf Leutzsch, Volksmarsdorf und Sellerhausen über.

Angesichts der Versorgungsschwierigkeiten war die Überforderung

337 Kocka, Klassengesellschaft, S. 107.
338 Bramke, Reisinger, Revolution in Leipzig, S. 48.

im Arbeitsprozess umso gravierender. Am 16. April 1917 brach in Leipzig ein Massenstreik aus, dem sich am zweiten Tag 20 000 Arbeiter angeschlossen hatten. Die USPD und der Metallarbeiterverband hatten das organisiert. Es ging unmittelbar um die Reduzierung der überlangen Arbeitszeiten von 56 bis 63 Wochenstunden, und zwar bei vollem Lohnausgleich. Auch forderte man eine bessere Versorgung mit Brot. Da diese Kombination von Mangelernährung und Überforderung mit dem nicht enden wollenden Krieg zusammenhing, ging man bei diesem Streik nun auch zu politischen Forderungen über: Von der Regierung in Berlin verlangte man eine »sofortige Friedensbereitschaft« und mehr politische Freiräume im Inneren.[339] Die Leipziger Unternehmer gingen sofort auf die sozialpolitischen Forderungen ein und die Öffentlichkeit konnte sehen, wie entschlossenes Auftreten der Arbeiterschaft die Lage wenigstens im unmittelbaren Bereich verbessern konnte, aber auch eine weitergehende Perspektive entfaltete.

Die innere Entwicklung in Deutschland hatte auch zu weitgreifenden Interventionen des Staates in das Wirtschaftsleben geführt, die den studierten Volkswirt Ludwig Hofmann zum Nachdenken darüber bringen konnte, ob die kapitalistische Konkurrenzwirtschaft die unanfechtbare Lösung des ökonomischen Prozesses sei. Als Linksliberaler war er immer für eine soziale Flankierung der Marktwirtschaft eingetreten, für Gewerkschaften, Sozialversicherungen, Arbeitskammern, technisch sichere Arbeitsplätze. Aber was jetzt der Staat unter dem Druck des Krieges tat, ging darüber hinaus. Sein früherer Studienfreund, der sozialdemokratische Reichstagsabgeordnete Lensch, hatte dafür schon Anfang 1915 den provokativen Begriff »Kriegssozialismus« in die Diskussion gebracht, bevor die Staatsintervention sich voll entfaltet hatte.[340] In einigen sozialdemokratischen Regionalzeitungen war das Wort schon im November/Dezember 1914 als Überschrift für einen von der zentralen sozialdemokratischen Korrespondenz verbreiteten Aufsatz verwandt worden.[341]

Die Initiative für diese staatlichen Eingriffe ging meist vom Militär aus, das die Leistungsfähigkeit der Kriegswirtschaft sichern wollte. Diese war durch mehrere Faktoren wie den Mangel an vor allem qualifizierten Arbeitskräften, den Rückgang der Produktivität durch Ein-

339 Bramke, Reisinger, Revolution Leipzig, S. 52.

340 Paul Lensch, Die deutsche Sozialdemokratie in ihrer großen Krisis, 2. Aufl., Hamburg 1916, S. 7.

341 Wolfgang Kruse, Krieg und nationale Integration, S. 123 und 269.

satz von angelernten Kräften, Jugendlichen, Frauen, auch Kriegsgefangenen, beeinträchtigt, ferner durch Unterernährung und Überlastung. Auch ein eklatanter Mangel an Rohstoffen infolge der britischen Seeblockade bereitete Schwierigkeiten.[342] Nach Regelungen in Teilbereichen beschloss am 5. Dezember 1916 der Reichstag das Vaterländische Hilfsdienstgesetz. Dies bestimmte nun umfassend eine begrenzte Arbeitspflicht für männliche Personen zwischen dem 16. und dem 60. Lebensjahr. Dadurch sollten Löhne und Wechsel der Arbeitsplätze kontrolliert werden und es gab den Beschäftigten in den größeren Betrieben die Mitsprache durch Ausschüsse für Arbeiter und Angestellte. Auch paritätisch besetzte Schiedskommissionen konnten bei Konflikten angerufen werden.[343]

Im Bereich der Beschaffung von Rohstoffen und deren Verteilung wurden branchenspezifische Gesellschaften und Ausschüsse gebildet. Dadurch wurde auch die Verteilung von Aufträgen und Preisen unter staatlicher Regie gesteuert. Bis Ende des Krieges gab es »200 Kriegsgesellschaften und Kriegsausschüsse mit (1918) 33 000 Angestellten.«[344] Der weiter bestehende Kapitalismus wurde staatlich organisiert.

Paul Lensch entwickelte eine sozialistische Interpretation dieser Veränderungen. Ludwig Hofmann las in diesen Jahren dessen Schriften. In seinem Nachlass finden sich zwei Broschüren aus dieser Zeit. Den Hauptteil der von Lensch im Dezember 1914 verfassten Schrift »Die deutsche Sozialdemokratie und der Weltkrieg« ist dem Versuch gewidmet, der bisher auf Innenpolitik konzentrierten SPD eine Übersicht über die Außenpolitik der drei Hauptgegner England, Frankreich und Russland zu vermitteln. Im letzten Teil versucht er aber die gesellschaftlichen Auswirkungen des Krieges einzuschätzen. Er hat dabei zwei Vorgänge im Blick: einmal die unter aller Augen erfolgende Umstrukturierung der Wirtschaft, zum anderen die Bewältigung der zu erwartenden schweren Folgen des Krieges mit »der Sicherstellung der Kriegsopfer, der Krüppel und Kranken, der Witwen und Waisen«.[345] Nachdem er darauf hingewiesen hat, dass der durch die kapitalistische Gesellschaft ausgelöste »Krieg in Millionen Köpfen« schon die Erkenntnis ausgelöst habe, dass der Kapitalismus selbst »nicht das letzte Wort der Menschheit« sei, fuhr er fort:

342 Kocka, Klassengesellschaft.
343 Kocka, Klassengesellschaf, S. 152ff.
344 Kocka, Klassengesellschaft, S. 40.
345 Lensch, Sozialdemokratie und Weltkrieg, S. 63.

»Die Regierung selber war gezwungen, durch tiefwirkende Eingriffe in das Wirtschaftsleben das freie Spiel der kapitalistischen Kräfte aufzuheben. Die Festsetzung von Höchstpreisen, das Verlangen nach Regelung von Produktion und Konsum durch die Staatsverwaltung nach den statistischen Aufnahmen und den Verkaufszwang – was ist das alles anders als das Eingeständnis, dass der Kapitalismus gerade dann sich als unvereinbar mit dem Wohle der Gesamtheit herausstellt, wenn es galt, das gesamte Wohl gegen eine Welt von Feinden zu sichern? Und diese Organisation des Wirtschafslebens, die man jetzt an die Stelle der kapitalistischen Anarchie setzen will, und zwar Organisation zugunsten der Gesamtheit – was heißt sie aber im Prinzip anders als Sozialismus?«

In der Zeitung »Frankfurter Volkstimme« vom Januar 1915 verwandte Lensch dafür dann das Wort Kriegssozialismus. Über die Bezeichnungen der staatswirtschaftlichen Maßnahmen hinaus hatte dieser Begriff auch eine besondere politische Funktion. Er baute eine Brücke zwischen der sich im Kriege neue orientierenden SPD und der Politik einer von dieser an sich abgelehnten Regierung.[346] Der Krieg würde – anders als es Bebel und Lensch vor dem Krieg gedacht hatten –, so die jetzige Hoffnung, gleichsam organisch zum Sozialismus hinführen.

Paul Lensch hat nach weiterem Nachdenken über den Begriff des Kriegssozialismus dieses politische Konzept differenziert. In seiner Schrift von 1916 (»Die deutsche Sozialdemokratie in ihrer großen Krisis«) wies er auf die politischen Grenzen dieser Kriegsmaßregeln hin: »Dieser Krieg wird uns sicherlich nicht den Sozialismus bringen, aber er wird ihn uns so nahebringen, wie es unter kapitalistischen Verhältnissen nur möglich ist.«[347] Und er betonte auch, dass es keinen wirtschaftlichen Automatismus zur »Sozialisierung unseres Wirtschaftslebens« gebe, nur Perspektiven sozialer Reorganisation. Diese aber müssten nach dem Krieg unter »großen politischen Kämpfen« von den »Klassen der Abhängigen und Unterdrückten« durchgesetzt werden.

In dieser Begrenzung ähnelt der Begriff Kriegssozialismus dem 1897 von Hugo Lindemann in die deutsche – vor allem auch sozialdemokratische – Politik eingeführten Begriff des »Munizipal-Sozialismus.«

[346] Wolfgang Kruse, Krieg und nationale Integration, S. 116ff, hat das bei seiner Kritik des Begriffs herausgearbeitet.

[347] Paul Lensch, Die deutsche Sozialdemokratie in ihrer großen Krise, Hamburg 1916, S. 7.

Lindemann (1867–1949) war ein Verwaltungswissenschaftler, der sich den Sozialdemokraten angeschlossen hatte.[348] Unter dem Begriff des Munizipal-Sozialismus beschrieb er die wirtschaftlichen und sozialen Aktivitäten der englischen Kommunalverwaltungen, also auf einem Teilsektor der Gesamtgesellschaft.[349] Es handelte sich um die Sanierung von Städten durch Wasserwerke und Abwasserkanäle, den Bau von Krankenhäusern, Errichtung von Gasanstalten, Betrieb von Straßenbahnen, eine allgemeine Verbesserung der städtischen Lebensverhältnisse nicht nur für die Unterschichten. Es war eine Praxis, wie sie sich in Deutschland schon in der zweiten Hälfte des 19. Jahrhunderts entwickelt hatte. Ähnlich wie der Begriff des Kriegs-Sozialismus erfüllte der Munizipal-Sozialismus auch eine politische Brückenfunktion: In ihm konnte sich die Praxis der vom städtischen Bürgertum geschaffenen Daseinsvorsorge mit den Bestrebungen der Sozialdemokraten zur weiteren Kommunalisierung treffen. Lindemann selbst wurde einer der wichtigsten Kommunal-Wissenschaftler seiner Epoche in Deutschland und daneben auch sozialdemokratischer Politiker. Während der Revolution 1918 / 19 war er in den Regierungen in Württemberg nacheinander Minister für die wirtschaftliche Eingliederung der entlassenen Soldaten (Demobilisierung) sowie Innen- und Arbeitsminister.

Welche Erfahrungen und Überlegungen Ludwig Hofmann insgesamt zum »Sozialismus« führten, muss hier dahingestellt bleiben. Die Position in einer Einheit des Heimatheeres, in der die von der Front zurückkehrenden Verwundeten über die letztlich ergebnislosen Schrecken des Krieges berichteten, war sicher ein Faktor. Man kann aber davon ausgehen, dass ihn die Überlegungen von Paul Lensch über die Vorstufen und Chancen einer stärker am Gemeinwohl orientierten neuen Wirtschaftsverfassung in der Revolution und danach weiter beschäftigten. In dem überkommenen Bestand seiner Bibliothek weisen mehrere Broschüren des Jahres 1919, die Beiträge zu politischen Tagesdiskussion darstellten, auf diese Beschäftigung hin. Darin wurde das Problem von Wissenschaftlern und prominenten Politikern unter weiteren Begriffen wie Gemeinwirtschaft, Planwirtschaft, Verstaatlichung und Vergesellschaftung diskutiert. Aber das geschah erst in einer zweiten Phase der politischen Veränderungen. Zunächst trat er als Delegierter seines Bataillons aktiv in die Revolution in Leipzig ein.

348 Hugo C. Lindemann, in: Wikipedia 2.1.2016.

349 Hugo C. Lindemann, Stadtverwaltung und Munizipal-Sozialismus in England, Stuttgart 1897.

16. In der Revolution

Am 8. November 1918 begann die Revolution in Leipzig durch Soldaten, die sich nicht mehr an die Front eines verlorenen Krieges schicken lassen wollten. Mit der Führung der USPD am Ort schlossen sie sich zu einem provisorischen Arbeiter- und Soldatenrat zusammen, der dann die weitere Entwicklung steuerte. Nach einem halben Jahr, am 11. Mai 1919, wurde die Revolution in Leipzig durch den Einmarsch eines Freikorps unter Führung des Generalmajors Maercker beendet.

Aus den Bruchstücken der überlieferten Erinnerungen Ludwig Hofmanns geht hervor, dass er sowohl in den Anfängen der Revolution dabei war wie an deren Ende. Zunächst trat er als Delegierter seines Bataillons in den Arbeiter- und Soldatenrat ein.[350] Und am Ende begab er sich, wie er in den 1950er-Jahren erzählte, mit einem unguten Gefühl in das Quartier des »gefürchteten Generals Maercker«. Dazwischen sei er auch zum »Bataillonsführer bestellt« worden.[351] In neueren Darstellungen der Revolution in Leipzig taucht sein Name nicht auf. Auch sind in seinen Notizen keine genaueren Angaben über Zeitpunkte und Umstände enthalten. In seiner Erinnerung schrumpfte das halbe Jahr Leipziger Revolution zu einem einzigen Ereignis zusammen, mit wenigen Details. So kann man versuchen, seine knappen Angaben in den Zusammenhang der revolutionären Ereignisse in Leipzig einzuordnen, ohne deren ganze Geschichte nachzuerzählen, wie sie in der Darstellung von Werner Bramke und Silvio Reisinger vorliegt.[352]

Die Revolte der etwa 500 Soldaten, die sich am 8. November am Hauptbahnhof zusammengefunden hatten, löste in der Stadt gleichsam eine politische Explosion aus. Nach den Verlusten und Verwundungen von Angehörigen, nach Jahren der Entbehrungen und enttäuschten Hoffnungen, wollten große Teile der Bevölkerung nun den Frieden erzwingen und mit dem Regime brechen. Auch bereitete die USPD mit ihrem großen Anhang schon Demonstrationen für den 10. November vor. Der Zug der Soldaten durch die Stadt in Richtung auf das Volkshaus in der südlichen Vorstadt mobilisierte die Bevölkerung und gab der USPD-Führung das Signal, die Übernahme der lokalen Macht ein-

350 L. Hofmann, Erinnerungen II.

351 L. Hofmann, Erinnerungen II.

352 Werner Bramke, Silvio Reisinger, Leipzig in der Revolution von1918 / 1919, Leipzig 2009.

zuleiten. Die »Nachricht vom Ausbruch der revolutionären Bewegung verbreitete sich mit Windeseile« auch in den Kasernen des Nordens, wo die Infanterieregimenter 106 und 107 lagen. Man entzog den Offizieren die Befehlsgewalt, einigen in aller Öffentlichkeit, indem man ihnen die Symbole der Überordnung, die Rangabzeichen von den Uniformen entfernte, ihnen die persönlichen Waffen abnahmen, und man bildete Soldatenräte. Wie das genau auch in Hofmanns Einheit, dem Landsturm Infanterie-Bataillon XIX/3. geschah, wissen wir nicht. Es gab sowohl die spontanen Aufstände wie auch Wahlen nach Anordnung des Arbeiter- und Soldatenrats vom 10. November. Hofmann wurde als Delegierter seiner Einheit gewählt und bekam auch die Funktion eines Obmanns, der in der Selbstverwaltung der Soldatenräte eine gewisse Verantwortung zu tragen hatte.

Schon am ersten Tag der Revolution wurden so dem Generalkommando, der militärischen Führung am Ort, die meisten Truppen entzogen und es kapitulierte sofort. Noch am Abend dieses Tages gab der provisorische Arbeiter- und Soldatenrat die Richtung an, wie es weitergehen sollte. Man rief die Arbeiter auf, am nächsten Tag, dem 9. November, in den Betrieben ihre Vertreter zu wählen und am Abend dieses Tages sollte sich aus den Delegierten beider Gruppen der endgültige Arbeiter- und Soldatenrat konstituieren. Auch rief man zu einem vom 9. bis 11. November dauernden Generalstreik auf. Am 10. November fanden in zwölf Sälen die von der USPD vorbereiteten Versammlungen statt.[353] Danach »strömten die Teilnehmer in langen Zügen« zu einer friedlich verlaufenden Kundgebung auf den Augustusplatz. Zwischen 40000 und 100 000 hörten den Reden der Politiker zu, die im Bewusstsein ihrer neuen Verantwortung zur Aufrechterhaltung der Disziplin aufriefen und sich für die Sicherstellung der Ernährung einsetzten. Dieses historische Ereignis gab der Revolution in Leipzig ein allgemein wahrgenommenes Gesicht.

Am Vorabend, dem 9. November, waren 600 gewählte Arbeiter und Soldaten als Großer Rat der Arbeiter- und Soldatenräte zusammengetreten und hatten einen engeren Rat mit 33 Mitgliedern bestellt. Dieses waren alles Funktionäre der Unabhängigen Sozialdemokratischen Partei (USPD), während in der Masse der Soldatenräte durchaus unterschiedliche politische Meinungen vorhanden waren. »Eine Beteiligung der Mehrheitssozialdemokratischen Partei (MSPD), der Partei Friedrich Eberts sowie von Mitgliedern des Gewerkschaftskartells hatte

[353] Bramke/Reisinger, Leipzig, S. 66f.

man abgelehnt.«[354] Nach der Spaltung der SPD im Jahre 1917 hatten sich die beiden nun konkurrierenden Parteien stark entfremdet. Dabei dominierte in Leipzig die USPD sehr deutlich mit 11 600 Mitgliedern im Jahre 1918 gegenüber nur 572 der SPD! Ob Hofmann schon 1918 / 19 in Leipzig in die Organisation einer der beiden sozialdemokratischen Parteien eingetreten war, ist unbekannt. Von 1919 / 20 gehörte er aber ununterbrochen bis 1933 der SPD in Berlin-Tiergarten an, wie er in seinen Notizen vermerkt. Das spricht dafür, dass er sich auch in Leipzig zumindest zu den Mehrheitssozialdemokraten gehalten hat, die dort aber die Minderheit waren.

Die USPD hatte nach der Spaltung die weit verbreitete Leipziger Volkszeitung übernommen.[355] Auch der in der Revolution wichtige Versammlungsort in der Zeitzer Strasse (Karl-Liebknechtstraße), das Volkshaus, gehörte der USPD. Der geräumige und ansehnliche Bau in der Südvorstadt war 1905 / 06 an der Stelle des ehemaligen Tivoli-Theaters von Gewerkschaften und SPD errichtet worden. Es wurde ein Treffpunkt und eine Bildungsstätte der Arbeiterschaft.[356]

Die MSPD war also in Leipzig organisatorisch sehr schwach. Wie allerdings später die Wahlen zeigten, hatte sie ein erhebliches Potential in der Bevölkerung. Bei den Wahlen zur Nationalversammlung am 19. Januar 1919 hatte sie mit 20,7 % ein sehr beachtliches Ergebnis erzielt, während die USPD mit 38,2 % in Führung lag. Die jeweilige Zahl der Abgeordneten – 3 USPD, 2 MSPD – gab den sozialdemokratischen Anhängern der Regierung Ebert / Scheidemann / Noske in Leipzig eine fast gleich starke Repräsentanz für die Verfassungsberatungen in Weimar wie ihren lokalen Rivalen.

Bedeutsam für die weitere Entwicklung der Revolution in Leipzig waren aber die Ergebnisse der Wahlen zur Volkskammer, dem Parlament des Freistaates Sachsen. Hier erzielte die USPD in ihrer Region mit 39,1 % wieder das Spitzenergebnis, aber im sächsischen Gesamtresultat lag sie mit 16,3 % deutlich hinter der MSPD mit 41,6 % zurück. Da die Leipziger USPD mit ihrem Arbeiter- und Soldatenrat nicht nur Lokalpolitik betreiben wollte – angesichts der Not bei Ernährung, Heizmitteln, Arbeitsplätzen musste sie das auch –, sondern mit anderen Räten die Politik Sachsens und des Reiches im Sinne des revolutionären Sozi-

[354] Bramke, Reisinger, Leipzig, S. 66.
[355] Bramke, Reisinger, Leipzig, S. 50.
[356] Schwarz, Leipzig II, S. 375f.

Abb. 31 Volkshaus 1906 (Stadtarchiv Leipzig).

alismus bestimmen wollte, lag in dieser Differenz ein hohes Konfliktpotential. Die MSPD – gerade auch in Sachsen – ging hingegen stärker von dem noch zwischen den Volksbeauftragten beider Parteien in Berlin am 12. November 1918 beschlossenen Regierungsprogramm – der »Magna Charta« der Revolution – aus.[357] Dieses schloss Sozialisierung von Wirtschaftsbetrieben nicht aus, stellte aber die Demokratisierung von politischen Institutionen und der Gesellschaft sowie die Sozialpolitik deutlich in den Mittelpunkt. Für den Leipziger ASR bestand bei den Mehrheitsverhältnissen im Land die Gefahr der Isolierung.

Der Arbeiter- und Soldatenrat in Leipzig existierte in seiner ursprünglichen Form bis zum 31. März 1919. Ludwig Hofmann war aber nicht mehr dabei. Er wurde nämlich laut Militärpass zum 15. Dezember 1918 »ohne Versorgung nach Leipzig Gohlis entlassen«. Der Soldatenrat der 2. Kompanie des 3. Landsturmbataillons bestätigte ihm das mit der Unterschrift des Kompanieführers und des Obmanns. Als gewählter Soldatenrat hätte er wohl noch in der Einheit bleiben können. Viele ältere Soldaten wollten gar nicht so schnell in das chaotische Zivilleben zurück, da der Krieg nun beendet war. Nachdem die Selbstverwaltung der Soldaten eine gewisse neue Ordnung in den Kasernen hergestellt hatte und geklärt war, dass auch nach der Revolution jemand »Kartoffeln für die Kompanieküche schälen« musste, war der Aufenthalt dort abgesicherter als der »Kampf ums Dasein« draußen.[358] Mitte Januar 1919 waren in Hofmanns ehemaligem Bataillon noch 2612 Soldaten, 252 Unteroffiziere und 21 Offiziere und Stellvertreter.[359]

So fand vermutlich die zeitweilige Führung eines Bataillons, von der er in seinen Notizen spricht, genau in diesen ersten fünf Wochen der Revolution statt. Die Worte mit denen er das vermerkt, weisen dabei auf die Frage der Machtverteilung beim Militär in den verschiedenen Phasen der Revolution hin. Er sagt, er sei »vom provisorischen revolutionären sächsischen Kriegsminister« in dieses Führungsamt bestellt worden. Auch das deutet auf die Anfangsphase der Revolution hin. Damals war der USPD-Politiker Fleißner seit dem 15.11. in Dresden Kriegsminister im noch gemeinsamen Kabinett der beiden sozialdemokratischen Parteien. Wie diese Ernennung mit dem Prinzip der Wahl der Führer in den revolutionären Militäreinheiten zusammenhängt, ist schwer zu erklären. Sie kann aber auf die damalige politische Überein-

[357] Peter Steinbach, Sozialdemokratie und Verfassungsordnung, Opladen 1983, S. 41.
[358] Kürschner, Leipzig, S. 243.
[359] Kürschner, Leipzig, S. 255.

stimmung von Leipziger ASR und Ministerium zurückzuführen sein. Der Arbeiter- und Soldatenrat hatte sich durch Übernahme des Generalkommandos in Leipzig am 10.11. die Einheiten des 19. Armeekorps unterstellt und die Wahl von je zwei Soldatenräten und eines militärischen Führers durch die Soldaten in jeder Kompanie angeordnet.[360] Die kooperative Konstellation endete aber am 16. Januar 1919, als die Minister der USPD vor allem wegen der Januarkämpfe in Berlin, die auf Leipzig und Dresden übergegriffen hatten, aus dem Kabinett zurücktraten. Dann übernahmen Politiker der MSPD das Kriegsministerium in Sachsen, zuerst Gustav Neuring, der am 12. April 1919 von Demonstranten ermordet wurde, und danach Gustav Kirchhoff.

Hofmanns Entlassung aus dem Heer erfolgte im Rahmen der allgemeinen Demobilmachung. Vor allem im November und Dezember kehrten die Einheiten, deren Garnisonsort Leipzig war, von der Front zurück. Bereits am 23. November begrüßte Oberbürgermeister Rothe diese Truppenteile im Namen des Rates. Mit ihrer Demobilmachung wurde jeweils sofort begonnen.[361] Am 6.12. und 8.12. wurden auch Bewachungskompanien der Kriegsgefangenen-Arbeitsbataillone entlassen. Doch zog sich die Rückkehr und Entlassung von Einheiten bis in den April hin, wie eine bei Dieter Kürschner veröffentlichte Liste zeigt.[362]

Da das sächsische Heer zunehmend demobilisiert wurde, schmolz auch der Bereich zusammen, in dem Dresden und Leipzig zusammenarbeiteten. Der ASR Leipzig hatte mit der Sicherheitswehr von 1000 bis 1500 Mann und der Matrosenkompanie von etwa 500 Mann eigene Einheiten aufgebaut. Vor dem Hintergrund zunehmender Spannungen zwischen beiden Machtzentren in Sachsen dürfte es auf militärischem Gebiet ab Mitte Januar 1919 wenig Kooperation gegeben haben.

Im späten Rückblick auf diese Zeit führt Hofmann eine wesentliche Voraussetzung für diese Übertragung eines militärischen Amtes in der Revolution an: »Das war natürlich nur einem SPD Mann möglich.«[363] In dieser Bemerkung reflektierte er auch seine Entwicklung während des Krieges vom profilierten linksliberalen Politiker zum Sozialdemokraten. Die deutsche Sozialdemokratie hatte sich seit den 1860er- und 1870er-Jahren von der bürgerlichen Verfassungsbewegung emanzi-

[360] Kürschner, Leipzig, S. 240.
[361] Kürschner, Leipzig, S. 252.
[362] Kürschner, Leipzig, S. 250–252.
[363] Notiz Hofmann II.

piert. Aber sie hatte die Orientierung an einem liberal-demokratischen Verfassungsverständnis, von grundlegenden politischen Rechten und parlamentarischer Demokratie, mitgenommen.[364] Dies bestätigte sich in der Revolution bis in die Reihen der USPD hinein. Insofern konnte Hofmann mit seinem eigenen Demokratieverständnis den Schritt zur SPD machen. Sowohl sein Eintreten für das Reichstagswahlrecht in Sachsen wie die Vertretung sozialliberaler Positionen und nicht zuletzt seine gewerkschaftliche Praxis hatten ihn in die Nähe der SPD gebracht, wohl eher der MSPD. Das Entscheidende waren dann aber die Erfahrungen im Krieg, die ihn sich von der liberalen zur sozialen Demokratie hinwenden ließen.

Seine frühere Partei, die Fortschrittliche Volkspartei, hatte sich in Leipzig während der Revolution zusammen mit den Nationalliberalen zur Deutschen Demokratischen Partei als Gesamtrepräsentanz des Liberalismus vereint. An ihrer Spitze stand Dr. Johannes Junck, der nationalliberale Reichstagsabgeordnete von 1912. Für dessen Wahl hatte sich Hofmann damals als Landessekretär der Fortschrittspartei mit eingesetzt. Generalsekretär war jetzt Hofmanns früherer Kollege Ehrich. Bei den Wahlen zur Stadtverordnetenversammlung am 26.2.1919 errang die DDP mit 22,8 % die zweite Position nach der USPD. Mit ihnen hätte Hofmann auch die Demokratisierung der Gesellschaft betreiben können. Aber er wollte eben nicht nur die Überwindung des Obrigkeitsstaates, dessen Enge er ja noch einmal im Militär kennengelernt hatte, sondern den Ausbau des Sozialstaates und auch die Überführung der Wirtschaft in eine gemeinwirtschaftliche Ordnung. Das war eine Forderung vieler Anhänger der SPD, doch auf dem Weg der parlamentarischen Demokratie, nicht der revolutionären Herrschaft des Proletariats. Und mit seiner Wahl zum Soldatenrat war er auch für den Bruch mit der alten Herrschaftsform eingetreten. Alles zusammen führte ihn zu einem politischen Neuanfang, der bis zum Ende der Weimarer Republik trug, und darüber hinaus.

Nach seiner Entlassung musste sich Hofmann vor allem um die Versorgung seiner Familie kümmern, um die Rückkehr in seinen Beruf beim Deutschen Techniker-Verband. Angesichts der vielen sozialen Aufgaben von Wiedereingliederung der aus dem Heer entlassenen Techniker und von Arbeitslosigkeit bestand beim Verband auch Bedarf an erfahrenen Kräften.

Aber auch um seine inzwischen betagten Eltern in Göttingen musste

[364] Peter Steinbach, Sozialdemokratie, S. 44ff.

er sich kümmern. Das war aber nicht so einfach. Das Eisenbahnsystem war überlastet. Züge mit zurückkehrenden Truppen und mit Versorgungsgütern für die Bevölkerung hatten Vorrang. Entlassene Soldaten wollten zu ihren Familien, Kriegsgefangene in ihre Heimat, Flüchtlinge aus den abzutretenden Gebieten im Westen und Osten waren unterwegs. Auch unterbrachen Streiks bei der Eisenbahn im Zusammenhang mit dem Mitteldeutschen Generalstreik ab dem 27. Februar oder das Gefecht beim Bahnhof Leutzsch am nordwestlichen Rand von Leipzig zwischen einem heranrollenden Freikorps und der Leipziger Matrosenkompanie am 9. Januar den Verkehr.[365] Der Arbeiter- und Soldatenrat versuchte die große Nachfrage im Eisenbahnverkehr durch ein Genehmigungsverfahren zu ordnen.

Ein anschaulicher Bericht von Victor Klemperer, dem späteren Professor für Romanistik in Dresden, bekannt vor allem durch sein Tagebuch aus dem NS-Staat, gibt uns einen Eindruck von dem Chaos und dem Bemühen, es zu bewältigen. Er weilte damals für etwa 14 Tage zwischen Ende November und Mitte Dezember 1918 in Leipzig. In dieser Zeit besuchte er eine Versammlung des Spartakus in den Coburger Hallen am Brühl, erfuhr von seinem Frisör, wie dieser billig Gewehre von entlassenen Soldaten kaufte und zum doppelten Preis weiterverkaufte. Ferner besuchte er in der Universität eine Veranstaltung, wo ein Vortrag über französische Literatur gehalten wurde. Der Arbeiter- und Soldatenrat hatte diese Zusammenkunft aus berechtigtem Misstrauen gegen konterrevolutionäre Umtriebe in der Universität zunächst verboten.

Und Klemperer hatte versucht, von hier mit der Bahn nach München zu fahren, um dort von seinem Regiment die Entlassungspapiere zu erhalten. Es sollte alles seine Ordnung haben. Es schien ihm aber zu missglücken:

»Auf der Bahnhofskommandantur und dem Generalkommando, die ich nacheinander aufsuchte, fand ich den gleichen Zustand. Feldgraue drängten sich in Knäueln um die Tische einfacher Soldaten mit roten Armbinden. Die Soldaten schrieben unablässig, und zwischendurch, ohne aufzusehen oder den Federhalter hinzulegen, wiesen sie ab und schimpften, schimpften und wiesen ab. […] Sie tun nichts, sagte mir ein Abgewiesener, als Fahrkarten zum Ersatztruppenteil ausschreiben und Heimaturlaub verweigern. Sonderfälle gibt es nicht.«[366]

[365] Puchta, Der Arbeiter- und Soldatenrat, S. 272 f.

[366] Victor Klemperer, Man möchte immer weinen und lachen in einem. Revolutionstagebuch 1919, 3. Auflage, Berlin 2015, S. 20–27.

Klemperer fand aber glücklicherweise noch einen Gefreiten mit roter Armbinde, der ihm mit Umsicht weiterhalf, mit Stempel des Arbeiter- und Soldatenrats auf der Fahrkarte und Essensmarken. Damit er aber am 10. Dezember überhaupt in den überfüllten Zug nach München gelangen konnte, holten ihn zwei Matrosen schwungvoll und mit lautem »Hiev up« durchs Fenster an Bord.

In dieser unruhigen Zeit musste Ludwig Hofmann unabweisbar in sein Elternhaus nach Göttingen fahren. Sein Vater war am 1. Februar mit 81 Jahren gestorben. Bei dem engen Verhältnis, das dieser zu ihm hatte, Zuwendung und Kritik eingeschlossen, dürfte dieser Verlust ein tief empfundener Einschnitt in seinem Leben gewesen sein. Eine Autorität war verschwunden, an deren Maßstäben er sich orientierte, wenn er sie auch nicht immer einhielt, was immer wieder zu familiären Konflikten führte. Aber der Vater war ihm auch eine Brücke in die seine Jugend prägenden Jahre in Frankfurt am Main gewesen, der »demokratischen Metropole«, wie er die Stadt später einmal mit Pathos im Rückblick benannte.[367] Für diese Reisen nach Göttingen musste auch er wohl eine Sondererlaubnis beantragen. Einen dauerhaften Reise-Erlaubnisschein der Sächsischen Staatseisenbahnen bekam er erst im Mai 1919 für seine dienstlichen Fahrten.

Die Versorgung seiner Mutter war durch die Witwen-Pension aus der Beamtenstellung seines Vaters gesichert. Infolge der fortschreitenden Inflation war aber das eigene Vermögen der Tochter eines gut situierten Winzers an der Mosel entwertet. Es war in Kriegsanleihen festgelegt worden.

In der Politik dürften Hofmann in den ersten Monaten des Jahres 1919 vor allem die drei Wahlentscheidungen beschäftigt haben, die zwischen dem 19. Januar (Nationalversammlung) und dem 2. Februar (Sächsisches Parlament) anstanden, mit der Leipziger Kommunalwahl vom 26. Januar dazwischen. In seinen früheren Wahlkämpfen für die Fortschrittspartei hatte er sich immer wieder für Frauenrechte in der Politik eingesetzt. Jetzt, in der von ihm mitgetragenen Revolution, konnte er mit seiner Frau gemeinsam zu den Wahllokalen gehen.

Wenn man die hinterlassenen Bestände seiner Bibliothek durchsieht, beschäftige er sich in diesem Jahr 1919 besonders mit der Sozialisierung. Da gibt es eine Schrift des österreichischen Staatssekretärs für Sozialisierung, Dr. Otto Bauer (Der Weg zum Sozialismus).[368] Dieser

[367] L. Hofmann, Notizen II.

[368] Otto Bauer, Der Weg zum Sozialismus, Berlin 1919.

wollte die Sozialisierung der Wirtschaft mit der Verstaatlichung der Großindustrien beginnen lassen, da diese strukturell reif für die Vergesellschaftung seien und außerdem Schlüsselfunktionen für die Steuerung des gesamten Wirtschaftslebens hätten. Da war eine Broschüre von Professor Tyszka, Hamburg, der riet, überhaupt nur die Schlüsselindustrien zu verstaatlichen, vor allem aber dem Handel die größere Beweglichkeit der Privatwirtschaft zu lassen.[369] Da waren zwei Schriften aus dem Verlag Eugen Diederichs von Reichswirtschaftsminister Wissel und seinem Staatssekretär von Moellendorf vom Mai/Juni 1919, die für eine planvoll gesteuerte Wirtschaft über paritätisch besetzte Fachverbände und einen Reichswirtschaftsrat eintraten.[370] Dazu auch eine Gegenschrift von Reichsschatzminister Gothein vom August.[371] Am meisten dürfte Hofmann aber die vom Arbeiter- und Soldatenrat in Chemnitz herausgegebene Schrift der »Sozialisierung Sachsens« beschäftigt haben, die direkt aus dem politischen Prozess in Sachsen entstanden war und in sein politisches Umfeld hineinwirkte.[372]

Dies war also das Thema, das die politische Öffentlichkeit – insbesondere die Wählerschaft der sozialistischen Parteien – in hohem Grade bewegte.

Die Sozialisierung war »das Kernstück der Vorstellungen in der Arbeiterbewegung von einer sozialistisch verfassten Gesellschaft«.[373] Was man aber darunter im Einzelnen verstehen sollte, welche Wege dazu hinführten und vor allem, wann man damit beginnen wollte, dazu waren die Meinungen in und zwischen den bald drei Parteien der Arbeiterbewegung sehr verschieden. Friedrich Ebert und die MSPD wollten die Entscheidung darüber und die Steuerung dieses komplizierten Prozesses der Reichsregierung und dem Parlament überlassen. Der Artikel 156 der Weimarer Verfassung sprach dem Reich die Kompetenz zu, die »für die Vergesellschaftung geeigneten privaten Unternehmungen in Gemeineigentum zu überführen«, durch ein Gesetz. Diese Bestimmung trat aber erst am 14. August 1919 in Kraft. Für die vor allem in

[369] Carl von Tyszka, Die Sozialisierung des Wirtschaftslebens, Jena 1919.

[370] Der Aufbau der Gemeinwirtschaft. Denkschrift des Reichswirtschaftsministeriums vom 7. Mai 1919, Reihe: Deutsche Gemeinwirtschaft, Heft 9, Jena 1919, und: Rudolf Wissel, Wichard von Moelllendorf, Wirtschaftliche Selbstverwaltung, Reihe Deutsche Gemeinwirtschaft, Heft 10, Jena 1919.

[371] Georg Gothein, Planwirtschaft, Flugschriften des Berliner Tageblatt, Heft 6, Berlin 1919.

[372] Die Sozialisierung Sachsens. Drei Vorträge von Privatdozent Dr. Otto Neurath, Chemnitz 1919.

[373] Bramke, Reisinger, Leipzig, S. 98.

den Räten organisierte Arbeiterbewegung war dieser langwierige Prozess nicht akzeptabel und verschob die Entscheidung in eine von ihnen nicht mehr zu kontrollierende Zukunft. Und so »verkündete« am 9. Januar 1919 der Arbeiter- und Soldatenrat in Essen »die Sozialisierung der Ruhrkohlenbergwerke«.[374] Dieser Versuch, die Dinge regional selbst in die eigene Hand zu nehmen, wurde bis zum 21. Februar durch den im Auftrag der Reichsregierung erfolgenden Einmarsch eines Freikorps unter General Watter in das Ruhrgebiet beendet.

In Sachsen verlief die Entwicklung etwas anders, wobei auch hier die Arbeiter- und Soldatenräte darauf drängten, mit der Sozialisierung zu beginnen. Um Klarheit zu gewinnen, wie man am besten vorgehen könnte, hatte der Vollzugsrat des Landes-, Arbeiter- und Soldatenrates die Initiative übernommen und beauftragte sein Mitglied Hermann Kranold, »eine Denkschrift über die Möglichkeit der Sozialisierung Sachsens auszuarbeiten«.[375] Kranold war Mitglied der SPD in Chemnitz und gehörte dort dem Arbeiter- und Soldatenrat an. Bis zu den Kommunalwahlen Ende Januar hatte er die neugeschaffene Funktion eines Stadtpräsidenten inne, dem alle städtischen Bediensteten unterstellt waren.[376]

Kranold setzte sich mit Dr. Otto Neurath, der seit 1918 Direktor des Wirtschaftsmuseums in Leipzig war, zusammen sowie dessen Generalsekretär Wolfgang Schumann.[377] Neurath war ein österreichischer Nationalökonom, der ab 1916 in der Wirtschaftsabteilung des österreichisch-ungarischen Kriegsministeriums praktische Erfahrungen in der Organisierung der Kriegswirtschaft gesammelt hatte.[378] Im Jahr 1917 habilitierte er sich im Fach Politische Ökonomie an der Universität Heidelberg bei Max Weber über das Thema »Die Kriegswirtschaftslehre und ihre Bedeutung für die Zukunft«. Ursprünglich war das Museum in Leipzig auch der Kriegswirtschaft gewidmet. Neurath hatte sich der sozialistischen Bewegung angeschlossen und entwarf 1919 auch Vorschläge für die Münchener Räterepublik zur Umgestaltung der Wirtschaft.

Im Auftrag des Chemnitzer Arbeiter- und Soldatenrates organsierte Kranold um den 1. Februar drei Vorträge von Neurath mit anschließen-

[374] Bramke, Reisinger, Leipzig, S. 99.
[375] Die Sozialisierung Sachsens, S. 3.
[376] spd-chemnitz.de/novemberrevolutin 7.1.2016; Franz Osterroth, Biographisches Lexikon des Sozialismus, Hannover 1960, S. 170.
[377] Die Sozialisierung Sachsens, S. 3.
[378] Otto Neurath, Wikipedia 26.1.2016.

der Diskussion für die Delegierten der Chemnitzer Arbeiterschaft. Die Themen waren »Wirtschaftsplan und Verwaltungswirtschaft«, »Arbeit und Technik« sowie »Das Ende des Geldes und des Reingewinns«. Das Konzept beruhte auf zwei Grundgedanken: einmal die ausgedehnte Organisation der Kriegswirtschaft in eine sozialistische Zentralverwaltungswirtschaft zu überführen. Ein ähnlicher Gedanke wie ihn Paul Lensch und andere bereits mit dem Schlagwort vom Kriegssozialismus angedeutet hatten, nur konsequenter volkswirtschaftlich systematisiert und mit der Eigentumsfrage verbunden. Der andere Gedanke war, durch eine gesamtwirtschaftliche Planung, in der alle sachlichen und menschlichen Ressourcen einbezogen sein sollten, und durch Rationalisierung die Produktivität der Wirtschaft über das Niveau der »planlosen Wirtschaft des freien Verkehrs« zu steigern.[379] Auf dieser Grundlage wurde dann die Denkschrift ausgearbeitet, die vom Vollzugsrat des Landes-Arbeiter- und Soldatenrats beraten wurde. Diese wurde am 11. Februar mit einer langen Liste von zu beschließenden Gesetzen dem sächsischen Gesamtministerium »zur Berücksichtigung überwiesen«. Hermann Kranold hat die Vorträge, einschließlich der Diskussion, Anfang März im Verlag des Chemnitzer Arbeiter- und Soldatenrats zusammen mit den Grundsätzen der Denkschrift veröffentlicht.[380] Am 8. und 9. Februar nahm Neurath auch an einer Tagung des Bundes technischer Berufsstände in Eisenach teil. Auch dort warb er für einen »großzügigen Wirtschaftsplan« sowie die Ergänzung der Betriebstechnik durch »Gesellschaftstechnik«.[381]

Die sächsische Regierung der SPD lehnte den Inhalt der Denkschrift bereits am 19. Februar ab, wobei sie etwas später mit der Gründung einer Sozialisierungsabteilung im Wirtschaftsministerium wenigstens deren Prinzip eine organisatorische Möglichkeit einräumte.[382] Als am 23. März ein Reichsgesetz die Sozialisierung in die Kompetenz des Reiches zog, gab die sächsische Regierung eigene Pläne zu einem Sozialisierungsgesetz auf.[383]

Der Gedanke einer isolierten »Sozialisierung Sachsens«, der in den Vorschlägen von Neurath und Kranold mitklang, war auch dem auf-

[379] Sozialisierung Sachsens, S. 8.

[380] Sozialisierung Sachsens, S. 56ff. An der Diskussion in Chemnitz beteiligte sich ein Namenvetter Hofmanns, wohl ein Techniker oder Ingenieur, der in einer Fabrik tätig war.

[381] Deutsche Techniker Zeitung 1919, H. 9/10, S. 37.

[382] Bramke, Reisinger, Leipzig, S. 109f.

[383] Reiner Gross. Geschichte Sachsens, Dresden 2007, S. 257.

traggebenden Vollzugsrat problematisch erschienen. Sachsen war ja kein Utopia. Kein Irgendwo. So betonte er, dass »auf den Zusammenhang mit dem übrigen Deutschen Reich Rücksicht genommen werden müsse«.

Abgesehen davon dürften drei vom Vollzugsrat vorgeschlagene Einzelmaßnahmen für eine integrale Steuerung der Gesamtgesellschaft bei der SPD-Führung Bedenken hervorgerufen haben: Da war einmal das »Allgemeine Arbeitspflichtgesetz für alle Staatsangehörigen der Republik Sachsen«. Dieser Vorschlag entsprach zwar den Grundsätzen der sozialistischen Gesellschaft,wie sie in den Programmschriften der SPD entwickelt worden waren. In der konkreten Situation hatte es aber unverkennbar sein Vorbild in dem 1916 vom Reich erlassenen Hilfsdienstgesetz mit der eingeschränkten Wahl des Arbeitsplatzes, das von den Organisationen der Arbeiterschaft nur für die Kriegszeit akzeptiert worden war. Da wurde ferner ein »Gesetz über gewerkschaftliche Zwangsorganisation« vorgeschlagen, das erfahrene Gewerkschafter alarmieren musste. Die Revolution hatte zwar sowohl die Bedeutung der Gewerkschaften erhöht wie Bestrebungen zum Zusammenschluss von Gewerkschaften gefördert, die auf gleichen Berufsfeldern tätig waren. Aber das geschah auf freiwilliger Grundlage und mit intensiven Auseinandersetzungen über das Selbstverständnis der einzelnen Verbände, wie es der genau damals stattfindende Annäherungsprozess der beiden Technikerverbände, Hofmanns D.T.V. und der Butib, zeigen.[384] Schließlich das »Gesetz über die Zwangsorganisation der Konsumenten«. Es sollte eine gleichmäßige und gerechte Versorgung sicherstellen, implizierte aber auch das Zuteilungssystem der Kriegszeit als Dauerbestandteil eines sozialistischen Staates. Neurath führte es als ein prinzipielles Element einer gerechteren Gesellschaft ein. Seinen aktuellen Druck und seine verbreitete Akzeptanz erhielt dieser Gedanke aber durch die besondere Mangelsituation einer desorganisierten und vom internationalen Warenaustausch abgeschnittenen Nachkriegskrise.

Die vorgeschlagene Zentralverwaltungswirtschaft beinhaltete nicht nur eine Verwaltung von Sachen, von Maschinen und Gebäuden, sondern auch Herrschaft über Menschen. Im Sinne der Planungssicherheit war die Verfügung über eine stabil bleibende Zahl von Arbeitskräften ebenso logisch wie die möglichst genaue Übersicht über die verschiedenen Gruppen von Konsumenten. Dass dieser Typus der Verwaltungswirtschaft auch die administrative Zuteilung von Lebenschancen und

[384] 25 Jahre Technikergewerkschaft, S. 76–77.

Lebensformen mit sich bringen müsste, war Neurath wohl nur ansatzweise bewusst.

Der Volkswirt Ludwig Hofmann hatte sich um 1909 gegen diese Staats-Utopie ausgesprochen. Ob ihm mit seiner Wendung zum Sozialismus diese Form von umfassender Verstaatlichung der Gesellschaft akzeptabler geworden war, dürfte offen sein. Er verfolgte jedenfalls weiter die politische Debatte darüber, wie soziale Ziele in das Wirtschaftsgeschehen implantiert werden könnten.

Die Sozialisierung der Wirtschaft in diesem Sinne wurde letztlich weder in Sachsen durchgeführt noch im Reich. Auch eine Ausdehnung des in Sachsen schon vorhandenen breiten Sektors der Kommunalwirtschaft oder gewisser staatlicher Beteiligungen erfolgte nicht.[385] Das entsprach im Bereich der Kommunen, mit sektoralen Unterschieden, auch der Tendenz im Gesamtstaat: Neue Wirtschaftsbereiche wurden nicht kommunalisiert. Aber bei der Gaserzeugung stieg zwischen 1913 und 1930 der kommunale Anteil von 74 % auf 84 %, bei den Straßenbahnen von 50 % auf 54.[386] Doch der Gedanke einer planvolleren Entwicklung Deutschlands wurde in Form der sogenannten Landesplanung aufgegriffen, der Koordination von privaten und öffentlichen Investitionen, beginnend mit dem Ruhrkohlenbezirk und fortgesetzt mit dem Engeren mitteldeutschen Industriebezirk sowie den drei sächsischen Landesplanungsbezirken.[387] Aber auch Neuraths Stichwort der Rationalisierung bestimmte in den 1920er-Jahren die Arbeitsprozesse verschiedener Branchen der Wirtschaft. Zum Beispiel machten in der Bauwirtschaft Arbeitszeitstudien und der Einsatz von weiterentwickelten Maschinen das Baugeschehen effektiver, vor allem wenn es sich um Großbauten handelte.[388] Mit der Demobilmachung des Heeres wurden von der Weimarer Republik schon 1919 solche großen Projekte in Angriff genommen, wie die Saaletalsperre, der Mittellandkanal und das Walchenseekraftwerk, die sowohl der Arbeitsbeschaffung wie dem Ausbau von Verkehrsinfrastruktur und Energieversorgung dienen soll-

385 Bramke, Reisinger, Leipzig, S. 118.

386 Klaus Stern, Günter Püttner, Die Gemeindewirtschaft. Recht und Realität, Schriftenreihe d. Vereins f. Kommunalwissenschaften, Bd. 8, Stuttgart 1965, S. 30f.

387 Hofmann, Wolfgang, Mitteldeutschland in der Geschichte der deutschen Raumplanung (Reihe: Zwischen Wörlitz und Mosigkau, H. 35) Dessau 1992.

388 Ursula Weis, Zu den sozialen Grundlagen des Wohnungsbaues in der Weimarer Republik, in: Wolfgang Hofmann, Gerd Kuhn, Hg., Wohnungspolitik und Städtebau 1900–1930, Arbeitshefte des Instituts für Stadt- und Regionalplanung, Technische Universitat Berlin, H. 48, S. 175–180.

ten. Unter Schlagworten wie »Fordismus« und Taylorismus wurde eine Modernisierung der Wirtschaft vorangetrieben, die einerseits deren Effizienz steigerte andererseits aber durch Normierung der Leistungen auch Druck auf die Arbeitskräfte ausübte; ein Problem, das nicht nur im Kapitalismus auftrat.

Im Mai 1919 endete diese Phase der Revolution in Leipzig durch den Einmarsch von Regierungstruppen. In Gesprächen mit Ludwig Hofmann in den 1950er-Jahren erinnerte er sich an ein Zusammentreffen mit dem »gefürchteten General Maercker«. Er habe ihn zusammen mit anderen in seinem Quartier zu einer Besprechung aufgesucht. Vor dem Eingang zu dessen Raum hätten Soldaten mit Gewehr Wache gestanden. Und er hätte sich beklommen gefragt, ob er hier wieder herauskomme. Der wahrscheinlichste Zeitpunkt und Ort für dieses Zusammentreffen dürfte ab dem 11. Mai 1919 in Leipzig gewesen sein. An diesem Tag hatte Maercker im Auftrage der Reichsregierung und auf Ersuchen der sächsischen Landesregierung mit seinen Truppen Leipzig besetzt.

Generalmajor Georg Ludwig Rudolf Maercker (1865–1924) war Berufssoldat im preußischen Heer gewesen.[389] Er war ein erfahrener Offizier, der einen Teil seiner Ausbildung auch im Generalstab absolviert hatte. In den Kolonialkriegen in Deutsch-Ostafrika (Tansania) und Deutsch-Südwestafrika (Namibia) hatte er an der Bekämpfung von Aufständen teilgenommen, die zu enormen Verlusten unter der einheimischen Bevölkerung geführt hatten. Während des Ersten Weltkrieges waren ihm Kommandos sowohl an der Front zu Russland wie zu Frankreich übertragen worden. Im letzten Kriegsjahr hatte er eine Division geführte. Als es in den ersten Wochen der Revolution zu gewaltsamen Konflikten von Revolutionären mit der Regierung der Volksbeauftragten in Berlin gekommen war, begann er Anfang Dezember 1918 mit der Organisierung des Freikorps Landesjäger. Dieses unterstellte er der Regierung Ebert und dem Oberbefehl von Gustav Noske als Beauftragtem für das Militär.

Ähnlich wie die Revolution von 1848/49 war die Revolution von 1918/19 an verschiedenen Zentren entstanden; auch noch vor der Hauptstadt Berlin: am 29. Oktober in Kiel, am 7. November in München und am 8. November in Leipzig. Überall im Lande hatten sich eigene Organe der Revolution in Form der Arbeiter- und Soldatenräte gebildet, mit eigenen politischen Konzepten und eigenen bewaffneten

[389] Maercker, Georg Ludwig Rudolf, in: Wikipedia 11.1.2016.

Kräften. Diese waren nicht besonders umfangreich und meist nur lokal organisiert, stützten aber die jeweils lokale Ausprägung der Revolution. Weder der zentralen Regierung des Reiches noch einzelnen Landesregierungen in Preußen, Bayern und Sachsen gelang es über Monate hinweg, diese verschiedenen Strömungen der Revolution politisch zu integrieren.[390] Das sollten dann die Freikorps und andere Regierungstruppen tun. Militärisch gelang die Beseitigung der Arbeiter und Soldatenräte. Politisch hinterließ der Einsatz von Kräften des alten Heeres aber für die Republik desintegrierende Wirkungen.

Maercker hatte zunächst den speziellen Auftrag, das lokale und regionale Umfeld der in Weimar tagenden Nationalversammlung abzusichern.[391] Ab Februar 1919 schaltete er die Arbeiter- und Soldatenräte in Weimar, Gotha, Eisenach und Halle aus, wobei es besonders in Halle zu für beide Seiten verlustreichen Kämpfen kam: 29 Tote bei den Verteidigern, 7 beim Freikorps. In der ersten Hälfte des Aprils hatte sich um Magdeburg, Braunschweig und Helmstedt ein revolutionäres Zentrum gegen die von der Nationalversammlung gewählte Regierung gebildet, das durch Streiks unter anderem die Eisenbahnverbindungen zwischen Ost- und Westdeutschland lahmlegte. Auch hier griff Maercker ein: In Braunschweig ging es ohne Blutvergießen ab, in Magdeburg und Helmstedt kam es zu Kämpfen mit Toten auf beiden Seiten.

Diese Ereignisse ringsum in Mitteldeutschland verunsicherten die Führung des Leipziger Arbeiterrates, als sich Ende April, Anfang Mai abzeichnete, dass General Maercker zu einem noch unbestimmten Zeitpunkt auch in Leipzig die Regierungsgewalt der sächsischen und der Reichsregierung herstellen würde. Man wusste, »dass man zu einem bewaffneten Widerstand« gegen dessen Streitkräfte »nicht in der Lage sein würde.«[392] Maercker hatte zwar seine Truppen so unter Kontrolle, dass es bei seinen Aktionen nicht zu den Exzessen von Gewalt gekommen war wie bei der Besetzung Münchens, aber dort eben nicht nur von Seiten des Militärs. Die Münchener Ereignisse, parallel zu der erwarteten Besetzung Leipzigs, waren in der Stadt ja bekannt und beeinflussten auch die Stimmung. So berichtete Viktor Klemperer, der aus München für die Leipziger Neuesten Nachrichten schrieb, was sich dort bei der Belagerung der von den Roten Garden des Spartakus ver-

390 Vgl. dazu Reinhard Rürup, Probleme der Revolution in Deutschland, Wiesbaden 1968.

391 Georg Ludwig Rudolf Maercker, Vom Kaiserheer zur Reichswehr, Leipzig 1921.

392 Bramke, Reisinger, Leipzig, S. 138f.

teidigten Stadt ereignet hatte.[393] Diese hatten am 30. April zehn Geiseln zur Abschreckung von Angriffen der Regierungstruppen erschossen. Das dürfte die Gerüchte in Leipzig über beabsichtigte Geiselnahmen durch den Arbeiterrat befördert haben. Dieser dementierte sogleich diese ihn diskreditierende Unterstellung. Auch berichtete Klemperer, wie am 6. Mai »21 harmlose katholische Handwerksgesellen« als Spartakisten denunziert und von bayerischen Truppen standrechtlich erschossen wurden.[394] In München hatte in der ersten Mai-Woche durch Kämpfe und standrechtliche Erschießungen ein wahres Blutbad mit 1000 Toten stattgefunden.

In der Erkenntnis der eigenen militärischen Unterlegenheit und der Gefahr unabsehbarer Folgen für die Stadt unterließ die Führung des Arbeiterrates sowohl die Vorbereitung von Verteidigungsmaßnahmen wie eines erneuten Generalstreiks.

Die Ereignisse in München werden wohl auch General Maercker in der sorgfältigen Planung seines Unternehmens bestärkt haben. Viele Tote in der Bevölkerung, ob bewaffnet oder unbewaffnet, mussten den politischen Auftrag erschweren, Leipzig unter die Regierungsgewalt der gewählten sächsischen Regierung zu bringen und darüber hinaus dem Ruf der Truppe schaden. Eigene Verluste wollte er ohnehin vermeiden. Bei der Besetzung der Stadt setzte Maercker auf Übermacht und Überraschung, nach der erfolgten Etablierung auf allgemeine Information der Bevölkerung über verschiedene Kanäle. Da Maercker sein Unternehmen geheim halten konnte, erschienen am Sonntag dem 11. Mai zwischen 7:00 und 8:00 Uhr morgens seine Truppen in der überwältigend großen Zahl von ca. 20 000 Mann, mit Panzerzügen und Panzern überraschend in der Stadt, ohne auf Widerstand zu treffen. Leipzig war das Schicksal Münchens erspart geblieben. Das Wohnviertel Hofmanns, Gohlis-Nord, wurde zusammen mit dem Kasernenviertel und Möckern vom Landjägerregiment 1 besetzt. Flugzeuge warfen Flugblätter über der Stadt ab, Plakate wurden geklebt und täglich fanden Pressekonferenzen statt.[395]

Sein Hauptquartier nahm General Maercker im Hotel Kaiserhof am Georgi-Ring, in der Nähe des Hauptbahnhofs. Von dort konnte sein Stab die politischen Maßnahmen dirigieren, wie Verbot oder Zensur

393 Klemperer, Man möchte, S. 163 und 240. Nur ein Teil von Klemperers Berichten erreichte Leipzig, aber sowohl die LNN wie das Leipziger Tageblatt berichteten auch aus anderen Quellen über München.

394 Klemperer, Man möchte, S. 177 und 241.

395 Leipziger Tageblatt (Staatsbibliothek Berlin), 12.5., 14.5., 17.5.1919.

der Leipziger Volkszeitung sowie Verhaftung führender Vertreter des Arbeiterrates und der USPD, dann auch der Anführer von Streiks, ferner Einziehung von Waffen und Verhängung von nächtlichen Sperrstunden. Dies alles sollte durch Standgerichte überwacht und durchgesetzt werden. Aber noch am Nachmittag des gleichen 11. Mai machte er auch einen politischen Schritt zur Beruhigung der Situation, indem er mit politischen und gesellschaftlichen Kräften Kontakt aufnahm. Er hatte außer dem ihm zugeordneten Kommissar der sächsischen Regierung, Otto Mylau, »die Mitglieder aller Parteien, außer den Unabhängigen und Kommunisten, sowie Vertreter der Stadt und des Bürgerausschusses zu [sich] gebeten, um die Lage und die für die nächste Zeit erforderlichen Maßnahmen durchzusprechen«.[396] Dabei konnte er die einflussreichen politischen Gruppen der Stadt – außer eben USPD und KPD – über seinen Auftrag und seine Absichten informieren und ihnen Gelegenheit zu Äußerungen geben. Zum Schluss konnte er einen Aufruf an die Bevölkerung erlassen, der eben nicht nur von der militärischen Gewalt kam, sondern auch vom Leiter der eigenen Kommunalverwaltung, Oberbürgermeister Rothe und dem aus Leipzig stammenden Regierungskommissar Mylau mitunterzeichnet war. Maercker war ein General, der nicht nur in Kategorien von Befehl und Gehorsam dachte, sondern auch die politische Situation im Blick hatte. Das veranlasste ihn einerseits dazu – angesichts der in diesen Tagen gerade veröffentlichten harten Friedensbedingungen – mehr Signale der Gemeinsamkeit unter Deutschen zu setzen. Andererseits zögerte er ein Jahr später beim Kapp-Putsch als Kommandant des Reichswehrbezirks Dresden zu lange, sich von seinem früheren Freikorps-Kollegen Lüttwitz, dem militärischen Anführer des Putsches, zu distanzieren.

Es dürfte diese Versammlung gewesen sein, bei der Ludwig Hofmann dem »gefürchteten General Maercker« begegnete, obwohl es auch in den nächsten Tagen derartige Besprechungen gab.[397] Vermutlich wird er als ein Vertreter der MSPD gekommen sein. Die von ihm erinnerte »Furcht« war sowohl Ausdruck einer allgemeinen Verunsicherung wie einer ganz persönlichen Beklemmung. Man hatte sich in Leipzig gefragt, was würde der für sein Durchgreifen bekannte General machen, wenn er in Leipzig auf Widerstand stieße? Wen würde er verhaften lassen, mit welchen Folgen? Und Hofmann wurde beim Be-

396 Maercker, Vom Kaiserheer, S. 250.

397 Leipziger Tageblatt, 13.5.1919: So am Vormittag des 12.5. – Hier wurde über Einwohnerwehren gesprochen.

treten des von Soldaten bewachten Gebäudes bewusst, dass er jetzt Offizieren gegenübertreten würde, nicht als identische Personen, sondern als militärische Ränge, denen er vor einem halben Jahr als Mitglied des Soldatenrats den Gehorsam aufgekündigt hatte; und jetzt waren diese wieder da und hatten unter dem Kriegsrecht volle Befehlsgewalt inne.

Jemand ohne diese revolutionäre Vorgeschichte und ohne die Aufforderung, sich beim General einzufinden, wie der Reporter des Leipziger Tageblatts, Hans Georg Richter, hatte da weniger Probleme. Noch am Nachmittag des 11. Mai betrat er in betonter Harmlosigkeit als Zivilist das Hotel Kaiserhof, plauderte mit dem Presse-Offizier und wunderte sich über den zwanglosen Zugang.[398]

Durch eine Mischung aus militärischem Durchgreifen und politischen Initiativen war es Maercker gelungen, die Situation in Leipzig im Sinne der Regierung zu beruhigen. Im Verlaufe der Besetzung Leipzigs durch seine Landesjäger unternahm er allerdings einen Schritt, der sich bald für die Stadt als verhängnisvoll erwies: Am 23. Mai hielt Maercker in der Universität eine mit Beifall aufgenommene Rede in einer vom Allgemeinen Studenten-Ausschuss einberufenen Versammlung. Diese Ansprache wurde in der Presse breit dokumentiert.[399] Er forderte eine Entlastung der Regierungstruppen durch »eigene« militärische Anstrengungen des Bürgertums zur Sicherung der Lage gegenüber der »prachtvoll organisierten Arbeiterschaft«. Im Anschluss daran beschloss die Versammlung eine Unterstützung des Plans zur Einrichtung eines Regiments von Zeitfreiwilligen, einer paramilitärischen Formation. Es war diese hochmotivierte, mit Maschinengewehren und Minenwerfern hoch ausgerüstete Bürgerkriegstruppe von 3000 Mann, die knapp ein Jahr später während des Kapp-Lüttwitz-Putsches die blutigen Auseinandersetzungen zwischen Arbeitern und Reichswehr in Leipzig provozierte.[400]

398 Leipziger Tageblatt, 12.5.1919, S. 2.
399 Leipziger Tageblatt, 24.5.1919, S. 2.
400 Kürschner, Leipzig, S. 288–297.

17. Vom D. T. V. zum Butab 1919

Nachdem Hofmann im Dezember 1918 aus dem Heeresdienst entlassen worden war, musste er erst wieder seinen Platz im Deutschen Technikerverband suchen. Die Aufgabe eines Koordinators der D. T. V.-Verwaltung in Sachsen, die er vor seiner Einberufung hatte, war inzwischen anderweitig besetzt. Während des Krieges hatte der D. T. V. in Dresden für seine Organisation eine Landesverwaltung Sachsen eingerichtet. So blieb Hofmann die Arbeit in der Bezirksstelle Leipzig, die, als Gau-Nebengeschäftsstelle, Dresden untergeordnet war. Jetzt musste er sich mit den dringendsten Aufgaben des Verbandes beschäftigen: die Mitglieder, die im Zuge der Demobilisierung von Heimatheer von der Front und dann aus der Kriegsgefangenschaft zurückkehrten und auf dem Arbeitsmarkt auftraten, wieder in Stellungen zu vermitteln, möglichst bei ihren alten Arbeitgebern, sie auch arbeitsrechtlich beraten zu lassen und sie auf Unterstützungsleistungen durch Reich und Gemeinden hinzuweisen. Die Entwicklung im Deutschen Technikerverband insgesamt während der Demobilmachung zeigen die beiden Vergleichszahlen:

1.10.1918: 23 209 Mitglieder, davon 14 088 im Heer

25.3.1919: 32 714 Mitglieder, davon 7591 nicht zurück, wohl Kriegsgefangene.[401]

Also ein Anstieg der Mitglieder insgesamt, auch der Anstieg der beitragszahlenden Mitglieder von ca. 9000 auf ca. 25 000. Aber der Demobilmachungsprozess setzte sich bis in das Jahr 1920 fort.

Zur Aufgabe des Verbandes gehörte es auch, zwischen den aus dem Kriege zurückkehrenden Mitgliedern und den Inhabern von Arbeitsplätzen zu vermitteln. Ein besonderes Problem stellten dabei die Frauen dar, die sich im Kriege für den Technikerberuf qualifiziert hatten. In einem Aufsatz in der Zeitschrift des D. T. V. von 1915 war bereits auf die sich nach dem Kriege anbahnende Konkurrenz-Situation hingewiesen worden, wenn die Frau nicht mehr patriotisch anerkennenswerte »Kriegshelferin«, sondern ständige »Berufskollegin« sein würde.[402] Der Verfasser führte die geringe Ausbildungszeit der im Kriege eingesetzten Frauen als Nachteil in der Konkurrenz an. Aber die in Verbänden

401 Deutsche Techniker Zeitung 1919, H. 15 / 16, 12. April, S. 61.

402 A. Lenz, Kriegskonjunktur, in: Deutsche Techniker Zeitung, 1915, 11.12., H. 49 / 50, S. 194.

und Öffentlichkeit vorherrschende Meinung gab schon im Krieg und in der Demobilisierungsphase den Männern prinzipiell den Vorrang bei der Vergabe von Arbeitsplätzen.[403] Das war im November 1918 auch beim D.T.V. die Meinung, mit Ausnahme im Fall von Kriegerwitwen.[404] Wenn es 1919 trotz des hohen Zustroms von Arbeitsuchenden gelang, die Arbeitslosenquote auf dem erstaunlich niedrigen Stand von 3,7 % zu halten, dann sah der Technikerverband in der Rückschau die »treibhausähnliche Wirkung der Inflation« als Hauptursache. Aber zur Stabilisierung des Arbeitsmarktes trug auch die Abwanderung von ausländischen Arbeitskräften wie Kriegsgefangenen und die Verdrängung von Frauen bei.

Ein weiteres großes Arbeitsgebiet war der Abschluss von Tarifverträgen. Bis Ende 1919 schlossen die Technikerverbände 126 Tarifverträge ab. Nach dem Abkommen zwischen Arbeitgebern und Gewerkschaften vom 15. November 1918, dem Stinnes-Legien-Abkommen, waren die Gewerkschaften jetzt anerkannte Vertreter der Interessen der Beschäftigten. Die Arbeits- und Entlohnungsbedingungen mussten jedoch unter der neuen politischen Vorgabe des Acht-Stundentages erst ausgehandelt werden.

Die Gewerkschaften der Arbeiterschaft standen den Kräften der Revolution von vorneherein näher als die der meisten Angestelltenverbände, auch wenn die Angestelltenschaft sich im Laufe des Krieges mehr nach links orientiert hatte.[405]

Diese Differenzierung bestand aber auch zwischen den Organisationen der technischen Angestellten. Der D.T.V. achtete als Verband auf parteipolitische Neutralität, auch wenn er den einzelnen Mitgliedern empfahl, politisch aktiv zu sein.

In der Geschäftsführung des konkurrierenden Verbandes, des Butib, des Bundes der technisch-industriellen Beamten, war seit 1913 Siegfried Aufhäuser (1884–1969) vertreten; und dieser hatte sich 1917 der USPD angeschlossen. Er war der dritte Sohn eines Augsburger Fabrikanten und hatte seinen Berufsweg mit dem Besuch der Handelsschule und einer kaufmännischen Lehre begonnen. Schon früh war er im Verein Deutscher Kaufleute aktiv, der zu den Hirsch-Dunkerschen Gewerk-

403 Susanne Rouette, Nach dem Krieg: Zurück zur normalen Hierarchie der Geschlechter, in: Karin Hausen, Hg., Geschlechterhierarchie und Arbeitsteilung, Göttingen 1993, S. 167–192.

404 Höfle, Demobilisierung, in: Deutsche Techniker Zeitung, 9.11.1918, H. 45/46, S. 178.

405 Jürgen Kocka, Klassengesellschaft, S. 105ff.

vereinen gehörte. Hofmann hatte in dessen Leipziger Zweigverein mehrfach Vorträge zu wirtschaftspolitischen Fragen gehalten. Auch Aufhäuser war – wie Hofmann – über den Linksliberalismus mit seiner Betonung von gleichen Rechten für alle und freiheitlicher Gestaltung der Gesellschaft zur Sozialdemokratie gegangen. Er hatte 1908 die Demokratische Vereinigung von Rudolf Breitscheid mitbegründet. Diese verschiedenen Parallelen in ihrer politischen Entwicklung dürfte ihre spätere Zusammenarbeit erleichtert haben. Als Gewerkschaftssekretär des Butib führte er ab 1915 verschiedene Angestellten-Gewerkschaften zur Arbeitsgemeinschaft freier Angestelltenverbände (A. F. A.) zusammen. Diese suchten die Nähe zu den freien, sozialdemokratischen Arbeitergewerkschaften, weil sie sich wie die Arbeiter als Lohnabhängige und nicht als neuer Mittelstand verstanden. Im Jahr 1921 wurde daraus der AfA-Bund (Allgemeiner freier Angestelltenbund) mit eigenem Programm. In der Weimarer Republik war Aufhäuser von 1921 bis 1933 sozialdemokratischer Abgeordneter im Reichstag.

Im Prozess der Revolution setzte der D. T. V. auf eine gemeinsame Interessenvertretung der Angestellten-Gewerkschaften: Er sprach sich für einen Referenten für Angestelltenfragen im neu gegründeten Arbeitsministerium aus und hoffte, dass bei den Reichstagswahlen auch Angestellte auf den Listen der Parteien platziert werden könnten. Vor allem unterschrieb der D. T. V. am 15. November gemeinsam mit den Arbeitsgemeinschaften technischer, kaufmännischer und freier Angestellten-Verbände das Abkommen zwischen Arbeitgeber- und Arbeitnehmerverbänden[406].

Abb. 32 Siegfried Aufhäuser (1884–1969).

Aufhäuser und die Organisationsleiter des A. f. A.-Verbandes schalteten sich hingegen sofort direkt in die Revolution mit ein. Sie gründeten

[406] Deutsche Techniker Zeitung 1918, H. 43/44, 26.10.; S. 170; H. 47/48, 22.11., S. 186.

am 11. November eine Zentrale der Angestelltenräte mit Adresse im Reichstag, Zimmer 14.[407] Die USPD und die SPD, vertreten durch die Abgeordneten Eduard Bernstein und Karl Giebel, hatten ihnen das Gastrecht gegeben. Ohne die anderen Verbände mit einzubeziehen, erklärte der A.f.A. sich zur Vertretung der Interessen der Angestellten. In Berlin, in und um den Zirkus Busch, führten sie am 17. November eine große Kundgebung mit 20000 Teilnehmern durch. Dort ließen sie ein soziales Aktionsprogramm für die Zeit der Demobilisierung beschließen, mit dem sie die Gruppe der Angestellten und ihre Probleme erfolgreich auf die Agenda der Revolution brachten. Auch ließ sich die neue Zentrale vom revolutionären Berliner Vollzugsrat die Kompetenz zur Organisierung der Wahl von Angestelltenräten übertragen. Für die Techniker sollte das der Butib tun. Diese Räte sollten die in den Betrieben nach dem jetzt aufgehobenen Hilfsdienstgesetz schon bestehenden Angestellten-Ausschüsse ablösen. Der DTV registrierte ziemlich kritisch, dass »aus den Vorschlagslisten die Namen derjenigen Vertreter«gestrichen wurden, die nicht dem A.f.A.-Verband angehörten.[408] In ihrer robusten Polemik gegen den D.T.V. trieben die Mitglieder des Butib einen gewissen Kult mit dem Streikrecht, von dem sie behaupteten, der D.T.V. nehme es nicht in Anspruch, sei also keine Gewerkschaft. Das stimmte seit 1912 nicht mehr. Allerdings fasste der D.T.V. den Streik pragmatisch auf, zur Durchsetzung von Verbesserungen für die Techniker. Beim Butib richtete sich der Streik zwar gegen den einzelnen Kapitalisten, war aber auch Teil eines antikapitalistischen Konzeptes an sich geworden.

Der revolutionäre Charakter der Angestellten-Räte sollte ihnen den Zugang zu den Arbeiter- und Soldatenräten eröffnen. In dieser Phase sicherten sie zugleich ein Monopol des A.f.A.-Verbandes als Vertreter der Angestellten. Diese direkte Parteinahme der Führung des A.f.A.-Verbandes sollte in den nächsten Wochen noch Probleme bringen, wenn D.T.V. und Butib in Verhandlungen über einen gemeinsamen Technikerverband eintraten. Diese Vereinigung fand tatsächlich bei einer Tagung der Delegierten beider Verbände vom 25. bis 28. Mai in Berlin statt; allerdings mit dramatischen Abstimmungen.

Seit November 1918 hatten zwischen Butib und D.T.V. Verhandlungen über eine »Verschmelzung« stattgefunden. Neben der Konkurrenz

[407] 25 Jahre Techniker, S. 51. Deutsche Techniker Zeitung 1918, H. 49/50, 7.12., S. 193f.

[408] Deutsche Techniker Zeitung 1918, 7.12., S. 194.

hatte es seit längerem bei den Mitgliedern und den Verbandsführungen auch die Einsicht gegeben, dass ein größerer Verband den Forderungen der Techniker mehr Nachdruck verleihen würde. Über Details wie Organisation, Beiträge und den Namen des gemeinsamen Verbandes hatte sich eine paritätisch zusammengesetzte Kommission bald geeinigt: Bund der technischen Angestellten und Beamten (Butab). Auch der für den D.T.V. wichtige Punkt, dass der neue Verband – als Organisation – gegenüber Parteien politische Neutralität wahren sollte, bei voller Freiheit der Option von Mitgliedern, war in die Papiere aufgenommen worden. Allerdings war eine entscheidende Frage offenbar nicht diskutiert worden: ob sich der neue Verband einem Bündnis von anderen Gewerkschaften anschließen oder, durch den Zusammenschluss gestärkt, nach allen Seiten offenbleiben sollte. Der Butib war Mitglied der den sozialdemokratischen Arbeiter-Gewerkschaften nahestehenden Arbeitsgemeinschaft freier Angestelltenverbände (A.f.A.), dessen Vorsitzender das USPD-Mitglied Siegfried Aufhäuser war. Diesen politischen Rückhalt wollte der Butib nicht aufgeben. Die Führung des D.T.V. setzte auf eine strikte Interpretation der verabredeten Formel von der parteipolitischen Neutralität. Um das zu signalisieren hatte sie während der Verhandlungen die Verbindung zum Deutsch-Demokratischen Gewerkschaftsbund gelöst, wie Erich Händeler in einem längeren Aufsatz »Parteipolitische Neutralität?« bekanntgab.[409] Da provozierte der Butib bei der Tagung vom 25. bis 28. Mai eine Entscheidungssituation, indem er für das sozialpolitische Programm einen Ergänzungsantrag einbrachte:

»Der Bund stellt sich auf den Boden des unüberbrückbaren Gegensatzes zwischen Kapital und Arbeit und wird den Kampf gegen den Kapitalismus in Gemeinschaft mit allen auf gleichem Programm stehenden Arbeitnehmern und Verbänden fortführen, bis der deutsche Techniker diejenige Stelle im wirtschaftlichen und politischen Leben einnimmt, die seiner Bedeutung entspricht, und das Endziel, die Befreiung der gesamten arbeitenden Klasse, erreicht ist. Parteipolitische und religiöse Bestrebungen sind unzulässig.«[410]

Dieser Passus, aus dem marxistischen Geist des Parteiprogramms der SPD von 1891 (Erfurter Programm) entwickelt, stand in deutlichem

[409] Deutsche Techniker Zeitung, H. 1/2, 4.1.1919, S. 1–3. Händeler ging trotz Vorbehalten mit zum Butab und Wilhelm Dölling traf ihn nach 1945 wieder beim FDGB in Berlin. (Korrespondenz Dölling-Hofmann)

[410] 25 Jahre Techniker, S. 77f.

Widerspruch zu dem verabredeten Gebot parteipolitischer Neutralität der neuen Gewerkschaft. Auch wurde der »Abgrund zwischen Besitzenden und Besitzlosen« (Erfurter Programm) in diesen Jahren immer wieder durch Vereinbarungen im gegenseitigen Interesse überbrückt. Auf der allgemeinen Ebene hatte am 15. November die Gründung der Arbeitsgemeinschaft von Arbeitgebern und Arbeitnehmern gewisse Regeln aufgestellt, welche die Position der Gewerkschaften stärkten, wenn auch immer wieder umkämpft. Im Einzelfall konnten sich sogar Unternehmer, Arbeiterausschuss und Angestelltenausschuss zu einem gemeinsamen Appel zusammentun, um den wirtschaftlichen Ruin einer Firma abzuwenden. Es handelte sich um die Zimmermann-Werke in Chemnitz, bei denen 8000 bis 10000 Arbeitsplätze in Gefahr waren. Diesen Fall stellte ein Leitartikel der Zeitschrift des neuen Butab am 18. Juli in den Mittelpunkt einer doppelten Ermahnung: Disziplin am Arbeitsplatz und Disziplin bei der Organisierung von Streiks, keine wilden Streiks.[411] In den Zimmermann-Werken waren die Lohnkosten erheblich gestiegen, die Produktion durch verbreiteten »Müßiggang« aber gesunken. Ziemlich sicher stand hinter beiden Erscheinungen eine Überbesetzung mit Arbeitskräften, denn die Anordnungen zur Demobilisierung sahen vor, keine Entlassungen vorzunehmen, eher die Arbeitszeit zu senken, was die Organisierung kontinuierlicher Arbeitsvorgänge schwierig machte. In dieser Situation riefen Direktion und Arbeitnehmer-Vertretungen die Beschäftigten geradezu dramatisch »in letzter Stunde« auf, im Interesse der Beschäftigten und ihrer Familien, »keine Müßiggänger in unseren Werkstätten« zu dulden. In dieser Mitteilung an die Zentrale des Verbandes wird die Frustration der Techniker vor Ort greifbar. Ihre Aufgabe war es ja auch, den Produktionsprozess möglichst effektiv zu organisieren.

Bei der Präsentation des Zusatzantrages des Butib lehnte jedenfalls die Mehrheit der Delegierten des D.T.V. ihn in dieser Fassung ab. Die von ihr angebotenen Formulierungen – wie statt »unüberbrückbarer Gegensatz zwischen Kapital und Arbeit« doch von »natürlichen Gegensätzen« zu sprechen – wurden von den Delegierten des Butib nicht akzeptiert, um nicht den klar marxistischen Tenor der Aussage im mindesten zu verwässern. Das erläuterte Aufhäuser in der separaten Versammlung des D.T.V.

[411] Otto Schweitzer, Ein ernstes Wort, in: Deutsche Techniker Zeitung, NF. 18.7.1919, H. 2, S. 21f. Der Verfasser, der 1886 Memmingen geborene Ingenieur O. Sch., wurde später (1929) Geschäftsführer des Butab. Er starb 1933 in NS-Haft (G. Lange, Aufhäuser, S. 229).

dahingehend, dass eine »richtige Entlohnung im kapitalistischen Industriebetrieb« nicht möglich sei, deshalb sei »der Kampf gegen den Kapitalismus« als solchen mit den Kampfmitteln der Gewerkschaft zu führen.[412]

Bei Aufhäuser hatte offenbar zwischen Oktober 1918 und Mai 1919 eine Radikalisierung stattgefunden. Zu der Zeit, als der sozialdemokratische Gewerkschafter Gustav Bauer schon Unterstaatssekretär in der Regierung des Prinzen Max von Baden war, dachte Aufhäuser noch in reformistischer Weise daran, durch Ausbau der Betriebsausschüsse und Arbeitskammern »auch die Angestellten zu freien Industriebürgern zu machen«.[413] In den ersten Tagen der Revolution kam der entscheidende Umschwung. Er forderte eine »grundlegende Umwälzung des kapitalistischen Wirtschaftssystems«. Aber er benutzte noch selbst die weichere Formulierung vom »natürlichen Gegensatz zwischen Kapital und Arbeit«, die er jetzt ablehnte.[414] Ende Mai 1919 wollte man beim Butib unter Aufhäusers Federführung den »freigewerkschaftlichen Charakter der neuen Einheitsorganisation«, d.h. dessen sozialdemokratischen Charakter unter allen Umständen festlegen, wie der Butab im Rückblick zehn Jahre später feststellte.[415] Daraufhin spielte ein Oberbeamter des D.T.V. die Bedeutung dieses Passus herunter und empfahl die Annahme von Satzung und Sozialprogramm, mit dem nur unwesentlich veränderten Zusatzantrag, um die ausgehandelte Einigung an dieser einzelnen Frage nicht scheitern zu lassen.[416] Von den anwesenden 110 Delegierten des D.T.V. konnten aber 43 % immer noch nicht diese eindeutig gesamtpolitische Aufgabe als die ihrer Gewerkschaft akzeptieren. Der politische Streik war ja in dieser Zeit keine bloß theoretische Option. Befürworter und Gegner von Aufhäusers Konzept einer Durchsetzung von Sozialisierung mit Hilfe von gewerkschaftlichen Aktionen dachten wahrscheinlich – mit unterschiedlichen Wertungen – an etwas Ähnliches wie den gerade beendeten mitteldeutschen Generalstreik. Dieser hatte sich seit dem 24. Februar unter anderem für den Erhalt der Arbeiter- und Soldatenräte, eine erweiterte Mitbestimmung und den Beginn der Sozialisierung eingesetzt.[417] Und für Aufhäuser war die Revolution Mitte 1919 noch nicht vorbei, die Chance, den Kapitalismus weitgehend

[412] Deutsche Techniker Zeitung, H. 25/26, 21.6.1919, S. 173.
[413] G. Lange, Aufhäuser, S. 62.
[414] G. Lange, Aufhäuser, S. 65.
[415] 25 Jahre Technikergewerkschaft, S. 78.
[416] Die »Befreiung der arbeitenden Klasse« wurde in eine »wirtschaftliche Befreiung« umgeändert.
[417] Bramke/Reisinger, Leipzig, S. 118.

abzuschaffen, immer noch greifbar. Das zeigte bald seine Politik zum Betriebsrätegesetz. Deshalb die Unnachgiebigkeit, die kein theoretischer Dogmatismus war, sondern das Bestehen auf der programmatische Begründung einer revolutionären Politik. Eine knappe Mehrheit der Delegierten des D. T. V. stimmte aber jetzt zu.[418]

Hofmann war von dieser heftigen Auseinandersetzung nicht unmittelbar betroffen. Er dürfte aber – wie bei der vorhergehenden Verbandstagung von 1914 – anwesend gewesen sein. Als regionaler Verbandsbeamter war er nicht stimmberechtigt, musste nicht präzise Stellung nehmen. Als Sozialdemokrat war der Bezug auf das Parteiprogramm wohl auch kein Problem, wobei in der Revolution die Schwierigkeit in der Interpretation lag. Er selbst ging von »dem notwendigen Umbildungsprozess in der Wirtschaft zur Gemeinwirtschaft« aus, wobei diese Formulierung verschiedene Formen der Sozialisierung offenließ.[419] Vor allem war er wohl schon vor dieser Konferenz mit Aufhäuser in Leipzig zusammengetroffen und hatte dessen Vorstellungen kennengelernt. Die Ortsgruppe des Butib in Leipzig hatte im Mai einen Vortrag ihres »Bundesbeamten« Aufhäuser angekündigt, zu dem sie ausdrücklich die Zweigverwaltung des D. T. V. einlud, also Hofmann, den örtlichen Vorstand und wohl auch die übrigen Leipziger Mitglieder.[420] Aufhäuser sollte dort – nach Ankündigung in den Zeitungen – über »Sozialisierungsfragen« sprechen. Die Einladung war eine Geste für die zukünftige engere Zusammenarbeit beider Technikerverbände.

Angesichts des in Leipzig herrschenden Ausnahmezustandes unter General Maercker, der sich insbesondere gegen die USPD richtete, dürfte aber das öffentliche Auftreten eines profilierten Mitgliedes der USPD und Unterstützer des Räte-Gedankens, wie es Aufhäuser war, im Mai dort nicht möglich gewesen sein. Zusammenkünfte anderer Parteien wie der DDP mit ihrem Generalsekretär Ehrich oder politisch neutraler Arbeitnehmerverbände wie des Verbandes der Deutschen Versicherungsbeamten waren ohne Weiteres erlaubt.[421]

Wegen der Bedeutung der Leipziger Sektion des D. T. V. für die »Verschmelzung« beider Technikerverbände wird es wohl ein vertrauliches Zusammentreffen der örtlichen Vorstände beider Verbände mit Auf-

[418] Deutsche Techniker Zeitung, H. 25 / 26, 21.6.1919, S. 74.

[419] Ludwig Hofmann, Reichsarbeitsgemeinschaft technischer Beamtenverbände. Bericht über eine Tagung der »Rateb« am 8.und 9. Oktober 1920 in Stuttgart, in: Deutsche Techniker Zeitung, NF.,1920, H. 30, S. 327–328.

[420] Deutsche Techniker Zeitung 1919, H. 21 / 22, 24.5., S. 157.

[421] Leipziger Tageblatt vom 21. und 24.5.1919.

häuser gegeben haben, bei der er seine Vorstellungen zur Sozialisierung darlegte. Diese betrafen ja zwei Ebenen: einmal die Verstaatlichung von Unternehmen und zum anderen die innere Demokratisierung der Industriebetriebe.[422] Dafür hatte er von dem zur bürgerlichen Reformbewegung gehörenden Berliner Unternehmer Heinrich Freese den Begriff des »konstitutionellen Fabriksystems« entlehnt.[423] Dieser hatte in seinen Fabriken Arbeiterausschüsse eingerichtet. Je mehr die Verstaatlichung aber an Chancen der Umsetzung verlor, umso mehr rückte die Demokratisierung des Betriebes als Instrument der Sozialisierung für Aufhäuser in den Vordergrund. Dieses Konzept, bei dem sich gewerkschaftliche Durchsetzung von Interessen der Arbeitnehmer mit dem Gedanken der Demokratie verband, für die sich Hofmann schon in seinen linksliberalen Zeiten eingesetzt hatte, dürfte ihn überzeugt haben. Dass die Einführung der fabrikmäßigen Produktion neben dem wirtschaftlichen Fortschritt »in sozialer Hinsicht [...] beklagenswerte Erscheinung zur Folge gehabt« habe, hatte schon Hofmanns universitärer Lehrer Wilhelm Stieda hervorgehoben.[424] Er selbst hatte bei seinen Wahlkampf-Auftritten in den sächsischen Industrieorten die reformbedürftigen Probleme sehen können.

Aber es bedeutete auch für Hofmann einen Wechsel in eine andere, mehr von der kämpferischen Tradition des Butib geprägte Gewerkschaftskultur. Für die Mitglieder des D.T.V. war ihre Vereinigung nicht bloß ein Interessenverband gewesen, sondern auch eine gesellschaftliche Organisation. In ihr war die relative soziale Isolierung an ihren jeweiligen Arbeitsplätzen aufgehoben. In den »Wanderversammlungen« wie 1913 in Leipzig feierten sie gemeinsam ein großes Fest. Im Unterstützungswesen des Verbandes übten sie kollegiale Solidarität. Politisch hatte der Verband in die bürgerliche, sozialliberale Richtung geneigt. In Krieg und Revolution näherten sich die Techniker aber der Arbeiterschaft und ihren Organisationen an. Insgesamt war jedoch für die Mitglieder des D.T.V. der Weg zum Butab weiter als der für die Mitglieder des Butib. Ob ihn alle mitgehen wollten, musste sich zeigen. Konkurrierende Angestellten-Verbände hatten den Vereinigungsprozess aufmerksam beobachtet und boten sich für Überwechsler an.[425]

[422] G. Lange, Aufhäuser, S. 66 und 72.

[423] Heinrich Freese, Das konstitutionelle System im Fabrikbetriebe, Leipzig 1905.

[424] Wilhelm Stieda, Fabrik, in: Handwörterbuch der Staatswissenschaften, Bd. 4, 1909, S. 1–15. War in Hofmanns Bibliothek.

[425] Deutsche Techniker Zeitung 1919, H. 21/22, 24.5., S. 149. 25 Jahre Technikergewerkschaft, S. 169.

Eine ganze Reihe Mitglieder gingen auch, vor allem im Südwesten Deutschlands. Insgesamt konsolidierte sich die neue Gewerkschaft. Bei der Vereinigung hatte sie 89 000 Mitglieder und wuchs bis 1920 auf 106 000. Mit der Inflation und der folgenden Rationalisierungswelle in den Betrieben gab es aber einen starken Mitgliederschwund, sodass der Butab 1926 nur noch 51 000 Mitglieder hatte und sich nur allmählich erholte.[426]

In Absprache mit der neuen Geschäftsführung widmete sich Hofmann zunächst in Sachsen (von Leipzig aus) der Umstellung der Organisation: Die jeweiligen Ortsgruppen des Butib und die Zweigverwaltungen des D. T. V. mussten zusammengelegt, die Mitglieder mit der politisch aktiveren Programmatik bekanntgemacht werden. Wenn in Großstädten mehrere Ortsverwaltungen eingerichtet werden mussten, dann sollten diese strikt auf räumlicher Grundlage erfolgen: »Auf keinen Fall dürfen Strömungen unterstützt werden, die Mitglieder über verschiedene Auffassungen über Bundesziele organisieren wollen.«[427]

Das war wohl nicht speziell für opponierende ehemalige Mitglieder des D. T. V. gedacht. Vielmehr gab es im sozialistischen Lager erhebliche Differenzen zwischen USPD- und MSPD-Mitgliedern, oder wenigstens zwischen MSPD-Regierungen und USPD-Forderungen. So begann in der zweiten Jahreshälfte 1919 ein Streit über das vorbereitete Betriebsrätegesetz zwischen dem Ministerpräsidenten des Reichs, Gustav Bauer, vorher Reichsarbeitsminister und prominenter Gewerkschaftsvertreter, und dem A. f. A.-Vorsitzenden Aufhäuser zu eskalieren. Bauer hatte auf dem SPD-Parteitag den Radikalismus der Angestelltenbewegung kritisiert und dabei einige von deren Vertretern persönlich im Blick gehabt, wohl auch Aufhäuser.[428] In zwei Aufsätzen in der Butab-Zeitschrift stellte Aufhäuser die Meinungsunterschiede dar, die vor allem auf die mit der Betriebsleitung gleichberechtigte Stellung des Betriebsrates zielten. Karl Marx hatte den Kapitalismus durch Druck der Arbeiterorganisationen »from without«, von außen, beseitigen wollen.[429] Hier sollte er »from within«, von innen, aufgehoben werden; oder genauer: Ein Gesetz sollte beim Reichstag von außen durchgedrückt werden, um die innere Ordnung des kapitalisti-

[426] 25 Jahre Technikergewerkschaft, S. 81–84.

[427] Deutsche Techniker Zeitung, 1919, 4.7 NF, H. 1, S. 17.

[428] Aufhäuser, Volksregierung und Angestellte, in: Deutsche Techniker Zeitung, 1919, 4.7, NF, H. 1, S. 2.

[429] Karl Marx, Brief an Bolte, 28.11.1871, in: Karl Marx und Friedrich Engels, Ausgewählte Schriften, Bd. II, 1960, S. 439.

schen Betriebes so zu verändern, dass der Kapitalismus selbst verändert wird: Um den Gedanken der »Gemeinwirtschaft« umzusetzen, sollte der Betriebsrat ein oder zwei seiner Mitglieder in die Betriebsleitung entsenden, damit diese »Geschäftsgebaren, die Betriebsorganisation« einschließlich Personalpolitik und alle »Produktivität und Rentabilität betreffenden Fragen« überwachen und auf die Wahrung des »volkswirtschaftlichen Gesamtinteresses hinwirken«.[430] Hierdurch wäre der Unternehmer als Träger des wirtschaftlichen Risikos in Betriebsführung und Betriebszielen weitgehend an die Kontrolle des Betriebsrates gebunden worden, ohne dass es einer Enteignung bedurft hätte. Aufhäusers Biograph Gunter Lange wertet dieses Konzept der »Betriebsdemokratie« dahingehend, dass es nicht um die Gleichberechtigung von Kapital und Arbeit, sondern um den »Vorrang des Faktors Arbeit« gegangen sei.[431] Das lehnten Gustav Bauer und die Regierung ab, die in den Unternehmen auf getrennte Funktionen von Betriebsleitung und Betriebsrat, Geschäftsführung und Sozialpolitik setzten.[432]

Hofmann entwickelte in den folgenden Wochen eine rege Reisetätigkeit zur Umsetzung der beschlossenen »Verschmelzung« der beiden Verbände. Die Eintragungen in seinen Reise-Erlaubnisschein der Sächsischen Staatseisenbahn zwischen Mai und September 1919 zeigen deren Umfang. Am Anfang stehen mehrere Reisen nach Dresden, um am Ort der neuen Gauverwaltung die Probleme der Zusammenführung zu besprechen. Diese Reisen nach Dresden wiederholten sich auch später.

430 Aufhäuser, Der Betriebsrätegesetzentwurf, in: Deutsche Techniker Zeitung, 1919, 29.8, NF, H. 5, S. 83.

431 G. Lange, Aufhäuser, S. 93.

432 Siegfried Aufhäuser, Volksregierung und Angestellte, H.1, S. 2–3; Siegfried Aufhäuser, Der Betriebsrätegesetzentwurf, in: Deutsche Techniker Zeitung, NF. 5, 29.8.1919, S. 81–83.

Eisenbahn- Reisen

Leipzig – Dresden

30.5.1919	Dresden – Leipzig
1.6.1919	Leipzig – Dresden
1.6.1919	Dresden – Leipzig
2.6.1919	Leipzig – Tautenhain
	Tautenhain – Leipzig
14.6.1919	Leipzig – Dresden
	Dresden – Leipzig
16.6.1919	Leipzig – Tautenhain
	Tautenhain – Leipzig
19.6.1919	Leipzig – Zwickau – Aue
21.6.1919	Aue – Leipzig
27.6.1919	Zwickau – Leipzig
28.6.1919	Leipzig – Zittau
29.6.1919	Zittau – Leipzig
3.7.1919	Leipzig – Zittau
5.7.1919	Zittau – Leipzig
9.7.1919	Leipzig – Dresden
10.7.1919	Dresden – Zittau
11.7.1919	Zittau – Erfurt
14.7.1919	Leipzig – Geithain
	Geithain – Leipzig
4.8.1919	Leipzig – Tautenhain
	Tautenhain – Leipzig
4.9.1919	Leipzig – Dresden
	Dresden – Leipzig
8.9.1919	Leipzig – Tautenhain
	Tautenhain – Leipzig

Auch besuchte er mehrfach Orte wie Tautenhain und Geithain in der weiteren Umgebung von Leipzig, fuhr ferner vom 19.6. bis 21.6. in einer mehrtägigen Reise nach Zwickau und Aue im Erzgebirge. Sogar das weiter entfernte Zittau suchte er zwischen dem 28.6. und dem 5.7. mehrfach auf. Das deutet einmal darauf hin, dass die ehemals selbständigen Verbände nicht so leicht zusammenzuführen waren. Aus seiner Zeit als Landessekretär der Fortschrittspartei wusste er, dass in Zittau eine starke liberale Tradition bestand. Hier aktivierte er sein früheres Netzwerk von Kontakten. Ob er Bedenken überwinden konnte, sei dahingestellt. Diese Besuche machten aber auch deutlich, dass er für die Neuorganisation des Technikerverbandes nicht allein auf Leipzig beschränkt war, sondern umfassendere Aufgaben erhielt.

Die Deutschen Techniker Zeitung vom 4.7 und 1.8. erwähnt dann, dass er zum Gaugeschäftsführer für Mitteldeutschland ernannt worden sei. Die Reise vom 11.7. hatte ihn auch nach Erfurt geführt, wohl um sich dort vorzustellen und die Situation mit den Verbandsmitgliedern zu erörtern. Offenbar behielt er zunächst neben seiner neuen Aufgabe auch noch weiter die Leitung der sächsischen Nebenstelle Leipzig bei. Diese wurde erst zum 1. Januar 1920 neu besetzt. Die Adresse der Gaugeschäftsstelle Mitteldeutschland war seine Leipziger Wohnung in Gohlis Nord, einschließlich Telefon, in der Beaumontstraße 36.

Aber was war Mitteldeutschland? Der Gau Mitteldeutschland hatte bei weitem keine so klaren Konturen wie etwa andere Verwaltungsbezirke des Butab, die Gaue Sachsen und Bayern. Ihm lag kein einheitliches staatliches Gebilde zugrunde, sondern eine Landschaft etwa in der Mitte Deutschlands, die von alten, geschichtsträchtigen Städten und neuen Industriesiedlungen bestimmt war, von Bergwerken und Fabriken sowie auch fruchtbaren Agrarlandschaften. Die Abgrenzungen waren unbestimmt. Die Führung des Butab hatte sie großzügig zwischen der Stadt Hannover und der westlichen Landesgrenze Sachsens, der Stadt Magdeburg im Norden und dem Südrand des Thüringer Waldes definiert. Es gehörten dazu Teile von drei preußischen Provinzen, die Länder Braunschweig und Anhalt sowie die sieben kleinen thüringischen Staaten. Das machte die Verbandsverwaltung der in so unterschiedlichen Diensten befindlichen Staatstechniker wie beim preußischen Regierungsbezirk Magdeburg und beim Lande Sachsen-Weimar-Eisenach schwierig. Die Beschreibung zählt 28 verschiedene territoriale Einheiten auf! Die zergliederte Region war von wirtschaftlicher Dynamik und damals starken sozialpolitischen Unruhen geprägt, in die immer wieder unterschiedliche Gewerkschaften eingriffen. An diese erinnerte Hofmann sich später besonders. In seinen Notizen erwähnt er (ohne Datum) einen Angestellten-Streik in Hildesheim, Arnstadt, Torgau, Gotha und Leipzig. Dieser sei von dem mit dem Butab politisch konkurrierenden Deutschen Handlungsgehilfenverband (DHV) und dem Gewerkschaftsbund der Angestellten (GdA) »inszeniert« worden. Als der Streik zusammenzubrechen drohte, habe er dies durch sein Eingreifen verhindern können. Es habe dabei auch Verhandlungen mit den Gewerkschaften der Arbeiter gegeben, was für ihn nur als Sozialdemokraten möglich gewesen sei, wie er später in seinen Erinnerungsnotizen anmerkte.[433] Im Nachdenken über den eigenen Lebensweg war es eine Bestätigung der damaligen Entscheidung, die doch einen Wechsel in ein anderes politisch-gesellschaftliches Milieu bedeutet hatte.

Von einem anderen großen Streik bei Leuna erzählte er im Alter gern, schon wegen der dramatischen Umstände. Es habe zur gleichen Zeit einen Streik der Eisenbahner gegeben. Um die Interessen der Techniker dort vertreten zu können, habe er die Besatzung einer Lokomotive um kollegiale Unterstützung gebeten, die ihn dann auch dorthin mitgenommen hätte.

433 L. Hofmann, Notizen II, im Anhang.

18. Von Leipzig nach Berlin

Schon nach wenigen Monaten jedoch wurde Hofmann zum 1. Januar 1920 in die Verbandsführung des Butab nach Berlin geholt. Im Bundeshaus in der Werftstraße 7, unweit vom Reichstag, sollte er neben Mühlenkamp für die Abteilung Staatstechniker tätig sein. Sie kannten sich schon seit der Tagung des D. T. V. in Metz im Mai 1914, wo Mühlenkamp Leiter der Bezirksstelle war und Gastgeber für die Verbandstagung. Nach einiger Zeit wurde Hofmann allein Leiter der Beamtenabteilung und in den Jahren vor der Auflösung des Bundes 1933 war er dessen Zweiter Geschäftsführer.[434] Vor allem hielt er die Verbindungen zu den SPD-Fraktionen im Reichstag und Preußischen Landtag, wie er in seinen Notizen vermerkte. In der Politik der Partei selbst war er relativ wenig tätig. Doch den Konflikten innerhalb der sozialistischen Bewegung konnte er nicht ausweichen. Er erinnerte sich später daran, dass er Ende der 20er-Jahre sich »in gewerkschaftlichen Versammlungen mit kommunistischen Rednern auseinandersetzen musste«, und dass das »wegen deren Dialektik nicht ganz leicht war«.[435] In den politischen Diskussionen hatte die Führung des A.f.A.-Bundes früh begonnen, ihre Argumentation mit wissenschaftlichen Analysen zu unterstützen. Sie ließ sich von Professor Emil Lederer-Tübingen beraten und stellte 1925 Dr. Otto Suhr als sozialwissenschaftlichen Mitarbeiter in der Werftstrasse ein. Dieser hatte 1922 bei Walter Goetz in Leipzig über die Verfassungspolitik der Berufsstände im 19. Jahrhundert promoviert.[436]

Für Hofmann zählte auch der Kontakt zu den jeweils zuständigen Ministerien als eine seiner Aufgaben, so dass er in der Inflation vor allem zu den Finanzministerien Verbindungen hielt. Im Reichstag bemühte sich Aufhäuser als Abgeordneter der SPD um die Verbesserung der durch die Geldentwertung entstandenen akuten Not der Arbeitnehmer.[437] Beim Butab arbeiteten Berliner Zentrale und die Organisation an der Basis eng zusammen, um die täglichen Probleme mit aufzufangen. In den Zeiten der Hyperinflation war das vor allem eine Frage der Schnelligkeit. Es gehörte zu den dramatischen Erinnerungen von Hofmanns Berufsleben, wie er sich 1923 morgens mit ande-

[434] So beschrieb er seine Position.

[435] Brief vom 3.7.1958 an Wolfgang Hofmann.

[436] Susanne Suhr, Biographische Einleitung zu: Otto Suhr. Eine Auswahl aus Reden und Schriften. Geleitwort von Ernst Fraenkel, Tübingen 1967, S. 13.

[437] G. Lange, Aufhäuser, S. 111–115.

ren Gewerkschaftsvertretern beim Finanzministerium einfand, um die neuesten Index-Zahlen für die immer schneller entwerteten Gehälter zu erfahren. Es ging um deren tägliche Anpassung an die steigenden Milliardensummen, denn mit den Millionen vom Vortag konnte man am Abend kein Brot mehr kaufen. Sobald Hofmann und die anderen die neueste Index-Ziffer erfahren hatten, mit denen das Grundgehalt multipliziert werden musste, eilten sie zu Telefon und Telegrafen, um die Zahlen den Gewerkschaftsverwaltungen im Lande mitzuteilen, die ihrerseits umgehend die Betriebsgruppen der Techniker darüber informieren konnten.

Abb. 33 Vorstand und Geschäftsführung des Butab 1929.

Auf dem Foto von 1929 sieht man Hofmann stehend in der Reihe der leitenden Angestellten, als dritten von rechts. Um den Tisch sitzen die ehrenamtlichen Vorstandsmitglieder aus den Landesverbänden mit dem 1. Geschäftsführer Otto Schweitzer in der Mitte.

Als Ludwig Hofmann Ende 1919 nach Berlin kam, hatten sich die politischen Konflikte dort – wieder einmal – gefährlich verschärft. Nur wenige Tage nach seinem Dienstantritt fand am 13. Januar vor dem Reichstag eine Massendemonstration gegen das von der Regierung vorgelegte Betriebsrätegesetz statt.[438] Die USPD hatte die Kundgebung

[438] Arthur Rosenberg, Geschichte der Weimarer Republik, Frankfurt a. Main 1961, S. 90.

organisierte und die KPD hatte sich angeschlossen. Die Leitung der Versammlung hatte keinen Sturm auf das Parlament geplant, aber die Kundgebung geriet außer Kontrolle. Die den Reichstag schützende Polizei gewann den Eindruck, die Massen würden das Parlament stürmen und setzte Maschinengewehre gegen die Menge ein: 42 Tote. Eine menschliche Tragödie und eine politische Katastrophe. Besonders für die sozialdemokratisch geführten Regierungen im Reich und in Preußen, die durch das Gesetz die Rechte der Beschäftigten in den Betrieben auf Dauer festigen wollten. Aber auch für den Butab, dessen Führung unter Aufhäuser den enormen politischen Druck zur Durchsetzung einer Gleichstellung von Kapital und Arbeit in den Wirtschaftsbetrieben mit aufgebaut hatte. Gestützt auf den A.f.A.-Bund hielt Aufhäuser auch in den nächsten Jahren weiter an dem aus Revolutionstagen stammenden Projekt einer wesentlich erweiterten Mitbestimmung, der Betriebsdemokratie, fest. Er wurde dabei durch einen Politiker wie Rudolf Hilferding unterstützt, der auf dem 1. Betriebsrätekongress am 5. Oktober 1920 die Betriebsräte aufforderte, eine »wirkliche Produktionskontrolle zu gewinnen.«[439] Auch wies der Nationalökonom Otto Neurath 1920 in einer Schrift daraufhin, wie das bestehende Gesetz von den Betriebsräten genutzt werden könne, sich auf die Sozialisierung vorzubereiten, d.h. durch Heranziehung von Sachverständigen und Schulung von Betriebsräten.[440] Auch wenn sich Aufhäusers politische Arbeit mit dem Reichstagsmandat ab 1921 weiter auf die zentrale Ebene verlagerte, gelang es ihm nicht, dieses Konzept durchzusetzen. Dauerhafter Schwerpunkt seiner Tätigkeit als Abgeordneter wurde hingegen Arbeitsrecht und Arbeitsgerichtsbarkeit, wo die Bemühungen 1926 zum Erlass des Gesetzes über eine eigenständige Arbeitsgerichtsbarkeit führten, eine Institution mit dauerhaften Erfolg.[441]

Zwei Monate nach dem Konflikt um das Betriebsrätegesetze, am 13. März 1920, marschierten die Soldaten der Freikorps-Brigade Ehrhardt in Berlin ein.[442] Der Anführer des Putsches, General Lüttwitz, erklärte die Regierung für abgesetzt und setzte den nationalistischen Politiker Wolfgang Kapp als Reichskanzler ein. Reichspräsident Fried-

[439] Rudolf Hilferding, Die Sozialisierung und die Machtverhältnisse der Klassen, Berlin 1920, S. 25. Exemplar Bibliothek Ludwig Hofmann.

[440] Otto Neurath, Betriebsräte, Fachräte, Kontrollrat und die Vorbereitung der Vollsozialisierung, in: Udo Bermbach, Hg., Theorie und Praxis der direkten Demokratie, Opladen 1973, S. 111–114.

[441] G. Lange, Aufhäuser, S. 122–124.

[442] Rosenberg, Geschichte, S. 95.

rich Ebert und die sozialdemokratischen Minister riefen zum Generalstreik auf und zogen sich über Dresden nach Stuttgart zurück. Die beiden großen Organisationen der Freien Gewerkschaften, für die Arbeiter der ADG unter der Führung von Carl Legien und für die Angestellten der A.f.A. unter Führung von Aufhäuser, organisierten den Streik. Andere Gewerkschaften schlossen sich an. Die Beamten der Reichskanzlei verweigerten den Putschisten den Dienst und die in den technischen Bereichen tätigen Arbeiter und Angestellten schnitten ihnen alle Transport- und Kommunikationsmöglichkeiten ab. In Berlin gab es kein Telefon, keine Eisen- und Straßenbahnen, kein Licht, kein Wasser, kein Gas. Durch die in verschiedenen Vierteln Berlins auftretenden Trupps von Freikorps-Soldaten wurden viele Streikende und Demonstranten erschossen. Nach vier Tagen brach der Putsch zusammen.

Diese Art von brutalen Auseinandersetzungen hatte Hofmann in Leipzig, das ihm über 20 Jahre zum Lebensmittelpunkt geworden war, nicht erlebt, bis auf das Gefecht draußen am Bahnhof von Leutzsch. Unter der Herrschaft des von der USPD dominierten Arbeiter- und Soldatenrates hatte es durchaus starke politische Spannungen und Streiks gegeben. Man befürchtete auch immer wieder, dass es zu Zusammenstößen kommen könnte. Doch selbst die gegenüber General Maercker vom Bürgerausschuss geäußerte Meinung, »dass die in der Stadt herrschende Ruhe bis dahin nur äußerlich bestand«, zeigte, dass es eben nicht zu Gewaltexzessen von der einen oder anderen Seite gekommen war wie in München oder Berlin oder eben auch in Dresden.[443] Allerdings kam es während des Kapp-Putsches auch in Leipzig zu Kämpfen zwischen militärischen Einheiten und Arbeitern mit zahlreichen Toten. Diese Gefechte waren durch Schüsse des Regiments der Zeitfreiwilligen auf die für die Regierung demonstrierenden Arbeiter ausgelöst worden. Die zweideutige Haltung des Generals Maercker, des Oberbefehlshabers der Reichswehr in Sachsen, gegenüber dem Kapp-Lüttwitz-Putsch, hatte diese Kämpfe wesentlich befördert. Insgesamt gab es etwa 190 Tote, davon 124 aus der Zivilbevölkerung, darunter Frauen und Mädchen, aber auch 66 Angehörige der Reichswehr und Zeitfreiwillige.[444] Viele Arbeiter hatten ihre Gewehre nach dem Kriege behalten und setzten sie nun ein, um ihre politischen Rechte zu verteidigen.

443 Maercker, Vom Kaiserheer, S. 250.
444 Kürschner, Leipzig, S. 288–298.

In der Hauptstadt, wo Hofmann nun die nächsten 13 Jahre für den Butab tätig war, wurden Konflikte von dem Gefühl angetrieben, es gehe um das Ganze, um eine finale Entscheidung. Den Versuch der Machtübernahme durch nationalistische Kräfte im Jahr 1920 hatten die Gewerkschaften und die Arbeiterparteien erfolgreich zurückgewiesen. Im Jahr 1933 fanden sie keinen Weg, der Kombination von Terror und legalistischer Taktik der Nationalsozialisten zu begegnen. Am 2. Mai wurden die Gewerkschaftshäuser besetzt. Auch das Bundeshaus der technischen Angestellten in Berlin-Moabit, wo die Führung des 1921 gegründeten AfA-Bundes residierte.[445] Ludwig Hofmann wurde entlassen, verlor auf Dauer seine qualifizierte Tätigkeit. Seine Frau gründete ein Blumengeschäft in Berlin-Friedenau und er wurde Gärtner. Das bewahrte ihn vor politischen Erpressungsversuchen der Nationalsozialistischen Partei, denen Kollegen in öffentlichen Einrichtungen ausgesetzt waren. Diese unauffällige Situation ermöglichte es ihm auch, in der Wohnung hinter dem Blumenladen in der Handjerystraße während des NS-Staates mit seinen früheren sozialdemokratischen Kollegen vom Butab zu regelmäßigen politischen Gesprächen zusammenzukommen.

445 Aufhäuser war am 2. Mai nicht in Berlin. Als bedrohter, führender SPD-Politiker und Jude ging er noch im Mai ins Exil und kehrte 1951 aus den USA nach Westdeutschland zurück.

Anhang

Erinnerungsnotiz Ludwig Hofmanns II, ca. 1955, S. 1
Aufgewachsen in der demokratischen Metropole Frankfurt am Main
Straßburg 1998 sic! (1898) Dr. Paul Lensch (Seminar Prof. Knapp)
Leipzig 1906/07 Hirsch-Dunkersche Gewerkschaftsbewegung (Verein der deutschen Kaufleute)
Vorträge über wirtschaftliche Fragen, Weltwirtschaft usw.
Linker Flügel des bürgerlichen Liberalismus Naumanns Demokratische Vereinigung, Breitscheid.[446]
Erfahrungen in der Kriegszeit führten zum Sozialismus
R. S. Landst. Inf. Batl. XIX/3 Bataillonsrat
Nach 9. Nov. 18 vom Batl. zum A. u. S. Rat gewählt
Vom provis. revolutionären Sächs. Kriegsminister
in Dresden zum Bataillon Führer bestellt.
Das war natürlich nur einem SPD Mann möglich
1919/1920 Parteimitglied in Tiergarten
Parteimitglied bis 1933
Durch außerordentliche Inanspruchnahme in der
Gewerkschaft wenig Zeit für politische Betätigung
Angestellten Streik in Hildesheim, Arnstdt, Torgau, Gotha, Leipzig
Inszeniert von DHV. G. d. A.
Zusammenbruch verhütet durch mein Eingreifen
Arbeitergewerkschaft interessiert. Verhandlungen
mit deren Führung für mich nur als Sozialdemokrat
natürlich möglich

Später bei Vertretung diverser Eingaben
an Regierung, Reichstag u. Preuß. Landtag
Nur Verhandlungen mit den Sozialdem. Parlamentariern und
Fraktionen Ständiger Gast an den S.P.D. Fraktionstischen
Vorträge über Beamtenbesoldung
vor dem Beamtenausschuss der S.P.D. Fraktion des
Preuß. Landtags Rektor Simon (?)
Vor dem Hauptausschuss der S.P.D. Fraktion
des Reichstags
Allgemeiner Deutscher Beamtenbund
Landessekretariat Preußen
Beamtenabteilung des A.D.G.B.

[446] L. Hofmann vermischt in der Erinnerung Naumanns Freisinnige Vereinigung und Breitscheids 1908 gegründete Demokratische Vereinigung, die aus jener hervorgegangen war.

Bildnachweis

Familienbilder Hofmann/Flemming: Familienarchiv Hofmann
Gedenkglas: Stefan Isensee
Thüringer Bahnhof: Stadtarchiv Leipzig BA 1981/11858
Volkshaus: Stadtarchiv Leipzig BA 1991/34034
Grundriss Karolinenstr. 21: Stadtarchiv Leipzig, Bauakten Nr. 18610, Bl. 2 Karolinenstr. (Paul-Liststr.) 21
Blick in die Carolinenstr. (Postkarte) 1905: Archiv Hofmann
Messebild Petersstr. 1905: Archiv Hofmann
Völkerschlacht-Denkmal im Bau 1908: Archiv Hofmann
Studenten-Karikatur: Archiv Hofmann
Prof. Ostwald: (UAL FS No 3890) Universitätsarchiv Leipzig
Prof. Lamprecht: (UAL FS No0 728) Universitätsarchiv Leipzig
Prof. Stieda: (UAL FS No0 468–116) Universitätsarchiv Leipzig
Gustav Stresemann: H. Krausmüller, E. Anger, M. Pabst, Die Geschichte des Allg Dt. Burschenbundes (Schriftenreihe d. Studentengesch. Vereinigung des CC., H. 28), 1989.
Sächs. Landtagsabgeordnete: Bär, Brodauf, Dietel, Günther, Roch: Vorlage und Repro: Sächs. Staatsarchiv, Hauptstaatsarchiv Dresden, 10 692 Ständeversammlung d. Königreichs Sachsen, S. 8, 29, 30, 33.
Siegfried Aufhäuser, Paul Göhre: Friedrich Ebert Stiftung, Bildarchiv
Paul Lensch: Wikipedia 7.4.2017
Wahlplakat Chemnitz: Archiv Hofmann
Wanderversammlg. des D.T.V. Leipzig 1913: Deutsche Techniker-Zeitung 1913, TU Berlin

Quellen

Nachlass Ludwig Hofmann

- Notizen I »Aus meinem Leben« (ca. Ende der 1930er-Jahre), 8 DIN-A5-Seiten
- Notizen II (ca 1950er-Jahre), 2 Din-A5-Seiten
- Drei Alben mit Postkarten 1898–1915
- ZAS L. Hofmann: Sammlung von ca. 200 Zeitungsausschnitten Ludwig Hofmanns über Wahl-Aktivitäten in der Freisinnigen Volkspartei in Sachsen 1908–1913
- Diverse persönliche Dokumente wie Studienbücher, Geburtsscheine der Familien Hofmann und Flemming

Erwähnungen in der Deutschen Techniker Zeitung (DTZ)

1913, Wanderversammlung H. 25, Juli, S. 278.
1914, Kriegsfonds, H. 35 / 36 Sept., S. 395.
1919, Bekanntmachungen, NF Nr. 3, August, S. 59.
1920, Aus dem Bund, NF Nr. 1, Januar, S. 10.
Publikationen dort:
1920, L. Hofmann, Reichsarbeitsgemeinschaft technischer Beamtenverbände, Nr. 30, S. 327–328.
1925, L. Hofmann, Reichsfinanzministerium und Unternehmertum gegen die Erhöhung des Arbeitseinkommens, Nr. 24, S. 305–307.

Archivalische Quellen allgemein

Stadtarchiv Leipzig

- Leipziger Neueste Nachrichten 1909 ff.
- Adressbücher Leipzig 1900 ff.
- Bauakten 18609 und 18610 (Carolinenstraße 21)

Hauptstaatsarchiv Sachsen

- S10692 Ständeversammlung des Königreichs Sachsen, Nr. 16170, S. 8, 29, 30, 33.
- Adressbücher im Internet

Universitätsarchiv Leipzig

- Rep II / 16/03 / 5/29 Bd. 1 – Studentenverbindung Suevia

Staatsbibliothek Berlin

- Leipziger Tageblatt 1919

Literaturverzeichnis

Adressbuch Leipzig 1910, Leipzig 1911.
Gesine Asmus, Hg., Hinterhof, Keller und Mansarde, Reinbeck 1982.
Siegfried Aufhäuser, Volksregierung und Angestellte, in: Deutsche Techniker-Zeitung, 1919 NF, H.1, S. 1–3.
Siegfried Aufhäuser, Der Betriebsrätegesetzentwurf, in: Deutsche Techniker-Zeitung, 1919, NF, H. 5, S. 81–83.
Julius Bab, Adalbert Matkowsky, Eine Heldensage, Berlin 1932.
Otto Bauer, Der Weg zum Sozialismus, Berlin 1919.
August Bebel, Die Frau und der Sozialismus, in: Gesammelte Werke Bd. 10/2, München 1996.
Ernst Beckmann, Das Laboratorium für angewandte Chemie, in: Die Institute und Seminare d. Philos. Fakultät an der Universität Leipzig, Bd. 4, 2. Teil, Leipzig 1909, S. 107–122.
Armin Behrendt, Wilhelm Külz. Aus dem Leben eines Suchenden, Berlin 1968.
Andrea Bergler, Von Armenpflegern und Fürsorgeschwestern. Kommunale Wohlfahrtspflege und Geschlechterpolitik in Berlin und Charlottenburg (Beiträge zur Stadtgeschichte und Urbanisierungsforschung, Bd.13), Stuttgart 2011.
John P. Berkelund, Gustav Stresemann. Patriot und Staatsmann, Hamburg 2003.
Karlheinz Blaschke, Die Verwaltung in Sachsen und Thüringen, in: Kurt G. A. Jeserich, Hans Pohl, Georg Christoph von Unruh, Hg., Deutsche Verwaltungsgeschichte Bd. 3, Das Deutsche Reich bis zum Ende der Monarchie, Stuttgart 1984, S. 778–797.
Wilhelm Böhmert, Armenwesen und Wohlfahrtspflege, in: Robert Wuttke, Hg., Die deutschen Städte, Leipzig 1904, Bd. 1, S. 646–689.
Werner Bramke, Silvio Reisinger, Leipzig in der Revolution von 1918/1919, Leipzig 2009.
Bernhard vom Brocke, Marburg im Kaiserreich 1866–1918, in: Marburger Geschichte, Hg., Magistrat der Stadt Marburg 1980, S. 367–540.
Otto Brunner, Das ganze Haus und die alteuropäische »Ökonomik« in: Neue Wege der Sozialgeschichte, Göttingen 1956, S. 33–61.
Karl Bücher, Die Anfänge des Zeitungswesens, in: Derselbe, Die Entstehung der Volkswirtschaft, 4. Auflage Tübingen 1904, S. 281f.
Karl Bücher, Die Entstehung der Volkswirtschaft, in: Die Entstehung der Volkswirtschaft, 4. Auflage, Tübingen 1904.
Karl Bücher, Entstehung der Volkswirtschaft, 16. Auflage, Tübingen 1922.
Roger Chickering, Freiburg im Ersten Weltkrieg. Totaler Krieg und städtischer Alltag 1914–1918, Paderborn 2009.
Christopher Clark, Die Schlafwandler, München 2013.
Johann Conrad, Grundriss zum Studium der politischen Oekonomie, Jena 1904/05.

Handwörterbuch der Staatswissenschaften, Hg. J. Conrad, L. Elster, W. Lexis, Edg. Loening, 3. Auflage, 8 Bände, Jena 1909–1911.
Karl Czok, Der Höhepunkt der bürgerlichen Wissenschaftsentwicklung 1871–1917, in: Lothar Rathmann, Hg., Alma Mater Lipsiensis, Geschichte der Karl-Marx-Universität, Leipzig 1984, S. 191–228.
Karl Czok, Hg. Geschichte Sachsens, Weimar 1984.
Karl Czok, Zur Entwicklung der Vorstädte und Vororte in Leipzig im 19. Jahrhundert, in: Jb. für Regionalgeschichte, Weimar 1982, S. 121ff.
W. H. Dawson, Municipal Life and Government in Germany, London 1914.
Elvira Döscher, Wolfgang Schröder, Sächsische Parlamentarier 1869–1918, Düsseldorf 2001.
Barbara Duden, Hans Ebert, Die Anfänge des Frauenstudiums an der Technischen Hochschule Berlin, in: Reinhard Rürup, Hg., Wissenschaft und Gesellschaft. Beiträge zur Geschichte der Technischen Universität Berlin 1879–1979, Bd. 1, Berlin 1979.
Marc Fehlmann, Birgit Verwiebe, Hg., Anton Graff, Gesichter einer Epoche. Ausstellungskatalog, Berlin 2013, S. 226f.
Theodor Fontane, Theaterkritiken, in Hg. Herbert Roch, Ausgewählte Werke in Einzelausgaben, Frankfurt a. M. 1964, S. 709–754.
Heinrich Freese, Das konstitutionelle System im Fabrikbetriebe, Leipzig 1905.
25 Jahre Techniker Gewerkschaft, 10 Jahre BUTAB, Berlin 1929.
Paulgerhard Gladen, Kurt U. Bertrams, Das studentische Korporationswesen in Straßburg, Hilden 2012.
Paul Göhre, Heimarbeit im Erzgebirge und ihre Wirkungen, Chemnitz 1906.
Walter Görlitz, Gustav Stresemann, Heidelberg 1947.
Johann Wolfgang v. Goethe, Dichtung und Wahrheit, Gesammelte Werke, Bd. 1, Frankfurt a. M. 1965.
Reiner Gross, Geschichte Sachsens, Dresden 2007.
Ernst Johann Groth, Der jüdische Student, in: Groth, Der alte Korpsstudent, Leipzig 1900, 2. Auflage, S. 147.
Michael Grüttner, Alkoholkonsum in der Arbeiterschaft 1871–1939, in: Toni Pierenkemper, Hg., Haushalt und Verbrauch in Historischer Perspektive, St. Katharinen 1987, S. 253.
Karen Hagemann, Frauenalltag und Männerpolitik, Bonn 1990.
Arnold Harburg, Hg., Gustav Stresemanns Schriften, Berlin 1976.
Bernhard Harms, Arbeitskammer, in: Handwb. d. Staatswiss., Bd. 1, 1909, S. 1058–1065.
Bernd Haunfelder, Die liberalen Abgeordneten des Deutschen Reichstages 1871–1918, 2004.
Karin Hausen, Wirtschaften mit der Geschlechterordnung, in: Karin Hausen, Hg., Geschlechterhierarchie und Arbeitsteilung. Zur Geschichte ungleicher Erwerbschancen von Männern und Frauen, Göttingen 1993.
Ulrich v. Hehl, Markus Hutter, Die Geschichte, in: Ulrich v. Hehl, Uwe John, Manfred Rudersdorf, Hg., Geschichte der Universität Leipzig 1409–2009, Leipzig 2009, Bd. 4, 1. Halbband, Leipzig 2009, S. 157–196.

Herbert Helbig, Universität Leipzig, Frankfurt a. M. 1961.

Irmgard Heidler, Der Verleger Eugen Diederichs und seine Welt (1896–1930), Wiesbaden 1998.

Peter Hennock, British Social Reform and German Precedents, Oxford 1987.

Hans Herzfeld, Paul Lensch. Eine Entwicklung vom Marxisten zum nationalen Sozialisten, in: Archiv für Politik und Geschichte, Jahrgang 9 (1927), S. 263–307.

Hans Herzfeld, Ausgewählt Aufsätze. Dargebracht als Festgabe zum siebzigsten Geburtstag von seinen Freunden und Schülern, Berlin 1962.

Hans Herzfeld, Die moderne Welt 1789–1945, Bd. II, 4. Auflage 1970.

Rudolf Hilferding, Die Sozialisierung und die Machtverhältnisse der Klassen, Berlin 1920.

Ludwig Hofmann, Reichsarbeitsgemeinschaft technischer Beamtenverbände. Bericht über eine Tagung der »Rateb« am 8. und 9. Oktober 1920 in Stuttgart, in: Deutsche Techniker-Zeitung NF., 1920, H. 30, S. 327–328.

Wolfgang Hofmann, Mitteldeutschland in der Geschichte der deutschen Raumplanung (Reihe: Zwischen Wörlitz und Mosigkau, H. 35), Dessau 1992.

Wolfgang Hofmann, Der Verkehr beim Wettbewerb Groß-Berlin 1908/10. Am Beispiel von Hermann Jansens Beitrag, in: Horst Matzerath, Hg., Stadt und Verkehr im Industriezeitalter (Städteforschung A/41), Köln 1996.

Wolfgang Hofmann, Bürgerschaftliche Repräsentanz und kommunale Daseinsvorsorge. (Beiträge zur Stadtgeschichte und Urbanisierungsforschung Bd. 14), Stuttgart 2012.

Wolfgang Hofmann, Zwei Schulen Zwei Städte. Frankfurt am Main und Spandau, in: Informationen zur Modernen Stadtgeschichte IMS), 2/2015, S. 17–29.

Gerd Hohorst, Jürgen Kocka, Gerhard A. Ritter, Sozialgeschichtliches Arbeitsbuch II, 2. Auflage München 1978.

Lucian Hölscher, Die Entdeckung der Zukunft, Göttingen 2016.

Ernst Rudolf Huber, Deutsche Verfassungsgeschichte seit 1789, Bd. III Bismarck und das Reich, Stuttgart 1963, S. 947–955.

Ernst Rudolf Huber, Deutsche Verfassungsgeschichte seit 1789, Bd. IV Struktur und Krisen des Kaiserreiches, Stuttgart 1969.

Volker Hunecke, Napoleons Rückkehr. Die letzten hundert Tage – Elba, Waterloo, St. Helena, Stuttgart 2015.

Hermann Jansen, Die Großstadt der Neuzeit, Konstantinopel 1917.

Erich Keyser, Deutsches Städtebuch, Bd. 2 (Mitteldeutschland), 1941.

Oskar Klein-Hattingen, Geschichte des deutschen Liberalismus, 2 Bände, Berlin-Schöneberg 1912.

Victor Klemperer, Man möchte immer weinen und lachen in einem. Revolutionstagebuch 1919, 3. Auflage, Berlin 2015.

Jürgen Kocka, Klassengesellschaft im Kriege. Deutsche Sozialgeschichte 1914–1918, 2. Auflage, Frankfurt a. M. 1988.

Wolfgang Köllmann, Bevölkerung in der industriellen Revolution, Göttingen 1974.

Eberhard Kolb, Bismarck, München 2009.

Gisela M. Krause, Paul Lensch, in: Neue Deutsche Biographie, Bd. 14, 1985, S. 215ff.
Helmut Kraussmüller, Ernst Anger, Martin Pabst, Die Geschichte des Allgemeinen Deutschen Burschenbundes (ADB) 1883–1933, Gießen 1989.
Christian Graf Krockow, Die Deutschen in ihrem Jahrhundert, Reinbeck 1990.
Wolfgang Kruse, Krieg und nationale Integration. Eine Neuinterpretation des sozialdemokratischen Burgfriedensschlusses 1914/15, Essen 1993.
Wolfgang Kruse, Der Erste Weltkrieg, 2. Auflage, Darmstadt 2014.
Walter Kunze, Franz Adam Beyerlein, in: Neue Deutsche Biographie, Bd. 2, 1955, S. 207.
Dieter Kürschner, Leipzig als Garnisonstadt 1866–1945/49, Hgg. von Ulrich von Hehl und Sebastian Schaar, Leipzig 2015.
Max Le Blanc, Das Physikalisch-Chemische Institut, in: Die Institute und Seminare der Philosophischen Fakultät an der Universität Leipzig, Leipzig 1909, S. 85ff.
Leipziger Neueste Nachrichten. 1909, 1911.
Paul Lensch, Die deutsche Sozialdemokratie und der Weltkrieg, Berlin 1915.
Paul Lensch, Die deutsche Sozialdemokratie in ihrer großen Krisis, 2. Aufl., Hamburg 1916.
A. Lenz, Kriegskonjunktur, in: Deutsche Techniker-Zeitung, 1915, H. 49/50, S. 193–194.
Friedrich von der Leyen, Eugen Diederichs, in: Neue Deutsche Biographie, Bd.3, 1957, S. 637.
Hugo Lindemann (C.Hugo), Stadtverwaltung und Munizipal-Sozialismus in England, Stuttgart 1897.
Hubertus Prinz zu Löwenstein, Stresemann. Das deutsche Schicksal im Spiegel seines Lebens, Frankfurt M.1952,S. 27.
Georg Ludwig Rudolf Maercker, Vom Kaiserheer zur Reichswehr, Leipzig 1921.
Karl Marx und Friedrich Engels, Ausgewählte Schriften, Bd.II, Berlin 1960.
Jens Blecher, Gerold Wiemers, Hg., Matrikelbuch der Universität Leipzig, Bd. VI und Bd. VII, ,Weimar 2011 und 2012.
Franz Mehring Meine Rechtfertigung, Leipzig 1903.
Meyers Orts- und Verkehrslexikon des Deutschen Reiches, Leipzig 1935.
Alfred Milatz, Die linksliberalen Parteien und Gruppen in den Reichstagswahlen 1871–1912, in: Otto Büsch, Monika Wölk, Wolfgang Wölk, Wählerbewegung in der deutschen Geschichte, (Einzelveröffentlichungen der Historischen Kommission zu Berlin Bd.20) Berlin 1978.
Gustav Morgenstern, Leipziger Theater, in: Leipzig. Ein Blick in das Wesen und Werden einer deutschn Stadt,Leipzig 1913.
Emil Münsterberg, Kinderfürsorge, in: Handwörterbuch der Staatswissenschaften, Bd.5, 1910, S. 824-847.
Otto Neurath, Die Sozialisierung Sachsens, Chemnitz 1919.

Otto Neurath,, Betriebsräte, Fachräte, Kontrollrat und die Vorbereitung der Vollsozialisierung, in: Udo Bermbach Hg.,Theorie und Praxis der direkten Demokratie, Opladen 1973,S. 111-114.

Gerhard Oestreich, Die Fachhistorie und die Anfänge der sozialgeschichtlichen Forschung, in: Gerhard Oestreich, Strukturprobleme der frühen Neuzeit, Hg. Brigitta Oestreich, Berlin 1980

Franz Osterroth, Biographisches Lexikon des Sozialismus, Hannover 1960,.

Eugen von Philippovich, Grundriss der Politischen Oekonomie, 3. Aufl., Tübingen 1904/05

Eberhard Pikart, Paul Göhre, in: Neue Deutsche Biographie Bd.6 ,1964,S. 513-515.

Ernst Piper, Nacht über Europa, Berlin 2013.

Andreas Platthaus, Genius im Weltenbrand. Die Buga 1914, in: Frankfurter Allgemeine Zeitung, 21.März 2 014, Nr. 68, S. 11.

Karl Heinrich Pohl, Gustav Stresemann. Biografie eines Grenzgängers, Göttingen 2015.

Karin Pontow, Bourgoise Kommunalpolitik und Eingemeindungsfragen in Leipzig im letzten Viertel des 19. Jahrhunderts, in: Jahrbuch für Regionalgeschichte, Bd. 8, 1981, S. 93-106.

Johannes Proelss, Friedrich Stoltze und Frankfurt am Main, Frankfurt am Main 1905.

Gerhard Puchta, Der Arbeiter- und Soldatenrat in Leipzig vom November 1918 bis vor dem 2. Rätekongress Anfang April 1919, in: Wiss. Zeitschr .d. Karl-Marx-Universität Leipzig, 7. Jg. 1957/58, S. 363-384.

Friedrun Quaas, Die Herausbildung der Nationalökonomie als eigenständige Disziplin, in: Ulrich Hehl, Uwe Jahn, Manfred Rudersdorf, Hg. Geschichte der Universität Leipzig 1409–2009, Bd.4, Halbb. 1, Leipzig 2 009, S. 868-879.

Dieter Rebentisch, Ludwig Landmann. Frankfurter Oberbürgermeister der Weimarer Republik, Wiesbaden 1975,

Gerhard A. Ritter, Hans Herzfeld. Persönlichkeit und Werk, in: Jahrbuch f. d. Geschichte Mittel- und Ostdeutschlands. Bd. 32, 1983 ,S. 13-91.

Gerhard A. Ritter, Das Wahlrecht und die Wählerschaft der Sozialdemokratie im Königreich Sachsen 1867–1914, in: Gerhard A. Ritter, unter Mitarbeit von Elisabeth-Müller-Luckner, Hg., Der Aufstieg der deutschen Arbeiterbewegung München, 1990,,S. 49-97.

Stephan Roscher, Die Kaiser-Wilhelm-Universität, Straßburg, Frankfurt a. Main, 2006.

Arthur Rosenberg, Geschichte der Weimarer Republik, Frankfurt a. Main, 1961.

Ralf Roth, Stadt und Bürgertum in Frankfurt am Main (Stadt und Bürgertum, Hg. Lothar Gall, B.7) München 1996,

Susanne Rouette, Nach dem Krieg: Zurück zur normalen Hierarchie der Geschlechter, in: Karin Hausen, Hg., Geschlechterhierarchie und Arbeitsteilung, Göttingen 1993, S. 167-192.

Reinhard Rürup, Probleme der Revolution in Deutschland, Wiesbaden 1968

Reinhard Rürup, Radikalantisemitismus und die Inszenierung des »Volkszorns«: Der November- Progrom 1938 und die Folgen, in: Reinhard Rürup, Der lange Schatten des Nationalsozialismus, Hg. Stefanie Schüler-Springorum, Göttingen 2014, S. 80-96.

Gerhard Schulz, Die Entstehung und Formen von Interessengruppen in Deutschland seit Beginn der Industrialisierung, in :Politische Vierteljahresschrift Nr. 2, 1961,S. 124-154.

Knut Schulz, Herbert Helbig. Werk und Werdegang, in: Enno Bünz: 100 Jahr Landesgeschichte (1906–2006) Schriften z. Sächsischen Geschichte und Volkskunde, Bd. 38, Leipzig 2012 ,S. 285-316.

Peter Schwarz, Das tausendjährige Leipzig, Band II. Vom Ende des 18. bis zum Beginn des 20. Jahrhunderts, Leipzig 2014.

Otto Schweitzer, Ein ernstes Wort, in Deutsche Techniker – Zeitung NF. 1919, H. 2, S. 21–22.

L. Stacke, Deutsche Geschichte, 2 Bände, Bielefeld und Leipzig, 1880 und 1881.

Peter Steinbach, Sozialdemokratie und Verfassungsordnung, Opladen 1983.

Peter Steinbach, Die Zähmung des politischen Massenmarktes. Wahlen und Wahlkämpfe im Bismarckreich im Spiegel der Hauptstadt- und Gesinnungspresse., 3 Bände, Passau 1990.

Fritz Stern, Über Freiheit und Exil in Heinrich Heines Welt und in der unseren, in: Fritz Stern, Zu Haus und in der Ferne. Historische Essays, München 2015, S. 107–118.

Hellmut Stern, Saitensprünge, 8. Auflage, Berlin 2012.

Klaus Stern, Günter Püttner, Die Gemeindewirtschaft. Recht und Realität Schriftenreihe d. Vereins f. Kommunalwissenschaften, Bd. 8, Stuttgart 1965.

Wilhelm Stieda, Fabrik, in: Handwörterbuch der Staatswiss., Bd. 7, 1911, S. 1–15.

Wolfgang Stresemann, Mein Vater Gustav Stresemann, München 1979.

Gustav Stresemann unter dem Namen Renatus, Über das Collegschwänzen, in: Allg. Deutsche Univers. Ztg. 12 (1998), S. 106–107.

Adolf Strodtmann, Gottfried Kinkel. Wahrheit ohne Dichtung. Biographisches Skizzenbuch, Bd. 2, Hamburg 1851.

Susanne Suhr, Biographische Einleitung zu: Otto Suhr. Eine Auswahl aus Reden und Schriften. Geleitwort von Ernst Fraenkel, Tübingen 1967, S. 3–50.

Friedrich Tägtmeyer, Leipzig als Handels- und Industriestadt, in: Leipzig. Ein Blick in das Wesen und Werden einer deutschen Stadt, Leipzig 1913, S. 41–57.

Ferdinand Tönnies, Die politischen Parteien im Deutschen Reich, in: Arno Bamme, Rolf Fechner, Hg., Ferdinand Tönnies, Gesamtausgabe Bd. 7 1905–1906, Berlin 2009.

Mark Twain, Bummel durch Europa (A Tramp Abroad), Gesammelte Werke Bd. 3, München 1985.

Carl von Tyszka, Die Sozialisierung des Wirtschaftslebens, Jena 1919.

Antonina Vallentin, Stresemann. Vom Werden einer Staatsidee, Leipzig 1930.

Gabi Vettermann, Adalbert Matkowsky, in: Neue Deutsche Biographie, Bd. 16, 1990, S. 382f.

Max Weber, Der Beruf zur Politik, in: Johannes Winckelmann, Hg., Max Weber, Soziologie, Weltgeschichtliche Analysen, Politik, Stuttgart 1964.
Hans Ulrich Wehler, Das deutsche Kaiserreich 1871–1918, Göttingen 1975.
Paul Weigel, Die Großstadt Leipzig, in: Leipzig. Ein Blick in das Wesen und Werden einer deutschen Stadt, Leipzig 1913, S. 20–40.
Ursula Weis, Zu den sozialen Grundlagen des Wohnungsbaues in der Weimarer Republik, in: Wolfgang Hofmann, Gerd Kuhn, Hg., Wohnungspolitik und Städtebau 1900–1930, Arbeitshefte des Instituts für Stadt- und Regionalplanung. Technische Universität Berlin, H. 48, S. 175–180.
Rudolf Wissel, Wichard von Moelllendorf, Wirtschaftliche Selbstverwaltung, (Reihe Deutsche Gemeinwirtschaft Heft 10), Jena 1919.
Julius Zeitler, Jahrmarkt der Worte, Leipzig 1904.
Julius Zeitler, Die Leipziger Literatur, in: Leipzig. Ein Blick in das Wesen und Werden einer deutschen Stadt, Leipzig 1913, S. 85–105.
Otto Ziebill, Geschichte des Deutschen Städtetages, Stuttgart 1955.

Personenregister

Sachregister